संकल्प की संकल्पना

THE CREATION OF ALMIGHTY

संकल्प मिरानी

यह यहाँ एक तरह से भरा हुआ है, "क्लार्क न्यूमैन फुसफुसाए, क्योंकि वह अलीतालिया टिकट काउंटर के सामने भारी-भरकम आदमी को पेसिंग करते हुए चला गया।

पूर्व-व्यवस्थित कोड सुनने पर, अजनबी बीच में ही रुक गया, उसके गोल चेहरे पर राहत चमक रही थी। उसने पासपोर्ट और टिकट पकड़कर अपना बायां हाथ उठा लिया। "7649-बी, मुझे लगता है?"

"सही।" क्लार्क ने अब समान दस्तावेज रखे। "और आपको 7649-ए होना चाहिए?"

दूसरे आदमी के मांसल होंठ दांतेदार मुसकान में बंट गए। उसने अपना पासपोर्ट खोला और अपनी तर्जनी को तस्वीर पर रख दिया। "आज यह साथी रॉबर्ट स्टोन है। वह बल्कि रहस्यमय दिखता है, क्या आपको नहीं लगता?"

"हाँ, वास्तव में।" क्लार्क ने अपना पासपोर्ट खोलते हुए सिर हिलाया। "यहाँ एक की तरह, एक निश्चित टिमोथी ब्लैक।" फिर उसने चारों ओर देखा। "और 7649-सी कहाँ है?"

"तुम्हें उस शराब के जोड़ में वहाँ पीने के लिए उसके साथ मिलना है।" तथाकथित रॉबर्ट स्टोन ने सीधे टर्मिनल की ओर इशारा किया। "उसे शाम 7:30 बजे पेश होना है।"

"वह?"

"हां, मुझे पता चला है कि हमारी तीसरी कड़ी एक खूबसूरत गोरी है। मैंने उसकी एक तस्वीर देखी है। लेकिन इससे आगे, मैं उससे बिल्कुल भी परिचित नहीं हूं।"

"ठीक है, हम इंतज़ार करेंगे।" क्लार्क ने अपना कैरीऑन फर्श पर गिरा दिया। "वैसे, आपकी उड़ान कैसी थी? पासपोर्ट नियंत्रण के माध्यम से इसे बनाने में कोई कठिनाई?"

"मुश्किल से! रॉबर्ट स्टोन जैसे नाम और मेरे जैसे बच्चे के चेहरे के साथ, उन्होंने मुझे लगभग कहीं भी जाने दिया। मुझे पीटर मिलर या जॉन फार्मर के रूप में भी कोई समस्या नहीं हुई, लेकिन मुझे आश्चर्य है कि वास्तव में क्या हो सकता है अगर मैं कभी पियोट्र दिमित्री कोन्सोलेविच या कुछ इसी तरह की सीमा पार करता हूं।

"यह वास्तव में कुछ भौंहें उठा सकता है।" क्लार्क हँसे। "अभी तक कोई विचार नहीं है कि आप अगली बार कौन होंगे?"

"ओह, कुछ स्टेनली गार्डनर, हो सकता है।"

वे दोनों मुसकराये।

"वहां!" 7649-बी अचानक फुसफुसाए।

"क्या?" क्लार्क चारों ओर घूम गया। "कहां?"

"वह।"

"कौन?"

"7649-सी-वह यहाँ है।"

जैसा कि वे दोनों देख रहे थे, एक पतली, लंबी टांगों वाली महिला, बड़े आकार का, काला चश्मा पहने हुए, एस्केलेटर से दूर जा रही थी। उसके बाएं हाथ में पासपोर्ट और टिकट, उसने नेतृत्व किया

यह एक नजर में होनेवाला प्यार था। इस जंगली झुंड ने मुझे उनकी प्लास्टिक की बाल्टी से इतने सारे बैरो-लड़कों की तरह देखा; £1.50 के लिए एक चोरी। मैं उनके कुटीर-बगीचे के आकर्षण के लिए गिर गया; मौवे, धूल भरे गुलाबी, गहरे लाल और सफेद रंग के उनके टुपेंस रंगीन रंगों में, वे स्क्रब-अप फार्महैंड्स थे जो मुझे अपने रविवार-सर्वश्रेष्ठ में आकर्षित कर रहे थे, मुझे उनके चमकीले पत्तों से छीने गए चुंबन के साथ गुदगुदी कर रहे थे, जैसा कि हम सुस्त थे शैली में, बिल्कुल विक्टोरियन गाथागीत-रोमांस की तरह।

लेकिन एक बार जब मैं उन्हें पर ले आया तो उनके असली रंग उभर आए; अब क्षेत्र-चरणों पर प्रतीक्षा करने वाली शर्मीली जानेमनों ने, उन्होंने लागत-मांगों का विश्वास हासिल कर लिया। उनका फूलदान वाइस की मांद था और वे चोटी के अंधे थे। लेकिन मैं आंटी पोली नहीं थी; बल्कि एक स्पिनस्टर कठिन समय पर गिर गया, उसके रहने वालों ने रैगिंग की। मेरा सामने का कमरा उनका जेंटलमैन क्लब बन गया जहाँ वे ब्रांडी की तरह पानी पीते थे और सिगार के धुएँ में पनपते थे। वे

अपने फैंसी कमरकोट में खिले हुए थे और उनकी मूंछें झूम उठीं क्योंकि वे मुझ पर अभद्र सुझाव दे रहे थे जैसे कि मैं एलिस केपेल था, जिसे तुम-तुम द्वारा प्रस्तावित किया गया था, उसके सोफे में दोपहर के चाय के गाउन के लिए। डी बॉउडर।

समय मेरी मूंछों वाले लोथारियोस के साथ पकड़ा गया, उनकी एक बार अंकुरित जड़ें गाउटी हो गईं; उनके लाउंज-सूट एड़ी पर जर्जर हो गए हैं और अपना किराया नहीं दे सकते। इसलिए वे किचन-बिन के जरिए वर्कहाउस में गए। जैसे ही मैंने उनके साइडबर्न पर ढक्कन बंद किया, मुझे अपराधबोध का एक झटका लगा। जैसे ही मैं अपने सेट पर बैठा, मुझे अपने लाउंज में उनकी तेजतर्रार उपस्थिति और उनकी चुटीली पलकों की याद आ गई। मुझे उनके कुछ देशी चचेरे भाइयों पर दया आई, जो खाद बनने वाले थे, जो 88p थे। ये विनम्र इनवैलिड मेरे मंत्रालयों के लिए आभारी हैं और अच्छी तरह से स्वस्थ हो रहे हैं। बोल्ड धोखेबाजों की चापलूसी से लगभग बर्बाद, मैं मिस नाइटिंगेल की तरह तेज और दृढ़ हूं।

और इस बार, मेरे सज्जन अपनी जगह जानते हैं; वे लाउंज-छिपकली नहीं हैं, बल्कि सजावटी सहायक हैं जो एक महिला के घर की शोभा बढ़ाते हैं, जैसे ही मैं प्रवेश करता हूं, उनके फोरलॉक को टटोलता हूं। जैसा कि आंटी पोली कहती हैं, 'लड़कों को सारी मस्ती क्यों करनी चाहिए?'

जिंदगी गुलाब का सेज नहीं,
हमें कोई किसीसे खेद नहीं,

रहते राह में मनमौजी,

हमें न रोक सके संदेश कोई।।

खास झलकियां राजधानी में,

बेशकीमती जमीन पर तहखाना,

उसका इंतजार करना होगा,

तभी एक दिन में माना,

कर्म करने से पहले ही शुरू है बहाना,

बंद भी करे जनाब ,लोगो को मुर्ख बनाना ।।

हरमन हर मन का गीत गाए ,

करे न कोई काम रोजाना ,

सेवन करें मिष्ठान का ,

कड़वा करे तन ताना,

कृष्ण भी मीठी बोली बोलिए,

कृष्णा को क्या हुआ न जाना ,

बंद भी करे जनाब ,लोगो को मुर्ख बनाना।।

हम तो ठेठ देसी, हमे न विदेश जाना ,

प्रेमचंद से प्रेम इतना , शेक्सपियर को पड़े मानना ,

गांव की हवा ने शहर नही है आना ,

मुस्किले हमे भी बहुत है , हमे किसने बताना ,

भगवान से भी हमें संक्षेप नही ,

हमे किसी से खेद नहीं ,

जिंदगी गुलाब का सेज नहीं।।

चपरासी

इन बोल्ड कोरस गर्ल्स ने लगभग दस्तक दे दी है। वे ऐसे दिखते हैं जैसे मैं आज महसूस करता हूं: भूरे रंग के उनके तंग-नुकीले किनारों के चारों ओर, एक गीत के लिए खरीदा और खरीदा। लेकिन इन पुराने सैनिकों में अभी भी जीवन है, लोकप्रिय मांग के कारण, मेरी मेज पर केंद्र मंच। एक ने मैरी-लॉयड उत्साह के साथ अपनी पंखुड़ी फेंक दी है। यहां तक कि अगर यह उसका अंतिम पर्दा है, तो वह एक ब्लोमर है, ठीक है, हाई-किकिंग पेटीकोट के फ्रू-फ्रू में आकर्षक है। उसके रूखे गालों के गुलाब उस सिगार की तरह फीके पड़ गए हैं, जैसे उसने अपने बंदरगाह और नींबू से मंच के पीछे फूंका था। लेकिन, प्रफुल्लित और थकी हुई, वह अभी भी सभी भीड़-सुखाने वालों को बाहर कर सकती है। वह अपने फूलदान के किनारे पर बेझिझक झुक जाती है ताकि गैलरी के लड़के उसकी सजावट को देख सकें। हवा के साथ छेड़खानी करते हुए वह डोलती और उछलती है। स्टेज-डोर जॉनीज़ आहें भरती है क्योंकि उसकी विचारोत्तेजक खुशबू मैटिनी हवा पर झपटती है। वह बाकी मंडली को शर्म से शरमाती है क्योंकि वे उसके पीछे झुकते हैं, सिर झुकाते हैं, अस्वीकृति में सड़े हुए होंठों का पीछा करते हैं। उसे परवाह नहीं है। उन्हें बस थोड़ा खुल कर गाने के साथ जुड़ने की जरूरत है, बस; वह बगीचे के प्यारे में सब कुछ जानती है।

हाइड्रेंजस

सामने के बगीचे वे प्रयोगशालाएँ हैं जहाँ हम रासायनिक प्रयोग करते हैं। हमारा सब्सट्रेट मिट्टी है, जबकि फ्लावरबेड एल्यूमीनियम की डबल-ब्लाइंड खुराक के साथ पेट्री डिश हैं। हम

यादृच्छिक रंगों की दो-पूंछ वाली परिकल्पना में संतृप्त सोख़्ता कागज आकाश के खिलाफ खिलते हैं। हमारा स्पेक्ट्रम सर्जिकल स्क्रब के एसिड ब्लू और एंटीसेप्टिक जेंटियन वायलेट से लेकर एस्पिरिन व्हाइट या पेप्टो-बिस्मोल के क्षारीय गुलाबी तक है। हमारे परिणामों को सालाना दोहराया नहीं जा सकता है। हम एक साल गुलाबी और दूसरे में गहरे नीले रंग में हो सकते हैं। हमारे परिणाम अप्रत्याशित हैं; हम विज्ञान को ललकारने में आनंद लेते हैं। यदि आप हमें लिटमस टेस्ट में डालते हैं तो हम उड़ते हुए रंगों के साथ पास हो जाते हैं।

सूरजमुखी सिंड्रोम

मध्य जुलाई के बढ़ते थर्मामीटर ने सूरजमुखी की पहली उमस भरी गर्मी की लहर को सुपरमार्केट की अलमारियों में वापस ला दिया है। मैंने उन्हें इस सप्ताह पहली बार देखा जब मैंने काम के बाद टेस्को के चक्कर में पसीना बहाया। मैंने उन्हें अपने पैर की उंगलियों को बाल्टी में डुबाने से ईर्ष्या की, जैसे कि वे अपने स्थानीय लीडो को ठंडा कर रहे हों। वे लंबे थे और हाई-कट चार्टरेस वन-पीस में दुबले थे, जिसमें कई दिनों तक तने थे। अपनी गंदी-सुनहरी, गुदगुदी पंखुड़ियों के साथ, वे मॉडल-स्काउट्स द्वारा चुने गए बोर्डवॉक फोटो-शूट से 'फिफ्टी पिन-अप गर्ल्स' थीं। वे अंतिम कट बनाने के लिए कास्टिंग के हत्या क्षेत्रों से बच गए थे।

स्ट्रिप-लाइट्स के नीचे भी, उनके चुस्त-दुरुस्त पर्मा-टैन्ड चेहरे बेदाग थे। उन्होंने मुझे बंद आँखों के पीछे से, अपने

अघुलनशील रेबन घूरों से खाली कर दिया। मैं एक अनाड़ी जंगली जानवर था, इस गोरी-अयाल शेरनी के गौरव से निगाह रखता था। उनकी जलती हुई निगाहों के नीचे, मैं सहज महसूस कर रहा था। मेरे हाथ ने मेरी आँखों को उनकी चकाचौंध की तेज गर्मी से बचा लिया। आम तौर पर मैं सूरजमुखी के लिए तैयार हूं, लेकिन आज नहीं। मैंने सोचा कि बारह घंटे की शिफ्ट के बाद मैं उनके शांत मूल्यांकन का सामना करते हुए कैसा महसूस करूंगा और मैं चुप हो गया। इससे पहले कि मैं इतना कुछ करूँ, मुझे अपने समर बॉडी पर काम करने की ज़रूरत है।

डहलियासी

हमारे धधकते रंग ग्रीष्म ऋतु की मस्ती पर पतझड़ की सांसों की पहली ठंढ पर विश्वास करते हैं:

तीखा नारंगी जुलाई की गर्मी के बाद की चमक को बरकरार रखता है।
मैजेंटा संकेत देता है कि गुलदाउदी के टिकाऊ मौवे को कार्डिगन की तरह दान किया जाता है क्योंकि मिर्च की हवाएं अगस्त के कोट्टल्स को रफ़ल करती हैं।
क्रोम-येलो हेइस छोटे सूरज होते हैं, सितंबर की परछाइयों की प्रतीक्षा करके बैकलिट होते हैं क्योंकि लंबे दिन घटते हैं।
सफेदी में एक ग्लेशियर की चमक होती है, जो हमारे साथियों के चमकते संकेतों से दूर होती है।
काले दिल कोयले हैं जो मौसम की आखिरी गर्मी से सुलग रहे हैं।

हमारा फीनिक्स पंख धूप में झुलस गया है। इसकी पंख-
पंखुड़ियाँ हमारे तनों के झुके हुए पंखों से गिरती हैं। जल्द ही,
पत्ते उड़ान भरेंगे और पीछा करेंगे।

एक कुत्ता मेरा वाल्डेन है
तालाब, मेरे व्हिटमैन पत्ते,
माई डिकिंसन सन-डाउन।

जब मैं उसके साथ चलता हूँ
इलिनोइस नदी के जंगल के माध्यम से
मुझे चीजों पर वापस लाया गया है

वही हमारे लिए जरूरी हैं।
मन, हृदय, आत्मा
मुझे एक अलग तरीके से देखें।

उसकी नज़रों से, जब सफ़र
लगता है खत्म हो गया है, मुझे पुल पता है
इन्द्रधनुष का
बादलों के पीछे।

सिकंदर के सूर्य-पुंज में डायोजनीज
दूसरे चिन्ह की ओर इशारा करें, दूसरा चिन्ह
(कोने में फुसफुसाहट सुनें?)

एक सुनहरा फावड़ा।

तब इंसानियत इतनी समझदार थी।
एक समय था जब हमें लगा कि हम पहुंच गए हैं
हमारे समाज की नीलम आत्मा।
तारे आकाश में पत्थर फेंक रहे थे; चंद्र गुफाएं
हमारे खेल के मैदान। हमने जो लाभ कमाया वह अतुलनीय था।
और फिर भी, पालने को पीछे छोड़ना था
महिला, पुरुष की प्रकृति को फिर से परिभाषित करें,
और स्वप्नद्रष्टा से संतान, ग्रह-बद्ध और
भूख लगी है, प्लास्टिक में नकाबपोश टोकरी-मामलों के लिए।
हम डूब गए
हमारे पराक्रमी कामों में खुद को। हमने सितारों की मैपिंग की
हर कोण 'तिल और कोई कोलाहल नहीं था'
ब्रह्मांड के भीतर छोड़ दिया। फिर, यह क्या अस्तित्व है
प्रत्येक उत्तर और स्वप्न को a . से पहले अंकित करें
प्रश्न पूछा जा सकता है? ईश्वरीय और निर्जीव,
हम अपने आप को एक मूक सागर के नीचे डुबो देते हैं।

चंद्र प्रकाशस्तंभ रखवाले

किसी दिन लोग चाँद के प्रकाशस्तंभ में रहेंगे,
सचमुच बिस्तर पर जाना और एक काली भोर में जागना।

वे ऊपर देखेंगे और पृथ्वी के विशाल सत्य को देखेंगे
नीला और लगता है कि यह कभी-कभी थोड़ा ठंडा और दूर होता
है।

शायद वे अपने विद्युत चुम्बकीय में जहाजों पर दया करेंगे
गलियाँ जहाँ सदा रात उनके चंद्र की बाती को चूसती है।

डाउनटाइम के दौरान वे रोवर्स पर सवारी करेंगे, स्विंग
ग्रीनहाउस पोर्च पर बियर और पड़ोसियों को लहर।

और वे तब तक बंद होने से कभी पीड़ित नहीं होंगे
यह स्पष्ट हो जाता है कि पृथ्वी का बीमार वातावरण बच गया
है।

हमने जो चीजें कभी नहीं कीं

पिछले छह महीनों में मेरे भाई की उम्र दस साल हो गई है।
कम से कम मेरे माता-पिता और मुझे तो ऐसा ही लगेगा।
उसकी आँखों के नीचे के थैले गहरे होते जा रहे हैं, उसके बाल
पतले हो रहे हैं, यहाँ तक कि उसके दाँत भी उतने चमकीले
नहीं दिखते, जितने पहले थे। उनका अचानक परिवर्तन हमें
चिंतित करता है, लेकिन उनका कहना है कि वह बहुत थके हुए
हैं। वह निश्चित रूप से एक तनावपूर्ण जीवन जीता है; माँ ने
हमेशा कहा है। उसका सारा अस्तित्व ही उसका काम है। काम,
देर से घर आना, रात का खाना, बिस्तर पर जाना। रविवार को
आराम करें। दोहराना। हम मूल रूप से एक भूत के साथ रह रहे
हैं। उनका कहना है कि वह जल्द ही अपने नए अपार्टमेंट में
चले जाएंगे, लेकिन मैं कल्पना नहीं कर सकता कि ऐसा करने
के लिए उन्हें समय और ताकत कैसे मिलेगी।

वह जिस एजेंसी के लिए काम करता है, उसके साथ गुलाम जैसा व्यवहार करता है। इस तरह की सभी एजेंसियां नवागंतुकों के साथ गुलामों जैसा व्यवहार करती हैं। समस्या यह है कि आप नहीं जानते कि आप कितने साल नवागंतुक रहेंगे। "मैं इतने कम समय में इतना पैसा कमाना चाहता हूं, कि एक दिन मैं समुद्र के बगल में एक घर में सेवानिवृत्त हो सकूंगा और अपने पूरे जीवन के लिए एक दिन भी काम नहीं कर पाऊंगा", यही वह कह रहा है जब से हम किशोर थे। वह एक अच्छा लड़का है, मेरे भाई: मेहनती, हमेशा सभी का सम्मान करता है और वह कभी भी किसी भी चीज के बारे में शिकायत नहीं करता-शोषण के लिए बिल्कुल सही।

एक बार, वह सामान्य से पहले काम से वापस आ गया (एक चमत्कार!), लेकिन जैसे ही मैंने उसे देखा, मैं लगभग चिल्लाया: उसके दाहिने कान पर भूरे बालों की एक पतली लेकिन अलग रेखा दिखाई दी थी।

मैंने फुसफुसाया, "आज क्या हुआ?"

"कुछ भी तो नहीं। आपका क्या मतलब है?" उसने जवाब दिया।

मैंने हमारे प्रवेश द्वार में अलमारी खोली और आईने में उसके प्रतिबिंब की ओर इशारा किया। उसकी आँखें चौड़ी हो गईं, और उसने झिझकते हुए उस छोटी सी लकीर पर अपना हाथ ऊपर कर लिया।

"एच-यह भी कैसे संभव है? आज सुबह सब काला था, "वह हकलाया।

"तुम बहुत मेहनत करते हो," मैंने उससे पंद्रहवीं बार कहा।

"हाँ, लेकिन अगर मैं अभी इस तरह से काम नहीं करता, तो मैं जीवन भर कड़ी मेहनत करूँगा," उसने दांत पीसकर घर में घुसते हुए जवाब दिया।

यह सिर्फ शुरुआत थी। एक महीने के बाद, हर कोई, यहाँ तक कि मेरे भाई के सहकर्मी भी, बता सकते थे कि उसके साथ कुछ गलत था। उसने धीमी गति से चलना शुरू कर दिया था, अपनी मानसिक तीक्ष्णता खो रहा था, और बिना जाने क्यों वजन बढ़ा रहा था। चिंतित यह एक भयानक बीमारी हो सकती है, हम उसे शहर के सबसे अच्छे विशेषज्ञों के पास ले गए ताकि पता लगाया जा सके कि क्या चल रहा था, लेकिन हर विश्लेषण सही था, एक भी परीक्षा में मेरे भाई के शरीर में कोई समस्या नहीं दिखाई दी - वह बस जल्दी बूढ़ा हो रहा था .

हम हर डॉक्टर के साथ एक ही रिगामारोल से गुज़रे। "धूम्रपान पसंद है?"।

"नहीं, मैंने अपने जीवन में कभी एक भी सिगरेट नहीं पी," हमेशा जवाब था।

"क्या आप पीते हैं?" प्रत्येक विशेषज्ञ ने जोर देकर कहा, ऐसी किसी भी चीज़ से चिपके रहने की उम्मीद जो अकथनीय की

व्याख्या कर सके।

"नहीं," मेरे भाई का नाराज़ जवाब आया।

फिर, कुछ गहन चिंतन के बाद, प्रत्येक चिकित्सक एक ही निदान पर पहुंचा: तनाव।

"आप देखते हैं, बेटा, आप एक अत्यधिक तनावपूर्ण जीवन जीते हैं जो इस थकावट का कारण बनता है जिसे हम देखते हैं," आखिरी डॉक्टर ने हमें परामर्श दिया।

"मैं थका हुआ महसूस नहीं करता। क्या तुम नहीं देख सकते कि मैं कितनी तेजी से मसीह के लिए बूढ़ा हो रहा हूँ?" मेरे भाई ने जवाब दिया।

डॉक्टर ने उसकी ओर देखा और ठंडे स्वर में उत्तर दिया, "हाँ। मैं आपको कुछ सप्लीमेंट्स लिखने जा रहा हूँ-" लेकिन मेरा भाई उठ खड़ा हुआ और बिना एक भी शब्द बोले, बाहर जाते समय दरवाजा पटकते हुए चला गया। मैंने उनके व्यवहार के लिए माफ़ी मांगी, यह समझाते हुए कि अनगिनत अन्य डॉक्टरों ने अनगिनत अन्य पूरक निर्धारित किए थे, वे सभी बेकार थे। चिकित्सक ने कुछ बुदबुदाया जो मैंने नहीं सुना, फिर मैंने भुगतान किया और चला गया। यह स्पष्ट था कि उन्हें इस अजीब बीमारी के बारे में कोई जानकारी नहीं थी, और वे उसका निदान करने में उतने ही असहाय थे जितना कि वे इसे स्वीकार करने के लिए बहुत गर्व और अभिमानी थे। "कुत्तों को भौतिक फेंक दो!" मैकबेथ ने अपने डॉक्टर से कहा, और शायद वह

इतना गलत नहीं था।

एक साल बीत गया।

मेरे भाई के बाल लगभग पूरी तरह से सफेद हैं, और उसके पास इतनी झुर्रियाँ हैं, वह हमारे पिता के समान उम्र का दिखता है। उसकी स्थिति का अध्ययन करने के लिए देश भर से स्वयंभू विशेषज्ञ हमारे घर आते हैं। उसकी हर परीक्षा से पता चलता है कि वह एक बेला के रूप में फिट है। एक बार, उसके मालिक ने उसे एक मुफ्त शनिवार की अनुमति दी, शायद उसे भी दया आई, इसलिए हम समुद्र के किनारे टहलने गए। ठंडी हवा ने चट्टानों के खिलाफ लहरों को दुर्घटनाग्रस्त कर दिया, नवंबर के आकाश के नीचे लगभग सुनसान फुटपाथ को छिन्न-भिन्न कर दिया। हम एक बेंच पर बैठ गए।

"ये सब प्रयास अपने आप को एक भविष्य बनाने के लिए और अब ..." वह एक लंबी चुप्पी के बाद बोलने लगा, लेकिन उसकी आवाज टूट गई।

"आप देखेंगे, यह एक अस्थायी बात होने जा रही है," मेरा कमजोर जवाब था।

"आप जानते हैं," उन्होंने कहा, "जो चीज मुझे सबसे ज्यादा परेशान करती है, वह यह नहीं है कि मैंने इस तरह की बीमारी का अनुबंध किया है, बल्कि यह तथ्य कि मैंने हमेशा अपने भविष्य पर ध्यान केंद्रित किया है; मैंने अपने जीवन में कभी भी वर्तमान के बारे में नहीं सोचा। मैं इस पल का आनंद लेने

के लिए एक बार भी नहीं रुका-एक बार भी नहीं"। उसकी छोटी, भूरी दाढ़ी को गीला करते हुए, उसके गालों पर आंसू आ गए। मैं अवाक था, क्योंकि मैं उससे सहमत था।

"जब मैं कॉलेज में था," उन्होंने आगे कहा, "मैं केवल स्नातक होने पर ध्यान केंद्रित कर रहा था; जब मैंने काम करना शुरू किया, तो मैं सोच रहा था कि मैं अपने करियर में कैसे प्रगति कर सकता हूं और अधिक पैसा कमा सकता हूं। मैं हमेशा इतनी सारी प्रतिबद्धताओं के बारे में चिंतित रहता हूं कि मैंने बहुत से लोगों की उपेक्षा की, लेकिन सबसे बढ़कर, मैंने खुद की उपेक्षा की। मेरी कोई गर्लफ्रेंड नहीं है, मुझे कोई शौक नहीं है, मैं खेल भी नहीं खेलता क्योंकि मेरे पास समय नहीं है। मैंने अक्सर सोचा है कि उन कामों को करने के लिए बहुत समय होगा - या यहाँ तक कि यह बहुत जल्दी था - और अब ... अब बहुत देर हो चुकी है।" उसने अपनी कोहनी अपने घुटनों पर रख दी और दोनों हाथों से अपना चेहरा ढक लिया। उसकी सिसकना लगभग नीरव था, मानो वह मुझे परेशान करने के बारे में चिंतित हो।

कई दौरों के बाद, डॉक्टरों ने खुद को आश्वस्त किया कि बिसवां दशा में मुड़ा हुआ बूढ़ा आदमी, जो मेरा भाई है, विकलांगता पेंशन के लिए योग्य है। यहां तक कि उन्हें भी एहसास हो गया था कि वह अपनी हालत में काम करना जारी नहीं रख सकता। हालाँकि हमारे माता-पिता अपनी आशंका को छिपाने की पूरी कोशिश करते हैं, वे उसके साथ अधिक समय बिताने में प्रसन्न होते हैं: वे अब बहुत बात करते हैं, वे भी साथ में थोड़ी यात्रा पर गए थे। एक बार वह और मैं पैराग्लाइडिंग भी करने गए

थे।

उस दिन से दो साल बीत चुके हैं जब मेरे भाई के बालों में भूरे रंग की लकीर उभर आई थी। अब उसके कई दांत निकल गए हैं और वह शायद ही हमें सुन सके। वह अपने दिन अपने बिस्तर और रहने वाले कमरे में असबाबवाला कुर्सी के बीच बिताता है। हमारी गरीब माँ, जिसे अब उसकी बेटी के लिए गलत समझा जा सकता है, उसका हड्डी, जिगर-धब्बेदार हाथ पकड़ती है, जब वह उसकी पानी भरी आँखों में देखती है, अपने एक बार के अथक बेटे में उस पुरानी जीवन शक्ति के किसी भी निशान की तलाश करती है। उसकी धुंधली आँखें, झुर्रियों के एक द्वीपसमूह द्वारा तैयार किए जाने के बावजूद, हाल ही में अर्जित जागरूकता-शांति की भावना को व्यक्त करती हैं। मुझे ऐसा लगता है कि अब जब मेरे भाई को अपने भविष्य के बारे में चिंता करने की ज़रूरत नहीं है, तो वह किसी तरह की आंतरिक शांति तक पहुँच गया है, लगभग पूरी तरह से इस्तीफे के समान, लेकिन अब वह पल, छोटी-छोटी बातों का आनंद लेने लगता है , प्यार जो उसके पूरे जीवन भर के लिए लिया गया था।

नींद में ही उनका निधन हो गया। उनके शांत चेहरे पर दर्द का जरा सा भी संकेत नहीं था। जबकि हमारा घर रिश्तेदारों और दोस्तों से भरा हुआ था, इस बात का शोक मना रहे थे कि इस तरह के एक शानदार युवक को इतने भयानक दुर्भाग्य से मिला था, मैं उन सभी चीजों के बारे में सोचने में मदद नहीं कर सका जो हमने कभी नहीं की।

"जब एक आदमी को उस जीवन को जीने के अधिकार से वंचित कर दिया जाता है जिसमें वह विश्वास करता है,।
उसके पास कोई विकल्प नहीं है कि वह एक डाकू बन जाए।"।
शैतान की शाम क्या है, वे अपना जीवन कैसे जीते हैं, आप तलाशने वाले हैं।
जीवन को अपने तरीके से प्रवाहित करें, हम हमारा आनंद लेंगे,।
हम इस शाम को पूरी तरह से फलते-फूलते थे।

क्रम-सूची

प्रस्तावना

मैंने अपना दिमाग खो दिया लेकिन इसे वापस पा लिया
दोस्तों के फर्मवेयर से
जिनके पास मेरे टुकड़े जमा थे
उनकी यादों में।

    मुझे डाउनलोड मिल गए हैं
उनकी चर्चाओं से
और प्रत्येक फिलामेंट को संग्रहीत किया
बढ़ते डेटाबेस के बीच।

    जब तक ऐसा कुछ न हो
एक व्यक्ति को इकट्ठा किया गया था
स्क्रीन पर जहां मेरी आंखें
होना चाहिये था।

    और मेरे मन की आँख एक सेंसर थी
डेटा एकत्र करना, एल्गोरिदम चलाना
व्युत्पन्न कार्यों के आधार पर
शिकारी पूर्ववर्तियों से।

    सफलता की संभावना
बढ़ता रहा
टिक के साथ
मेरे सीने में मेट्रोनोम।

    रिबूट करने के बाद
मेरा साइबरनेटिक कोर,
मेरे पहले शब्द आए,
"क्या मैं एक असली लड़का हूँ?"

भूमि खानों के वंशज

मैं

बच्चों के रूप में हम बुढ़ापे की भूख के बिना चलते हैं – उत्तम

मिट्टी से बने छोटे देवता। नाम और चीजें आपका नाम धारण करती हैं

परन्तु यदि जीवन की इच्छा न हो, तो मृत्यु तुझे ढूंढ़ लेगी। मिट्टी बनाओ कि

स्मृति धारण करने के लिए कठोर - एक ऐसी चीज जो चरणों का पता नहीं लगा सकती

सांस लेने पर भी चलना मरा हुआ है।

द्वितीय

उपहार। वर्षा। दुनिया को नए सिरे से देखने के लिए। गीली हवा में सांस लें

हाथ में सिगरेट, सीवर ग्राउंड में स्नीकर्स, जीन्स घसीटना

दिन के रोगाणु घर। अँधेरे में तुम कदम बढ़ाते रहो

आपकी छाया में रात को आपकी त्वचा पर काला पड़ गया। एक बच्चे के रूप में

अँधेरे में तुम खुद को आइना नहीं दिखा सकते।

तृतीय

घर चलते-चलते यादों से टपकते अपनों के अवशेष

काली स्याही आपकी त्वचा को गीली सड़क, काले द्वीपों में मिटा देती है

टूर गाइड के लिए, अंधे बेंत इशारा करते हैं कि आप कहाँ मुरझाते हैं और मर जाते हैं

हर बार जब आप पैदा होते हैं। हर बार जब आप मरते हैं तो वे कहते हैं

वे अपने पड़ोसी से प्यार करते थे। वे आपकी छाया से कैसे प्यार करते थे!

चतुर्थ

बचपन में आजादी का नाम जरूरतों के पेट के नाम पर रखा जाता है

वे भी जिनकी हम कल्पना करते हैं। एक दिन, जब वोट सबसे पहले जलता है

आपकी कल्पना में, सोवेटो पास से पहले कागज के बाघों की तरह प्रज्वलित होना

आप एकजुटता महसूस करेंगे क्योंकि आपने इसे पहले सपना देखा था

और कभी ट्रेनों में सवार होने वाली खुशियों को चुराने का लाइसेंस ढूंढो।

पांचवी

एक ट्रेन - प्रतीकों की बहुलता, प्रस्थान, आगमन, दुनिया और गंतव्यों के बीच घूमना। खबरदार सभी आंदोलन का। पृथ्वी के सदृश होना बिना होना है एक निरंतर चेहरा। खड़े हो जाओ और तुम घूमोगे आप जैसे दूसरों के बीच एक होने के लिए।

छठी

प्रेम को उसके उग्रता, सौन्दर्य में पवित्र नहीं करना है गटर में है। यह स्पेक्ट्रम के बीच यात्रा करता है नरक और इन्द्रधनुष–जहां भगवान सो जाते हैं हमने इसे जन्म दिया। इसे एक बार मारो, फिर। फिर प्यार ढूंढो पृथ्वी के घाव को अपनी खुली छाती के पास रखने के लिए पर्याप्त है।

सातवीं

एक बच्चे के रूप में अब आधा वयस्क, चंद्रमा और सूरज अलग-अलग चेहरे पहनते थे।

जब आपने अफ्रीका कहना सीखा, तो इसने आपके घर का चेहरा पहना था

लकड़ी के तख्त जो बारिश में रोते थे, और अभी भी सूखते थे भाव

कि कबूतर एक गीत में नहीं गा सकते थे। साथ चल रहा शरणार्थी बच्चा

भूखे हाशिये में घर खोजने के लिए जटिल सीमाएं।

आठवीं

इतने सारे चेहरों के परिदृश्य, परिदृश्य की सच्चाई, उदासियाँ सुकुस, सालसा, जैज़, लिंगाला, रूंबा- और टिज़िटा

एक ही कदम के लिए सभी लय-समुद्र के खिलाफ जंजीरों का झुंड हवाएं। एक शब्द ही गाता है, हम समुद्र में डूबने के इंतजार में रहते हैं

अगली नीली लहर में एक चप्पू।

नौवीं

दुनिया छोटे-छोटे अनंत चरणों में विकसित होती है। जहाँ हम नहीं बढ़ते

हमारे पिछवाड़े में मुगुमो के पेड़, दूसरे का आईना उगता है और खिलाता है

हमारे बच्चे अजीब फल। शरणार्थी बच्चा बंदूक पकड़ना सीखता है पूर्वजों की भूमि की खानों में फैले बिना सीमाओं के साथ चलना -नुकुरमाह का प्राकृतिक रूप से जन्मा बाल सैनिक, जिसकी कोई सीमा नहीं है।

दसवीं

नवजात शिशु एक फल की तरह अपने माता-पिता के चरणों में गिर जाता है। अगर वे नहीं चलते हैं

तो उसे अपने दादा-दादी से सीखना चाहिए। अगर वे भी खड़े रहे

अगर उनकी दुनिया हमेशा एक तस्वीर की तरह होती, तो उसे भरोसा करना चाहिए

एक मिट्टी को साँचे में ढालने के लिए अफ्रीका का नक्शा बनाने के लिए अपने शिशु के नक्शेकदम पर।

और हमारे भगवान के विपरीत, उसे अपनी रचना के लिए मरना सीखना चाहिए।

अपनी बेटी की आँखों में देखते हुए मैंने पढ़ा

भोर के मांस की मासूमियत के नीचे

गुप्त, मृत्यु के संकेत पर वह ध्यान नहीं देती।

सर्द हवाओं ने इस बालों को उड़ा दिया है, और जाल

समुद्री शैवाल ने हाथों के इन लघुचित्रों को सूंघा;

रात का धीमा जहर, सहनशील और मृदु,

उसका खून कर दिया है। सूखे हुए साल जो मैंने देखे हैं

वह उसका प्रकट हो सकता है: बेईमानी, सुस्त

निश्चित युद्ध में मृत्यु, पतले पैर हरे।

या, नफरत से तंग आकर, वह दंश का आनंद लेती है

दूसरों की पीड़ा से; शायद क्रूर

सिफिलिटिक या मूर्ख की दुल्हन।

ये अटकलें धूप में खट्टी हैं।

मेरी कोई बेटी नहीं है। मेरी कोई इच्छा नहीं है।

एक मनमौजी हत्या।

कोल्ड हग्स गर्म तर्कों से बेहतर हैं, वे कहते हैं, आप जानते हैं कि मैं क्या कहता हूं "हाँ यह सच्चाई है" ,जो मैंने देखा है वह आपको रिटर स्केल की तुलना में कठिन हिला देगा।,,,(आह कहाँ से शुरू

करें,)।,,, पंजाब, मुस्कुराते हुए आंख को पकड़ने वाली प्रकृति की भूमि, पहले से ही मन उड़ाने वाले रंगों और हार्लेन की शादी के लिए मंत्रमुग्ध करने वाली लड़कियों के साथ थी।,,,

हाँ, वे कौर्स थे, मेरा मतलब है "द कौर्स" मेरा मतलब है कि पैसे, नाम और पंजाब के फाटकों में सबसे अमीर हैं। वे उनमें एक शेल्बी के साथ एस्कोबार की तरह थे।,,, रक्तेधीर, हार्लेन के नायक, उनके पिता थॉमस थे, लता से धन तक, ब्रैड पिट के लिए गड्ढे शुरू हुए, और वह वही था जिसने आकाश में पाई खा ली थी।,,, उनका आधा दिल, भाग्य में उनका साथी, उनके भाई, केकेके (कुरलीन किशोर कौर) ने उनकी मदद की जैसे अश्विन ने हर्षद की मदद की, इसलिए सबसे बड़ी शादी के लिए आमंत्रित करने के लिए क्या खुशी है, क्या शानदार शानदार दृश्य है।,,, मेरे पिता केके की भाभी के भाई थे, बहुत दूर नहीं (भारत में आम)। इसलिए हम 12,2020 जनवरी को वहाँ पहुँचे।,,,

13 जनवरी को पूर्व विवाह के कार्य के रूप में योजना बनाई गई थी, हार्लेन डि ग्लैम दिख रहा था और केवल एक नज़र से लोगों को पटकने के लिए पर्याप्त दिवा था। ऋषि और राजू कुमार शर्मा दो वास्तव में अभिमानी असहज भाई थे, ओह, गंदगी का टुकड़ा!! मुझे उन्हें सहन करना होगा। दूल्हे के भाई सुराज साधुमुखी आ गए थे।, मोर की तरह कपड़े पहने।, बेहतर वह एक जयबर्ड के रूप में नग्न था।,मैंने चाहा। वह स्क्रैप में तैयार था।, मेरा विश्वास करो। हाँ, तो क्या हुआ था ढालना और समझाने के लिए कठिन है।,हम छत पर नशेड़ियों के साथ नृत्य कर रहे थे और डिस्क का आनंद ले रहे थे।,जिससे एक मोड़ आया।,युनान और उदय लड़खड़ा गए और एक बकवास गीत पर लड़ने लगे।(ओह pls।! क्या आप दीवार पर अपने सिर को खंगालने और फेंकने के लिए एक बेहतर विषय प्राप्त कर सकते हैं।) और वे कोई भी कौर्स

गरिमा से भरे नहीं हैं, वे सिर्फ कुछ सड़क बर्बर हैं जो उन्होंने बुरे लोगों की तरह लड़े थे। मेरे नकारात्मक संकेतों के बाद भी।, राजू और ऋषि कंपनी में शामिल हो गए।, वे सिर्फ मनोरंजन के लिए एक-दूसरे के खिलाफ लड़े।, यदि आप करते हैं तो आप किशोर नहीं हैं।

गंदगी गंभीर हो गई और सभी डीबीएए नियम को भूल गए, तलवारें बाहर थीं (ओह, यह पंजाब है, यह कोई बड़ी गड़गड़ाहट नहीं है)। एक तलवार ऋषि के हाथों में पहुंच गई।,,, इसे दानव को ही दे दो।,इसे पर्दिशन किंग को दें।, लेकिन एक किशोर के हाथों में।, यह थोर आयरन हथौड़ा से खतरनाक है। हाँ।,युवा आवेगी है।, वे परिणामों के बारे में सोचने के बिना कार्य करते हैं। उन्होंने तलवार फेंक दी। (शायद एक लड़ाई में।, अनजाने में।)छत से नीचे। ओह, अच्छा और विवेक का बुरा।, सूरज वहाँ नीचे था बस अपार्टमेंट में प्रवेश कर रहा था। ग्रेविटी ने अपना काम किया था। (हाथ नीचे और पैंट गुरुत्वाकर्षण तक।) तलवार तेज थी।, एक जंगल को नीचे ले जाने के लिए तेज। ,और ठीक उसी क्षण सूरज अपने जूते को खोल रहा था, यह उसकी रीढ़ में प्रवेश कर गया।,,, उसने अपना नियंत्रण खो दिया और घर की दहलीज पर गिर गया।,,, खून में गिरते ही खून ने उसे घेर लिया।, तलवार उठी हुई थी।, सीधे खड़े।, अछूता।, खून से लथपथ के रूप में वह इसके द्वारा खाया गया था। अंत की शुरुआत के रूप में शुरू हुआ। ऊपर था।,और नीचे हड़बड़ाहट।,ऊधम हलचल।,अराजकता। अंकल केके ने पुलिस को बुलाया और मिनटों के भीतर।, सबसे प्रतीक्षित शादी एक अपराध दृश्य था। वह मर गया।, निश्चित रूप से वह था; उसके जीवित रहने का कोई मौका नहीं। (नीला लाल था और हरा नीला हो गया।)वह बर्फीले ठंडे थे। कोई भी कभी भी पुलिस का सामना नहीं करना चाहता है। (अत्याचार पढ़ें।),,, उदय

और यूनान से पूछताछ की गई, इस बीच लाश अस्पताल पहुंची, अपराध स्थल साफ हो गया, सभी ने शहर छोड़ने की अनुमति नहीं दी।,,, हम वहां थे, पास के गेस्टहाउस में रहकर, मैं शुरू से ही हर एक चीज का प्रमुख गवाह था।,,, तो यह समय का खेल है न कि सिंहासन के समय में परिवर्तन सिंहासन परिवर्तन होता है। किसी को भी सब कुछ और कठिन भाग्य और दुनिया के सबसे बुरे समय के बारे में पता चलता है। लेकिन वे सदमुख थे।, इस्पात व्यवसाय में बदल गया।,लेकिन फिर भी कुतिया के बेटों के बेटे थे।, वे सिर्फ एक कोट और एक दुष्ट चतुर मुस्कुराते हुए गैंगस्टर थे। हाँ, यह प्रेम विवाह था और प्रेम प्रेम है।,यह किसी के साथ कहीं भी हो सकता है।, तो गौरव के अंदर साधु।, दूल्हा, जल रहा है।, उसने लोड करना शुरू कर दिया और आग उगल रहा था।,,, जांच हवाई जहाज के वेग के तहत थी (निश्चित रूप से कौर्स)। इस सभी झाड़ी झाड़ी के बारे में, मैंने देखा कि जहां क्राइम केसर थे, जहां नरक में बिल्ली थी, वे एक कमबख्त रात में क्षितिज द्वारा खाए गए हैं।?कोई आश्चर्य नहीं करने के लिए, वे गायब हो गए थे, गुलाल के लड़कों ने बताया कि वे भाग गए (अब सवाल कहां था)। मेरे पास उन्हें रंगे हाथों में लेने की जिम्मेदारी थी। मैंने शहर की तलाशी ली, उन्हें ढूंढना एक आम आदमी की नौकरी थी (आजकल किशोर, लगता है कि फोन का कोई नुकसान नहीं है, यह भी बताता है कि आप किससे पंगा ले रहे हैं, चिल्लाओ जीपीएस), कोई भी अनुमान लगाता है कि वे कहां थे ।, , एक सार्वजनिक शौचालय में, 5 मील दूर।,,, मैं घबरा गया और एक अनचाही मेहमान था (अच्छी तरह से मैं गुलाब के बिस्तर की उम्मीद नहीं कर रहा था)।,,,

इसलिए बकवास काटना, मैंने बातचीत शुरू की और उनसे कहा, "आप दोषी साबित होने तक निर्दोष हैं।,,,"उन्होंने चिल्लाना शुरू

कर दिया" हर कमबख्त एक जानता है कि हमने ऐसा किया है, किसी भी तरह से हम दूर नहीं कह रहे हैं, अपनी ऊँची एड़ी के जूते ले लो और भागो एकमात्र विकल्प है।,,,"तो क्या" जेल, तीन साल के लिए सबसे खराब, अपने माता-पिता के बारे में क्या और अपने जीवन की दलीलों के बारे में क्या "(मैं जो कह रहा हूं उससे अनजान, फिर भी वे भरे हुए थे, मेरा मतलब है कि प्यादा भरा हुआ है)।,,, ठीक है, आपके अनुसार, हमें अपने तीन साल के जीवन को बर्बाद करना चाहिए और अपने माता-पिता को भी। मुझे एक बेहतर मिल गया जिसे हम दूर करते हैं और बाद में अपने माता-पिता से संपर्क करते हैं; राजू ने कहा।! बोपर्स को एक बिंदु मिला था, तीन साल पागल समय की राशि है और वे सिर्फ स्ट्रिपिंग उम्र में थे, मैं अपराधियों को समाप्त करने वाला था, बस समय, मुझे एक फोन आया, "हैलो यह एसआई राजेश अरोरा है, फोरेंसिक ने मौत की सूचना दी है तलवार से नहीं, पकड़कर घर ले आओ।,,,"मेरे सिर में समुद्री डाकू था।,,, ओह शिट, सस्पेंस, जिसने सूरज को मार डाला और क्यों और कैसे।? उत्तर दिए जाने वाले अप्रभावी प्रश्नों [ध्वनि धारावाहिक हो सकते हैं; ज़रुरी नहीं]।,, जारी रखने के लिए।,,,

हॉला, गधे चलो घर जाते हैं, पहले शब्द थे जो मैंने बोले थे कि यह सब बकवास मेरे सिर के नीचे था।,,, तो अपराधी ऋषि और राजू नहीं थे, इसलिए कोई मामूली शौक नहीं था, यह एक मेजर था और कूल्हे के ऊपर त्रिक और पूंछ की हड्डी के बीच अक्षुण्ण प्रवेश करने वाली तलवार से मृत्यु नहीं हुई थी, यह जहर था।,,, पुलिस हाई अलर्ट पर थी, उन्हें इनका समाधान करना था या सदुमुकिस के कनेक्शन थे, यह स्थिति को क्रैक करने के लिए कोई आसान अखरोट नहीं था, सभी एक लोहे की टिन की छत पर विक्षिप्त और बिल्ली थे।,,, नीले रंग में लाल के बारे में कोई

संदेह नहीं है, लेकिन हरे रंग में नीले रंग के बारे में सोचा जा सकता है, हर कोई सोचता है।,,, अगर यह जहर है तो यह ड्रग्स हो सकता है, यहां नायक आते हैं, एक विशाल तुरही के साथ - एनसीबी ।।,,,,,, और शीर्ष एजेंट- एजेंट नौकरियां, जो अपनी नौकरी को अच्छी तरह से जानते थे और एजेंट रवि, जो किसी को भी जला देगा, जो उसके सामने आता है, जब यह दो दृश्य में प्रवेश करता है; आपको और कुछ नहीं चाहिए।,,, यह दो मर्फी और पेन ंए -स्मार्ट की तरह थे; बुद्धिमान और आप सभी चाहते हैं।,,, उन्होंने कौंस अपार्टमेंट की तलाशी ली और सभी से पूछताछ की। मुझे भी सूचित किया गया था कि मैं रेलिंग के पास था, मैं उसे कैसे मार सकता था, अच्छी तरह से मेरा मकसद था कि मैं उससे नफरत करता था।,,, वह एक बड़े मुंह और लंबे समय तक लाउंज के साथ एक कमीने था, जो चारों ओर चीजों को रोल करने और आकाश को घूरने के अलावा कुछ भी नहीं करने की कोशिश कर रहा था, वह भाई-भतीजावाद और बेईमानी का एक उत्पाद था। ,,, जब मैं बिडेट पर था, सदमुकी अपराध स्थल पर आ गया था, मैं इस तथ्य से अनजान था।,,, गौरव का सूरज उसका छोटा भाई, दो साल का युवा और उसकी चाची का बेटा ब्रिशव और उसकी बेटी रिचा थी।,,, गौरव और सूरज भाइयों की तुलना में अधिक दोस्त थे, वे भागीदार थे; बहुत अच्छी तरह से कारण है कि गौरव ने तब से एक भी शब्द नहीं बोला था।,,, स्थानीय पुलिस के साथ Ncb उच्च दौड़ पर था, संपूर्ण शिविर पर अच्छी तरह से पूछताछ की गई और जवाबों से भरा मुंह दिया, उन्होंने केवल 1700 उत्तर एकत्र किए।,,, मेरे द्वारा बताई गई कहानी स्पष्ट थी कि वह मर गया और छत पर जो चीजें हुईं।,,, फोरेंसिक दवा का नाम लेने से सेंटीमीटर दूर थे।,,, इस बीच साधुमुकिस ने अंतिम संस्कार की तैयारी शुरू कर दी।,,, सौदागर साधुमुखी

के शब्दों में, "अगर मुझे पता है कि मर्डरर एक कौर है, तो मैं उन सभी को सुनामी की तरह मिटा दूंगा।,,,"एनसीबी सदामुखिस विला में कॉन्ड्रम सॉल्विंग के लिए पहुंचा।,,, वहाँ उन्होंने देखा कि सदमुख मॉल का निर्माण उनके विला के बगल में चल रहा था, उन्होंने हर कोने की जाँच की, उनके घर की हर चीज़, उन्होंने श्रमिकों, कॉलेजों, ड्राइवरों, हर एक सहित सभी से पूछताछ की, उन्हें कुछ भी नहीं मिला, मेरा मतलब कुछ भी नहीं है कुछ भी नहीं, वास्तव में कुछ भी नहीं।,,, Ncb हाथ में एक विशाल बड़ा कुछ भी नहीं के साथ वापस आ गया, अब स्थानीय पुलिस वही थे जिन पर हमारी नजर थी।,,, पंजाब पुलिस फिर से प्लेस में गई, एसआई ने कहा कि एनसीबी ने इस पर कोई कसर नहीं छोड़ी है। हमें निर्माण स्थल की जांच करनी चाहिए।,,, वे वहां सीमेंट, ईंटों, पत्थरों, टाइलों की जाँच करते थे और पास में उन्हें कंक्रीट का एक बैग मिला, जो मूल रूप से टाइलों का एक थैला था, लेकिन कंक्रीट से भरा हुआ था, इसमें एक चमक थी (जैसा कि आपके पास एक धातु है) यह बहुत सूखा था।,,, इसलिए पुलिस वालों ने उस पर पानी डालने का आदेश दिया।,,, कंक्रीट की एक मूल संपत्ति है जो इसे भंग नहीं करती है, इसने अपना काम किया, यह नहीं किया। लेकिन पानी में कुछ सफेद था जैसे कि थर्मोकॉल के छोटे अणु, वास्तव में इससे बहुत छोटे थे। इसके साथ प्रदूषित प्रयोगशाला में भेजा गया था। ।,,, हर कोई जानता था कि एस मुझे कुछ मिला है और वह एक पदक घर ले रहा है।,,, वह खुश था और हर कोई था।,और उन्हें तब होना चाहिए जब उन्होंने काम का एक भार उठाया था। एक रात कम सोने के बाद और अब यह पता लगाने के लिए नहीं लिया गया कि यह रिकिन था।,एक सफेद पाउडर जो एक रोधगलन द्वारा मारने के लिए 36 घंटे लेता है।,यह सूरज की नसों में किसी तरह से

प्रत्यारोपित किया गया था।,उसकी मौत का कारण।,वैसे इस पर RIP लिखा है।,,, अब असली आदमियों के लिए नौकरी की जगह ले ली थी, जो गंदगी उसे मिल गई थी और कैसे, अच्छी तरह से सदमुख एक प्रसिद्ध नाम होने के नाते पंजाब में सभी दुश्मन खरीदे थे। वे कलस, कुरीस, किसी को भी साध सकते थे।,,, 28 मिलियन, एंट्री पंजाब में पूछताछ करना, लोग व्यावहारिक रूप से असंभव थे।,,,(जब तक कुछ गूंगे खेल में ऑनलाइन)। उन्हें पता था कि परिवार में ही कुछ गलत है।,,, उन्होंने देखा था कि सूरज का मातृ भाई एक हद तक कराह नहीं रहा था या दुख भी व्यक्त नहीं कर रहा था।,,, वह फिर से पूछताछ के लिए गया था।,,, कोई भी जन्मजात जीनियस नहीं होता है।,समय एक बनाता है।, किसी को हत्या नहीं करनी है।, स्थिति एक बनाती है। इस कहानी के रूप में जटिल है।,सूरज की स्थिति के रूप में जीवन कठिन है। जीवन में नींबू है जैसा कि गौरव के पास था।,जीवन एक मिसफिट की स्थिति को मेरे लिए फेंक देता है जहां मैं मारा गया था।, अनजान।, अनजान।,कोई मेरा रिश्तेदार नहीं था। , मेरे पिता को छोड़कर। यह जानता है कि कौन तुम्हें मारना चाहता है और क्यों।?,,,,,,,,,,,,। ब्रिशव एक मजबूत आदमी है। ,वह पिघलता भी नहीं है, भले ही उसके पास पर्याप्त आग हो। वह बर्लिन की तरह है।,भावनाएं अछूती थीं। लेकिन रिचा के पास एक नरम कोने था।,जब उससे पूछा गया।,वह एक तोते की तरह शुरू हुई: हम कनाडा में दूर थे।, हालांकि परिवार में भी हम अज्ञात की तरह थे।,कनाडा में रहना कठिन था।,सभी धन के कानूनी प्राप्तकर्ता सूरज के पिता थे और मेरी माँ को इससे जलन थी। हमें पैसे की जरूरत थी लेकिन उन्होंने इनकार कर दिया।,हमने वहां रहने के लिए क्षितिज बनाया। जीवन एक भूलभुलैया की तरह है।; हर कोई तब तक मारा जाता है जब तक आप एक-दूसरे को नहीं

पाते। मैंने कहा।, यह सिर्फ समय की बात है।,कौन जानता था कि सटीक क्षण सूरज अपार्टमेंट में प्रवेश करेगा।,उसे दिल का दौरा पड़ेगा।, तलवार छत से गिर जाएगी।,उसकी नसें फट जाएंगी।, वह लाल हो जाएगा और मुझे भेज देगा। मुझे काले और सफेद रंग में यह दें।,अभी भी विश्वास नहीं होगा।,लेकिन सच्चाई क्या है। , किसी को पता था कि और वह कोई था। ,

उसकी चाची।, हाँ आपने सही सुना।, उसने उसे मार डाला।, यह एक कमबख्त योजनाबद्ध हत्या थी।,अंतिम मृत्यु के लिए रिकिन का सेवन करने के समय से।,अच्छी तरह से नियोजित और निष्पादित के बारे में सोचा गया था। यह सब उसके द्वारा लागू किया गया था। कोई सुराग नहीं कि उसने ऐसा क्यों किया।,संपत्ति के लिए नहीं।, पैसे के लिए नहीं।, एक गंभीर गंदगी के लिए कुछ भी नहीं। ,सिर्फ मनोरंजन के लिए। हाँ, आपने इसे सही हंगामा के रूप में देखा।,सिर्फ मस्ती करने के लिए। कुछ इससे बड़ा था। (सब जानते थे।,,,) लेकिन वह उसे मारने में कैसे कामयाब रही, उसने इसे कैसे काम किया और पुलिस ने उसे कैसे पकड़ा।? वैसे इस बार उत्तर बहुत सरल हैं। ऐसा कहा जाता है कि सबसे बुद्धिमान अपराधी भी कम से कम एक गलती करता है।,इस मामले में अच्छी तरह से।, उसने बहुत कुछ बनाया।, Ricin।,जब साँस भारी खांसी का कारण बनता है।,वह भर खांस रही थी। (हमने इसे सामान्य माना।) इसे घर पर लगाया जा सकता है या डीलर या खेत से खरीदा जा सकता है। उसने इसे कनाडा से नहीं खरीदा।,यह वहां अवैध है। उन्होंने राजा को सूचित किया।, ।(साधुमुखी के खेतों में किसान।) साधुमुखी के खेतों के पास यहां अरंडी का तेल संयंत्र लगाने के लिए।,,, राजा ने दो थप्पड़ में अपना मुंह खोला (वह क्या कर सकता है, उसे एक बड़ा भुगतान किया गया था।,,,उसके शरीर में राइबोसोम निष्क्रिय प्रोटीन के

लक्षण पाए गए। उसने बड़ी मात्रा में इसे बनाया।,मेरा मतलब है कि जो रिकिन का एक बैग पैदा करता है। तो उनके भंडारण युद्ध थे।,फिर से इसे ठोस बुरे आइडिया के बीच भर दिया। उसके बेटे की तरह।, उसके पास एक मगरमच्छ का मुंह था।,इसलिए जब पुलिस ने उससे पूछताछ की और ड्रग्स के बारे में पूछा।,उसने कहा "मुझे सफेद दवा के बारे में कुछ नहीं पता है।,,,"मेरा मतलब है कि कौन ऐसा करता है, (अनप्रोफेशनल किलर करते हैं।,,,) और अंतिम लेकिन कम से कम सुनिश्चित करने के लिए, उसे बड़ी मात्रा में रिकिन दिया गया था; फोरेंसिक के लिए यह पता लगाने के लिए पर्याप्त है, इसीलिए वह नीला हो गया था।,,, चाची को गिरफ्तार करने के लिए एक गवाह के साथ पर्याप्त सबूत।,,, । चाची ने धीरे-धीरे और धीरे-धीरे अपराध स्वीकार किया। ,उसने सब कुछ बताया कि कैसे उसने अपनी मृत्यु से पहले 9 जनवरी:24 बजे, 36 घंटे पर सूरज की कॉफी में चीनी के बजाय रिकिन को जोड़ा।,उसे इस बात की जानकारी नहीं थी कि तलवार उसके रक्त वाहिकाओं में प्रवेश करेगी और टूट जाएगी। उसने बताया कि उसने यह सब कैसे योजना बनाई लेकिन उसने अभी भी क्यों जवाब दिया।,'मज़े के लिए है'।,,,(क्या वह उच्च है, मुझे आश्चर्य हुआ)।,,, । उसे थाने ले जाया गया और एक दिन के लिए और पुलिस के एक छोटे से पुख्ता पर रखा गया।, वह खुल गई।(सब के बाद कोई भी वाल्टर व्हाइट नहीं है।): "यह कहानी 10 साल पहले शुरू होती है।, सौदागर और मैं प्यार में थे।,मेरा मतलब एक वास्तविक में है।, टिंडर पर एक नहीं।,हाँ हमने कुछ अच्छा समय एक साथ बिताया।, लेकिन हमें इस तरह से भाग लेना था क्योंकि सौदागर की शादी एक अमीर कनाडाई उत्तराधिकारी के रूप में तय की गई थी।,उसके पिता अपने बड़े बेटे से मेरे ऊपर शादी करने की अनुमति नहीं देंगे।,और वह अपने

छोटे बेटे के प्रस्ताव के साथ मेरे घर आया। मेरे पिता भी उनकी विरासत से प्रभावित थे।,इसलिए हम दोनों ने एक ही समय में एक ही जगह पर शादी की।(2013 में।) लेकिन एक दूसरे के साथ नहीं।,,, उसने वास्तव में मेरे जीवन को नष्ट कर दिया, न केवल मेरा प्यार अलग हो गया, बल्कि मुझे सदमुखियों में प्रवेश करने से भी रोक दिया। उनमें से सभी, सचमुच वे सभी खूनी कमीने हैं, उन्हें टोपेट में प्रवेश करने और वहां सड़ने की आवश्यकता है।,,, 2014 में जल्द ही सौदागर के पिता की मृत्यु हो गई।,इसलिए सौदागर ने मेरा इस्तेमाल करना शुरू कर दिया। उसने मेरा बलात्कार किया।,वह अपनी ऊँची नाक पर गुस्से के साथ एक कुतिया का विद्रोही बेकाबू बेटा था। उसने मुझे कई बार उकसाया और मैं कुछ नहीं कर सका।, पुलिस उनकी थी।, सरकार उनकी थी।,आप सभी जानते हैं।,सहमति प्राथमिक है। उनका गुस्सा उनके दिमाग पर हावी हो गया।,हम साधु हैं।, कोई गंदगी हमें बर्बाद नहीं कर सकती।,उसने कहा।,,, उसने मेरे पालतू जानवरों को मार डाला।,उसने मेरा अपमान किया।,मुझे नीचे कर दिया। ,मेरे साथ बलात्कार किया।,मुझसे छेड़छाड़ करो।,मुझे मारो।,मुझे धमकी दी।,मेरे जीवन को किसी भी संभव तरीके से कठिन बना दिया जो वह कर सकता था। मैं दर्द में रहता था।,रोते हुए वह एक बदमाश है।,उसे आसन लटका देना चाहिए।)वर्षों से।,यह कठिन है।, यह कठिन है। , यह दर्दनाक है।, असहज।,आप जो भी कहते हैं, उसे टालना। मुझे क्या हुआ जब उसने शादी से चार दिन पहले मेरे साथ बलात्कार किया।, मैं टूट गया था।,पूरे शरीर में दर्द।,खड़े होना भी मुश्किल है।,फिर मैंने कराहने में पूछा।,तुम मेरे साथ ऐसा क्यों करते हो?,आप जानते हैं कि उसका जवाब क्या था।,"सिर्फ मनोरंजन के लिए।,,,"।,,,

बदला और ठंडा खून दो सबसे खराब घटनाएं हैं।,वे कहते हैं। वह

बदला लेने के लिए भूखा था और उसे मिल गया।,वह मानसिक रूप से टूट गया था।, भावनात्मक और शारीरिक रूप से। उसके पास एक विकल्प था और एक के पास हमेशा विकल्प होता है।,वह उच्च प्राधिकारी से संपर्क कर सकती थी। जो कुछ भी हुआ वह जघन्य गंभीर नरक गलत था, लेकिन किसी को मारकर बदला लेना सबसे बुरा है जो आप कर सकते हैं और आप सलाखों के पीछे समाप्त हो जाएंगे। सौदागर को न्याय की अदालत में लाया गया था।,उसे फांसी की सजा दी गई। (मृत्युदंड।),,, उनके मामले पर विचार लाया गया (वह मुख्य गवाह और पीड़ित थीं), उन्हें हत्या के लिए कैद किया गया था।,,, अंत में मैं जोड़ना चाहता हूं "जीवन कठिन और कठिन है लेकिन अपराध का उन्मूलन कभी भी एक विकल्प नहीं है और कभी भी नहीं होना चाहिए।,,,"।,,,"आप जानते हैं कि समय आकाशगंगा मालिक है।,,,"सटीक समय कि तलवार उसके पास प्रवेश करती है, उसे एक हमला मिला (हो सकता है कि यह ट्रिगर हो गया हो।)

हम कैसे जान सकते थे कि ऐसा नहीं हुआ, वह बच गई होगी, (वह बिना किसी सबूत के मर गई होगी) हालांकि न्याय हमेशा मेज पर परोसा जाता है। समय मास्टर है, यह एक साधारण हत्या होती लेकिन यह बदल जाती एक बीजान्टिन हत्या सिर्फ एक चीज के कारण, समय। -एक सपने पर आधारित (काल्पनिक)

नशा करने वाले।

आप इसे गंदगी से खेलते हैं, आप इसे बेईमानी से खेलते हैं, आपको अपनी नश्वर आत्मा को संतुष्ट करने की आवश्यकता है, आपको सोने और कोयले के बीच अंतर नहीं हो सकता है, आप बस एक सतर्क तिल की तरह महसूस करते हैं।,,, एक घाटी के पास एक गाँव था।,इस कहानी को बताना उचित है।,वह इतना कमजोर हो गया।, वह इतना पीला पड़ गया।,,, पूरा बोबर्ग जहां

ड्रग्स प्रबल था।,,,

एक को भी साफ नहीं छोड़ा गया था, उन्हें बस एक पफ ग्रीन, स्कैंडल किए गए माता-पिता और कठिन किशोर की जरूरत थी, कोई कम प्रोफेसर मल्टीमोर डीन नहीं, कोई भी हरक्यूलिस या मि।,,, बीन।,,, इस गंदगी के साथ उच्च दूषित, वे एक सफेद के लिए मर जाते हैं, उन्होंने लोगों को एक साफ चिट दिया, जिसे लाभ मिलता है, ड्रगलॉर्ड डाकू।,,,

ज़ेन नाम का एक आदमी था, जो रातों की नींद पूरी करने में असमर्थ था, फिर भी सभी कोलंबिया में, उसने अपने दाग के साथ हत्याएं कीं।,,, उसे डीईए द्वारा गिरफ्तार किया गया था, अब उसे वास्तविक कीमत चुकानी पड़ी, वह दूर भी नहीं जा सकता, उसके सपने एक बोलबाला के साथ बिखर गए।,,,

और वहाँ से बाहर सभी सज्जन, जो अपने गधे को डराने के लिए नहीं सोचते हैं, बाधाएं आप सभी का सामना करेंगी, जब तक कि आप अपने चेहरे पर नहीं उतरते।,,,

उनके चाचा पेडलर थे, उन्हें यह मुफ्त मिला, उन्हें अब शुल्क का भुगतान करना पड़ा, उन्हें स्कोरर में निकाल दिया गया, अब उन्हें यातना का सामना करना पड़ेगा।,,,

वह हर किसी के रूप में बदल गया,।

दोस्तों जब तक कोई उपद्रव नहीं करता,,,,

वे हाथी टस्क के साथ बेचे, जहां वफादारी होनी चाहिए थी।,,,

। उसे बिजली के झटके दिए गए।,उसने पानी के स्टीम का सामना किया।, जबकि पुलिस ने मॉक बनाए।,उनकी डर्म की परतें मुस्कराती थीं।,,,

पूरे कोलंबिया में शांति चाहिए थी,।,,,

अंकल गोच, बना चिढ़ा,।

ज़ेन को निवास स्थान छोड़ने के लिए मजबूर किया गया था, उसे

पुनर्वसन के लिए भेजा गया था।,,,

उसे टिपटो के लिए मजबूर किया गया था, वह नाचोस के गिरोह के बीच नाचोस को उलझा रहा था, कोई दोस्ताना चेहरा केवल दुश्मनों के लिए नहीं था। उसने फांसी पर अपने शब्दों को बोला, "मैरिलियस ड्रग्स के बिना व्यवहार्यता है, आप सभी को डम्फक्स समझने की जरूरत है, आप अपना खो देंगे चक, जब आप सूजन ट्रकों का सामना करते हैं।,,,"।,,, वह फर्श पर बैठ गया; ऊपर कि वह एक रास्ता चला गया, नार्कोस बहुत पैसा लाता है, एक बार जब यह चला जाता है, तो आप एक स्लॉट खरीदने के लिए बेताब होते हैं, यह तब होता है जब आप लाल बिंदु के चरण में होते हैं।,,, जीवन एक बच्चे की तरह है।,भावना नहीं भावना मिलती है।,जब वह लोशन चाहेगा तो उसे मिलेगा।, हम सभी को गलती से जी रहे हैं।, उत्सर्जित और तबाह कभी संलयन नहीं बनाता है।, यहां तक कि आपके पास एक अच्छा अंतर्ज्ञान है।,लेकिन आपको टेंशन में जाना होगा।,,, जीवन एक गुलाब की तरह है।, आप इसके बजाय मंजिल चुनते हैं।,आत्म मृत्यु सबसे अच्छी मृत्यु है।,जब तक आप कांटेदार मौत पर झूठ बोलते हैं।,,,

बस बैंड थिंग्स।

कितना विलक्षण है डकैत का जीवन, जिस तरह से वह खाता है, जिस तरह से वह प्रयास करता है, जिस तरह से वह झूठ बोलता है, जिस तरह से वह रोता है।,(बैंड यह रोना नहीं है कि वे लोगों को रोते हैं)।,

वे एक मर्सिडीज में ट्रिनिटी बनाते हैं, हम मैक और पनीर के साथ घूमते हैं, वे स्ट्रिप और छेड़ने के लिए रहते हैं, हम हरे मटर के साथ गूंगा बॉक्स देखते हैं, वे खेलते हैं और क्रीज जीतते हैं, हमारे पास बहरे हैं जो पिच से नफरत करते हैं।,

वे फ्रीज का पानी पीते हैं, हम गीज़ को देखने के लिए आरी में

जाते हैं।,

वे उस नफरत से प्यार करते हैं जो पहुंच बनाते हैं, हम उस प्यार से नफरत करते हैं जो सिलाई करते हैं, वे खाई को करने वाले को गले लगाते हैं, हमें उन्हें अमीर बनने के लिए उपयोग करना होगा।,

चोर वे हैं जिन्हें हम वानाबे नहीं करते हैं, लेकिन उनकी भरपूर आपूर्ति हम देखना चाहते हैं, यहाँ बात जोखिम प्राथमिक है सब कुछ, अगर आप जेल में समाप्त होते हैं तो चोर हो सकते हैं।,

उनका जीवन मच्छर की तरह छोटा होता है, पुलिस हमेशा एक हिट बनाना चाहती है, वे विभिन्न गंदगी से भी गुजरते हैं, लेकिन हमेशा थोड़ा अनफिट रहते हैं।,

विरोध का सपना।

जब आप गरीब होते हैं, तो आप संपन्न होना चाहते हैं,।,

आप एक दौरा चाहते हैं, साथ ही साथ बदमाश भी हैं,।,

जब अच्छी तरह से पैसा, ठंड में होना चाहता है,।,

जैसा कि आपने सुना और जैसा कि यह बेचा जाता है, जैसा कि आपने बताया कि आप शहर में पैसे और गर्म में गर्म हैं, आप बीमार हैं लेकिन किटी को मारने के लिए संसाधन हैं।,

जब आप पार्चिंग कर रहे होते हैं, तो आपको बर्फ की आवश्यकता होती है,।, लेकिन भव्य होने के नाते, आप अच्छे नहीं हो सकते।,

आपको हमेशा जरूरत होती है और चावल बनाने के लिए किसी की आवश्यकता होगी, और जब आप पासा रोल करेंगे तो हमेशा हारेंगे।, तुम्हारे बाद पुलिस, यहाँ मसाला है, तुम बहुत अच्छी तरह से जानते हो कि तुम चूहे हो।, जब आपको बुखार हो। , आपको रिकवरी की जरूरत है।,खोज के बिना प्यार करना मुश्किल है।, आपको गलतफहमी तक जारी रखना पसंद है।, आप सभी की जरूरत है गहरी पीड़ा में पैसा है। आप गलत अभी भी जिद्दी

हैं।,आपने जाने से पहले मीलों की यात्रा नहीं की है।, आपको चट्टानों से टकराने के लिए खुद को तैयार करना होगा।,
क्या वे एजेंट हैं जिन्हें आप कुत्ते कहते हैं।,
जब आप नष्ट हो जाते हैं।, आप छोटी खुशियों की खोज करते हैं।, अगर खिलौने में कारों में तार।, आप सलाखों में नहीं जाना चाहते हैं या कविता की प्रतीक्षा नहीं करते हैं।, आप तेज हैं।, आप जैसा सोचते हैं, आप दमनकारी हैं।,किसी भी पलक से पहले दो बार सोचें।, जब आप बदबू मारते हैं तो आप वायुहीन और सुस्त होते हैं।,बेहतर होगा कि परिणाम इसे पिंग करें।, आप हमेशा राजा बनना चाहते थे।, मरने के लिए सबसे अच्छा विषय, यह कौन है, आपके पिता, शेर।,

जानकारी के लिए उत्पत्ति।
उत्पत्ति के बाद से, मैं ठोकर खा रहा था।
हर गहन किराया ने मुझे संघर्ष करते रखा।,
ओ'मी सागर कभी भी उखड़ गया था,
पराक्रमी लहरों ने मेरे पाल को परेशान कर दिया।,
लेकिन मैं नौकायन पर रखा, क्षितिज को याद किया।,
विफलताओं की राख से, मैं हमेशा फीनिक्स की तरह गुलाब।,
के लिए, मैं एक प्रेरणा, अजेय होने के लिए, अविश्वसनीय होने के लिए।,
नौकायन पर रखा, आगे बढ़ने पर रखा।,
    मैं कुछ मजबूत भावना से उत्साहित था,।
वह भावना जो अजेय थी,।
वह भावना जिसने मुझे नौकायन करते रखा।,
आपको पता है, रवि,
आपको लगता है कि आप क्षितिज। हैं।!

अंदर जलती आग,।

बाहर सबसे ठंडी हवा का विरोध किया,।

मेरी अतृप्त आत्मा तुम्हारे लिए प्यासी है,।

पक्के गले का एहसास नहीं हो सकता,

भूखे पेट का एहसास नहीं हो सकता।,

मैं नेविगेट करता रहा,।

मैं चलता रहा।,

शंकलप मिरानी।

हजारों पक्षी जो आपको तालमेल में ढके हुए हैं,।

ऊर्जा के साथ मुझ में, मेरे सूक्ष्म में जोड़ने पर रखा।,

मैं एक स्पंज बन गया, स्वभाव की शराब का नशे में धुत,।

केवल आपके और हर एक विधेय के पास जाने के लिए।,

सैकड़ों धधकते सितारे आप पर गिर गए, और उन्हें पकड़ने के लिए,।

मैं समुद्र के माध्यम से छेद करता रहा।,

मैं यात्रा करता रहा,।

मैं रौंदता रहा।,

(मेरे लिए धन्यवाद की हिम्मत)।

मैंने हर हवा में अपना सार छोड़ दिया, मेरे कॉमरेड ने हर समुद्र में छेद किया।,

मैंने हर सागर को पार किया, मेरी आँखों ने हर दृश्य को निहारा।

हर सुबह शाम को मुझे छूने के लिए सुबह।,

मैंने हर उस गूल को देखा जो आप पर छा गया था, हर सूर्योदय हर सूर्योदय जो आपको सुनहरे रंग में मिलाता था।,

अनजाने में, मैंने पूरी दुनिया को प्रसारित किया, मैंने पूरे विश्व की खोज की।!

और समय बीत गया इसलिए यात्रा में तेजी आई, कई साल एक

ही पल में समाप्त हो गए।,

लैंडमार्क के रूप में जहां से मैंने शुरू किया था वह मेरे पास आया।,

आखिरकार मुझे एहसास हुआ कि आप, एक अप्राप्य प्रयास, मेरे प्रयास समुद्र में डूब गए,।

मैं पूरी तरह से संघर्ष में बह गया।,

आप एक मृगतृष्णा बन गए, मुझे धोखा दिया गया, मेरे अजेय अंतर्ज्ञान को फिर से परिभाषित किया गया और मेरे सपने मर गए।, मैं चिल्लाता रहा।,मैं चिल्लाता रहा।,

एक नक्शे पर गपशप करते हुए, मैंने पता लगाया, मुझे कुछ एहसास हुआ, कुछ ऐसा जो वास्तव में चौंका देने वाला था।,

मेरे विवेक ने मुझे पागल कहा और पूछा, क्या कुछ भी व्यर्थ गया।,

इसने मुझे सिम्फनी से संपर्क करने के लिए एक असंगत बोली में एक एपिफेनी को नष्ट करने में मदद की।,

मुझे एक अभूतपूर्व उपलब्धि मिली, जो कभी प्राप्त नहीं हुई थी। फलों पर नहीं होने वाले सौदों पर ध्यान दें क्योंकि हमारे सर्वशक्तिमान ने कहा कि मेरे जैसे अनंत तक धर्मयुद्ध जारी रखें।

मृत्यु के बाद,।

मार्शल शहादत में भाग ले सकते हैं,।

मनहूस नरक में भाग ले सकता है, महान राज्य का स्वर्ग हो सकता है, कई पुरुषों से सम्मानित किया गया।,

और, रॉयल्स इतिहास में एक नाम में भाग ले सकते हैं; लेकिन शांत आदमी, जो अपने जीवन से प्यार करता था और इसे दूसरों से प्यार करने में खर्च करता था,।,

अब मुझे यकीन है कि अनंत काल प्राप्त हुआ है।,

हे परमौर।

हे परमोर, मैं जो कहता हूं, उससे अनजान हूं।, लेकिन तुम्हारी उपस्थिति मुझे समलैंगिक बनाती है,।, आपने मुझमें संकीर्णता पैदा की,, बंधनों को छोड़कर हम भाग जाते हैं।,

आप की आराधना है।

जिंदगी,।, बिना प्रयास किए आप कांटे।, तू मेरे जीवन को अलग कर दे, तुम प्रभावकारिता हो न कि एक हिस्सा।, समुद्र के किनारे समुद्र तट पर बैठो, स्वर्गीय क्षण इसे होने दो।, आप।

पीड़ा लेकर आए आप शांति लाए,।, आप की अनुभूति मैं संघर्ष करना चाहता हूं, आप की परोपकार मैं आपके द्वारा प्रचारित जीवन के विश्व पाठ को सीज करने की कोशिश करता हूं।, नीचे और चमकदार आकाश, तेरा मेरा केक और सेब पाई, आप दिल और एक महान आंख है, यहां तक कि मौत मर जाती है।, स्वास्थ्य में और किसी न किसी समय में, शराब में और चूना चूना, मासूमियत में और।

कठोर अपराध में, किसी भी अन्य और इस तुकबंदी में, मैं तेरा हो जाऊंगा, मैं तेरा हो जाऊंगा।,,,, (क्या तुम मेरे हो जाओगे?)।, शंकलप मिरानी।

जीवन के लिए फूल।
कोमलता, आप एक पसंद विकसित करते हैं,।
सुंदरता, योजना लंबी पैदल यात्रा,
प्यार प्राथमिक कर्तव्य, जेसन मूर्ख ढोंगी,।

स्कूल की यात्राओं का आनंद लें, डायना बनना चाहती है,।

समाज ब्रूटस है, जो सामान्य इच्छा है, बस हम। हम एक दूसरे से थक जाते हैं,।

योजना के अनुसार सिबला, गर्मी बर्दाश्त नहीं कर सकता, डिब्बाबंद खाना खा सकता है,।। शौकीन आप प्रतीक कहते हैं स्कैन किया गया,।

सूर्य की सर्दियों की अवधि कम हो जाती है, वहाँ गंभीर पत्थरों का स्वागत करते हैं, अलगाव साथ जाता है,।

चोर से परे गायब हो जाता है, घड़ी वह खिलाड़ी है जो दर्द की बारिश करता है, हर कोशिका मोटे आदमी के रूप में फट जाती है;

हर लाभ को खोना, मून्स और कंपकंपी क्यों यह दृष्टिकोण, लंबे समय तक एक केक देखा, लेकिन सबसे मजबूत तूफान रेक के बारे में है।,

हम कहां हैं, हे आकाश के साथ विचार किया जाता है।।मेरी आँखों को चुभने दो, मैं कोई छड़ी नहीं हूँ तुम क्यों हो।

कंपकंपी क्यों यह दृष्टिकोण, लंबे समय से एक केक देखा, लेकिन सबसे मजबूत तूफान रेक के बारे में है।,

हम कहां हैं, हे आकाश के साथ विचार किया जाए।।मेरी आँखों को चुभने दो,।

मैं कोई हवलदार नहीं हूं, आप इतनी छड़ी क्यों पहने हैं, मुझे मेरी स्माइली से प्यार है, कृपया।

जिसके लिए इतना बीमार हो गया।।

आप अपने स्वयं के गुण के साथ अपना झुकाव अर्जित करेंगे, परीक्षण का मोह, उच्च यह उड़ गया,।

इसके माध्यम से पारित किया और बिना सुराग के छोड़ दिया,।

यदि आप प्यार करते हैं तो आप के माध्यम से प्राप्त करेंगे, यदि आप वास्तव में सच हैं तो आप धीरज के लिए समर्पित होंगे।, बहुत से लोगों के पास जीवन बेचा जाता है, जैसा कि सुना जाता है और जैसा कि बताया गया है, ठंड के साथ संपन्न होता है, यह समझने के लिए कि प्यार कैसे होता है।

शिविर से चलना।

रात में चलना, शिविर के माध्यम से,।

एक दीपक के साथ, नाइटर्स को स्वीकार करें।,

काम, दिन और रात के लिए बाहर सेट करें।

थोड़ी देर के लिए घर की ओर झुका।,

खूबसूरत रात बहुत मुस्कुराई,।

मुझे लगा कि मैं सब पकड़ा गया हूं।,

काम हमेशा की तरह भयानक लगा, यह सभी तरीकों को अवरुद्ध करने के लिए लग रहा था।,

मेरे पास कोई अच्छी चीज नहीं थी। लेकिन परिवार के प्यार ने मुझे वापस खींच लिया।,

हे प्रेम, यह क्या था, हर नुकसान और हर पार से परे।

। मेरे साथ खेला गया, दूर तक घूरने और देखने वाला कोई नहीं था।, गरीब की भूमि पर दया की झलक महसूस हुई।

भगवान उसके हाथ गें रख सकते हैं।,

यहां बताया गया है कि वॉक कैसे समाप्त हुआ, लेकिन अब काम शुरू हुआ।

चाहते हैं।

"नताली, रुको ,,, मुझे पता है कि तुम बहुत कुछ कर चुके हो, मधु।, लेकिन मैं यहां केवल आपकी मदद करने के लिए हूं।, ऐसा मत करो, "जैचरी ने जवाब दिया कि मैंने उसे दीवार के खिलाफ खड़ा कर दिया है, उसके माथे पर 9 मिमी की नोक की

ओर इशारा करते हुए।,

"मुझे पता है, ज़ा, लेकिन अभी मेरी चिंता कम से कम है।, तुम मुझे वापस पकड़ रहे हो।, मैं अब आपके साथ नहीं रह सकता और आपको इस स्तर पर यहाँ छोड़ना वास्तव में एक विकल्प नहीं है।, आप अपने पिताजी को सब कुछ बताएंगे।,"।

"मैं नहीं जीता, मुझ पर विश्वास करो।!"वह भीख माँगता है।,

"तुम्हें बताया, परवाह नहीं है," मैं एक अस्थिर साँस छोड़ते जारी करते हैं।, "आपने एक बार मुझसे पूछा था कि तीन को मारने के बाद क्या होता है," मैं मुश्किल से निगलता हूं।, "तीसरे शॉट से, ज़च, आप पहले से ही एक हत्यारे हैं।,"।

गोली की आवाज ने रिकोशे को गोली मार दी।,

मुझे आश्चर्य है कि लेखक भीषण हत्याओं और ग्राफिक दृश्यों का वर्णन कैसे करते हैं जब वे खुद कभी नहीं आए।, सच कहा जाए, तो कोई नहीं जानता कि जीवन लेते समय दुखद रक्त एक हत्यारे के अनुभव को प्रवाहित करता है।, यह मुझे मेरे मूल से डराता है लेकिन मैं जानना चाहूंगा कि यह कैसा लगता है।, हालांकि, इसके बाद मुझे सबसे ज्यादा डर लगता है।, लेकिन फिर, मैं कभी भी चाहता था कि अंधेरे को छूना है जिससे हर कोई डरता है।, एक बार जब आप इसे छू लेते हैं, तो यह आपको डराने की शक्ति खो देगा।,

रात की शांति रात के जीवों की भयानक फुसफुसाहट को झकझोरती है क्योंकि मैं पार्क की खामोशी में चलता हूं।, अंधेरे की शांति में महसूस करते हुए यह कायाकल्प है।, मैंने हमेशा काले रंग से प्यार किया है।, कुछ भी नहीं के दुष्ट भ्रम ईडन गार्डन में निषिद्ध फल की तरह अपने स्वयं के पेचीदा स्वभाव है।, जब तक मैं याद रख सकता हूं, मुझे प्रकाश से भरी दुनिया में उस अज्ञात भागने की ओर प्रेरित किया गया है।, मैं उस अंधेरे

को छूना चाहता हूं जो आपको राख में जला देता है और आपकी आत्मा को बर्बाद कर देता है।,

मैं नाविक हूं जो रात के सायरन से चकित होना चाहता है।,

मैं धीरे से चकराता हूं, ठीक है जब एक भोला पिल्ला अपनी पूंछ को मासूमियत से लहराता है।, भाग जाओ, कॉलो जानवर, आज के लिए यह दानव खुद नर्क की रानी में बदल गया है।, ऊपर का गहरा मखमली आज रात मेरी बुरी आत्मा को दर्शाता है।,

एक आह भरते हुए, मैं पार्क के प्रवेश सह निकास की ओर चलता हूं।, बड़े लोहे के द्वार कब्रिस्तान के फाटकों की तरह भयानक दिखते हैं।, उन्हें वास्तव में एक प्रमुख बदलाव की आवश्यकता है।, मेरे अपार्टमेंट में वापस टहलते हुए, यहाँ से चार ब्लॉक हैं, मेरे हाथ में किताब पकड़े हुए।, चूंकि, मैंने किताबें पढ़ना शुरू कर दिया है, मेरी पसंदीदा शैली हमेशा मनोवैज्ञानिक थ्रिलर रही है।, मानव मन उतना ही बुरा और अंधेरा हो सकता है जितना कोई कल्पना कर सकता है।,

---------------------|

जैसे ही थका देने वाली आभासी बैठक समाप्त होती है, मैं अपना मैकबुक बंद कर देता हूं।, मेरे सिर को खरोंचते हुए, मैं अपने वजनहीन शरीर को खींचता हूं और अपने आप को आलीशान बिस्तर पर फेंक देता हूं।, ऊ, मुझे बैठकों से नफरत है।! वे एक ही बात पर बार-बार चर्चा करते हैं कि विभिन्न व्यावसायिक शब्दों का उपयोग करके इसे महत्वपूर्ण और फैंसी बनाया जा सकता है।, हम केवल निष्कर्ष पर क्यों नहीं जा सकते, एक ही बार में पूरी बात को संक्षेप में बताएं और इसे समाप्त करें।?

मार्केटिंग टीम को हमेशा दूसरों की तुलना में अधिक समय लगता है।, और इस दृश्य में गोबर जोड़ने के लिए, उनके विचार कभी भी मेरे मेल नहीं खाते।, एक उत्साही पाठक के रूप में, मैं बता

सकता हूं कि एक पुस्तक प्रेमी को क्या आकर्षित करता है - यह उन दुखों के बिना स्पार्कलिंग दुनिया नहीं है जिनकी वे तलाश कर रहे हैं।, यह इस वास्तविकता से जादुई शब्दों से भरी एक वास्तविक दुनिया में बच जाता है जो इतना भरोसेमंद है, पाठक पात्रों से प्यार करना शुरू कर देता है।, एक ऐसी दुनिया जहां खुद जैसे दोषपूर्ण प्राणी ईमानदारी से स्वीकार किए जाते हैं।,

पानी के बहने के तरीके या बल्ब की रोशनी के तरीके जैसे मामूली विवरण एक ऐसी स्मृति को रोक देता है जो दूर का अतीत था, लेकिन अब करीब महसूस करता है।, यह वही है जो एक पाठक चाहता है।, लेकिन मार्केटिंग टीम के ये सदस्य इस अनगढ़ दुनिया को कभी नहीं समझ पाएंगे जो हमारा सटीक प्रतिबिंब है।, वे सभी परवाह करते हैं कि अनुपात हैं जो लाभकारी रूप से आकर्षक हैं, और सहजता से एक प्यारा सौदा करता है।, इस टीम के विपरीत, मुझे कानूनी सलाहकारों की टीम से प्यार है।, वे अपने विचारों को संक्षिप्तता में प्रस्तुत करते हैं।, इसके अलावा, सबसे अच्छा हिस्सा, एक निर्दयी वफादार वकील आप सभी को झूठे खेल में चाहिए।,

मेरे रोष साथी, कद्दू, एक अदरक ने रागडोल मेव्स को बालों में लगाया और मेरे गिरते हुए हाथ के चारों ओर घोंघे।, उसकी उपस्थिति अचानक मुझे उस सड़क के कुत्ते की याद दिलाती है जो मुझे कल रात मिला था।, विचारों के एक ही तार में स्थित, मेरा मन उस गर्भाधान के लिए भटकता है जिस पर मैं विचार कर रहा था।, मैं उस काले डर का स्वाद लेना चाहूंगा।,

मैं अपनी नोटबुक का पहला पृष्ठ खोलता हूं जहां मैं इन सभी विचारों को लिखता हूं।, आज मेरे दिमाग में बहुत कुछ है।, मेरे हाथ में कलम लेकर खेलना, मुझे गहरा लगता है।, क्या यह वैसा ही होगा जैसा कि हत्यारों को होता है।? या यह मुझमें एक

अभूतपूर्व आघात पैदा करेगा।? किसी भी तरह से, मुझे इसे एक शॉट देना होगा।,

प्रलाप और एड्रेनालाईन का एक गर्म कॉकटेल मेरी नसों के माध्यम से भागता है।, मेरा दिल रोमांचक तरीके से तेज़ हो रहा है।, मुझे पता है कि यह उन विचारों में से एक नहीं है जो आते हैं और जाते हैं।, रक्तपात के लिए यह आग्रह देर रात को उखाड़ फेंकने वाला नहीं है।, यह एक लक्ष्य है।, इसकी जरूरत है, यह एक प्यास है, मैं बुझाना चाहता हूं।, मैं इसे महसूस करना चाहता हूं - निषिद्ध फल का स्वाद।, आखिरकार, जिज्ञासा सीखने की मोमबत्ती में बाती है।, आज रात, मैं अपने जानवर को हटा दूंगा।, अपने जीवन के इक्कीस वर्षों में उन सभी थ्रिलर अपराधों को पढ़ने से, मैं मूल बातें कम से कम जानता हूं।, मुझे बिना किसी खामियों के एक अच्छी तरह से तैयार योजना की आवश्यकता है और यह मुझे बताता है कि मुझे अपने पहले पर अधिक समय बिताने की आवश्यकता है।, इसलिए, मैं तय करता हूं, मैं योजना को धीरे-धीरे निष्पादित करूंगा।,

मेरे जीवन की बालकनी से नीचे गिरते हुए, मैं एक आदमी के एक छोटे सिल्हूट को नोटिस करता हूं।, मैं उसे तुरंत पहचान लेता हूं।, लिन पेज।, एक ताजा कॉलेज स्नातक ड्रग डीलर।, उनके पिता राज्य के सबसे बड़े उद्योगों में से एक हैं और वह इस तरह के एक बच्चा हैं।, अगर वह चला गया तो क्या होगा?

मुझे किसी को कम-कुंजी का शिकार करना चाहिए।, लेकिन लिन को मारना इतना मजेदार होगा।, मैं व्यावहारिक रूप से उनके पूरे कार्यक्रम को जानता हूं और इस इमारत में मेरे साथ उनकी कम से कम बातचीत है।, इसके अलावा, यह दुनिया एक कम तस्कर का उपयोग कर सकती है।, एक रात के लिए लिन पेज से सावधान रहें यह सायरन आपको शिकार करेगा।, मैं मुस्कुराता

हूं।,

-----------------।

मेरी आँखें अंकल फ्रेड कैफे की दुर्लभ भीड़ के माध्यम से नेविगेट करती हैं, यह सुनिश्चित करते हुए कि मेरी आँखें लक्ष्य पर बंद हैं, लिन पेज।, वह एक गोरा के साथ बैठा है जो लिन के प्रलोभन में कम से कम दिलचस्पी लेता है।, यीशु, इस आदमी का कोई स्वाभिमान नहीं है।, मैं अपनी कैमोमाइल चाय पीता हूं और अपनी दृष्टि को केंद्रित रखता हूं।, मुझे नहीं लगता कि कोई भी मुझे आसानी से एक शिकारी के रूप में पहचान सकता है क्योंकि मैं वह पहन रहा हूं जो हर कॉलेज के छात्र विशेष रूप से ट्रेंडी एडिडास बैकपैक के साथ टैग करने के लिए पहनता है।, एक समुद्री हरे हूडि और काले लेगिंग में, मैं मूल रूप से पृष्ठभूमि के साथ मिश्रण करता हूं।, बैकपैक पॉकेट से बेज और ब्राउन राइटिंग पैड को खिसकाते हुए, मैं उनके शेड्यूल के साथ जारी हूं।,

दिन 16।

लिन पेज अंकल फ्रेड के कैफे का दौरा करता है।, इस सप्ताह चौथी बार।, उसी समय।,

कॉफी पीना और बैगेल खाना - स्थायी व्यवहार।, पुष्टि।,

अचानक, कोई लकड़ी की मेज को जोर से मारता है।, चौंकाने वाला, मैं अपने हाथ में कलम लगभग छोड़ देता हूं।, मेरा पूरा शरीर सतर्क हो जाता है।, मेरे माथे पर पसीने के माध्यम से एक रक्त-दही चिंता बहती है।, मैं कड़ी मेहनत करता हूं और लिन को मेरे ठीक ऊपर खड़ा देखता हूं।, नोट पैड चौड़ा खुला है।,

वह चुपचाप मुझे बाज की तरह जकड़ रहा है।, जब कोई फोटोग्राफर पोर्ट्रेट मोड पर शूट करता है तो आसपास के ब्लर्स

पसंद करते हैं।, मेनसिंग फोकस हम दोनों पर है।,

"तुम क्या कर रहे हो।?"उसकी आँखें संकीर्ण रूप से, देख रही थीं।,

"डब्ल्यू क्या।?"मैं हकलाना।, मेरी उंगलियां बर्फ की ठंडी हैं।,

"यदि आप ऐसा करते रहेंगे तो आप खून खींचेंगे," वह अपने ईगल की तरह टकटकी लगाकर मेरे होंठों पर हाथ फेरता है और फिर वापस मुझ पर।,

यह तब है जब मुझे एहसास होता है कि वह नर्वस परिस्थितियों में मेरे होंठों को चबाने की मेरी प्राकृतिक अवचेतन आदत के बारे में बात कर रहा है।, "ओह ,,, हाँ," मैं श्रव्य रूप से साँस छोड़ता हूं।, नोट-पैड का एक खाली पृष्ठ प्रभाव पर बदल जाता है।,

वह उस छोटी गति को थोड़ा ध्यान में रखते हुए डूब जाता है।, "मुझे एक कलम की आवश्यकता है," वह मांग करता है, स्थिति की अनदेखी करते हुए।,

"उह,,, ठीक है।, कृपया, "मैं उसे अपनी कलम प्रदान करता हूं।,

भगवान की पवित्र माँ।! इतना करीब था।! मुझे एक सांस की जरूरत है, सचमुच।, मेरे अपार्टमेंट के दरवाजे को अनलॉक करते हुए, मुझे आश्चर्य है कि क्या उसने अपना नाम और अपने ठिकाने का रिकॉर्ड देखा।, मेरा मतलब है, वह कैसे नोटिस नहीं कर सकता है।, लेकिन फिर, वह इसे एक साथ क्यों अनदेखा करेगा।?

मैं आहें भरता हूं, सोफे पर गिरता हूं जबकि कद्दू मेरे बगल में झपकी लेता है।, अब तक, मैं इस उत्तेजक सवारी से प्यार कर रहा हूं।, यह पहली बार है जब मेरे सभी बर्फ-ठंडे तार जीवित हैं।, सच कहूं तो, यह समझाना मुश्किल है लेकिन लंबे समय में, मैं वास्तव में अगली सुबह उठने के लिए उत्साहित हूं - मेरे दिमाग में हत्या के साथ।,

मैं गिड़गिड़ाता हूं।, मुझे क्षमा करें, क्योंकि मैं दुष्ट हूं।,

मैं अब 16 दिनों से लिन पर नजर रख रहा हूं।, उसके पास सबसे सरल समय सारिणी है जिसे कोई व्यक्ति चला सकता है।, बिना पसीना बहाए आसानी से उसे डंक मार सकता है।, वह दोपहर के बाद उठता है, फिर शाम तक अपने बेकार दोस्तों के साथ घूमता रहता है।, इसके बाद, वह आधी रात तक खरपतवार को धूम्रपान करता है, फिर सिंथेटिक दवाओं के एक जोड़े के साथ पत्थरबाजी करता है जब तक कि वह कोई भी बर्बाद न हो।, अंत में, किसी भी सामान्य मानव की तरह, वह सो जाता है।,

मैंने जो इकट्ठा किया है, उससे प्रयोग करने का सही समय सुबह 4 बजे के बीच है।, और 12 बजे।,, अब, पेज पेंटहाउस तक पहुंचने का एकमात्र तरीका या तो कुंजी है जो केवल श्री।, पृष्ठ पर, या उसके घर के इनपुट कोड तक पहुँच प्राप्त करके।, आठ ज्ञात व्यक्ति हैं जो पासकोड को जानते हैं, मि।, और श्रीमती।, पेज, उनके बच्चे, लिन और फियोना और लिन के कुछ बेकार दोस्त।, विस्तारित परिवार के सदस्यों के अलावा, दो गृहस्वामी इसे जानते हैं।,

लिन के कुछ दोस्तों की सूची हास्यास्पद रूप से अनिश्चित है।, वह ड्रग्स के कनेक्शन के साथ अमीर बव्वा है।, यह पूरा शहर उनकी सूची में शामिल हो सकता है या शायद किसी को भी पता नहीं है कि उनके पास सब कुछ है, उनके जीवन का कोई भी परिदृश्य नहीं है।,

ठीक है, मेरे अपार्टमेंट के दरवाजे की घंटी बजती है।, मैं कराहता हूं और अपने आप को ग्रे दरवाजे की ओर धकेलता हूं और बोल्ट को अनलॉक करता हूं।,

"आपका पार्सल, मिस।,"युवा डिलीवरी बॉय मोटी लंदन लहजे में बोलता है।, वह मुश्किल से सोलह है।, जब वह मुझसे पृष्ठ निवास

के बारे में पूछता है तो मैं 'डिलीवर' कॉलम पर हस्ताक्षर करता हूं।,

"उम, मुझे नहीं लगता कि आप पैकेज को उसी तरह वितरित कर सकते हैं।, वे पेंटहाउस में रहते हैं।,"मैं जवाब देता हूँ।,

"ओह, यह कोई मुद्दा नहीं होगा।, मुझे उनका इनपुट कोड मिला।,"।

"ऐसा क्या।?"मेरे भौंह एक साथ खींचते हैं।,

"हाँ।, मेरे नए बॉस चाहते थे कि मैं इस विशेष पैकेज को लिन पेज पर छोड़ दूं लेकिन उल्लेखित रिसीवर यहां नहीं है।,"वह मुस्कुराता है।,

हुह।! वह अजीब है।, "घरवाले के बारे में क्या, फिर।?"।

"घर।? मुझे नहीं पता क्योंकि नीचे की सुरक्षा ने बताया कि कोई भी नहीं है।,"।

एक दुष्ट विचार मेरे दुष्ट मन में चबूतरे।, "आह, अब मुझे याद है।, एमएस।, कोवेट किराने का सामान चला रहा है, "मैं चकली।, मुझे नहीं पता कि गृहस्वामी या सुश्री कौन हैं।, लोभ है।, "आप मुझे पार्सल सौंप सकते हैं, मैं वितरित करूंगा।, श्री के लिए कुछ प्रारंभिक सजावट हैं।, और श्रीमती।, पेज की चांदी की सालगिरह।, यह एक आश्चर्य की बात है और इसलिए 'विशेष' वितरण है, "मैं अपनी उंगलियों से उद्धरण चिहनों को गति देता हूं और एक मुस्कान के साथ आसानी से झूठ बोलता हूं।, "आप बस मुझे पार्सल और कोड दें।, मैं इसे सुरक्षित रूप से वितरित करूंगा।,"।

"ओह, ठीक है," वह अपने सिर के पीछे खरोंच करता है।

"रुको, तुम कोड नहीं जानते हो।?"वह अपनी आँखें सुनाता है।,

चीज़।! इन दिनों बच्चों को जासूसी श्रृंखला देखना बंद कर देना चाहिए।, "मुझे पता था।, यह सिर्फ इतना है कि वे अपनी सुरक्षा

की आवश्यकता को देखते हुए इसे हर दिन बदलते हैं।,"।

"Huh।! ठीक है, यहाँ पार्सल और कोड है।, क्या आप कृपया श्री को बताएंगे, विलियम्स कि मैंने लिन पेज को पार्सल सौंप दिया।? यह मेरा पहला दिन है ,,, "वह पिल्ला आँखों से पूछता है।,

अचानक वहाँ यह खुजली उसे धीरे-धीरे चोक करने के लिए है क्योंकि मैं जीवन को उसके किशोर शरीर से फिसलते हुए देखता हूं।, ऊ, अपने आप को नियंत्रित करें, बेथ।, नियंत्रण।!

"हाँ, किद्दो।, आपको यह पूछने की जरूरत नहीं है,"मैं मुस्कुराता हूँ।

मैं फिर से आया हूँ।

आसान काम से कहा।, "जब आप वास्तव में कुछ बुरा चाहते हैं, तो नियमों को तोड़ें; प्रतिबंधों, रूढ़ियों, परंपराओं, जटिलताओं को भूल जाओ; और इसके लिए जाओ।!"हाँ, आसान ने कहा कि किया।, आज सब कुछ से भरी दुनिया में, यह अजीब नहीं है कि किसी भी व्यक्ति की स्वतंत्र इच्छा का सम्मान नहीं किया जाता है; करियर, विकल्प, निर्णय शुरू में नीचे देखे जाते हैं।, हां, हम एक ऐसी दुनिया में रहते हैं, एक ऐसे देश में जो आज बहुत आगे बढ़ चुका है ,,, जितना कोई सोच सकता था, उससे कहीं ज्यादा।, एएच।! कल्पना, अभी तक एक और अतिप्रश्न अवधारणा ,,, एक मजबूत शब्द।, कल्पना आपके आस-पास एक ऐसी दुनिया बनाती है जिसे हासिल करना इतना आसान है, आप अपनी दुनिया के राजा हैं, लेकिन हर दिन वास्तविकता के कड़वे सच से हार जाते हैं ,,, आप गिर जाते हैं।, आप असफल नहीं होते, आप गिर जाते हैं।! लड़ाई कभी खत्म नहीं होती।, लेकिन बात क्या है।? आप प्रतीक्षा करें, धैर्यपूर्वक सोचें कि आपकी दुनिया एक दिन पूरी तरह से आपकी होगी।, एक दिन आप अपने जीवन, अपने सपनों पर

उसी तरह से शासन करेंगे जिस तरह से आप हमेशा उन्हें चाहते हैं।, लेकिन हां, हम सभी जानते हैं कि एक दिन आना दुर्लभ है।, यह मेरे या आपके बारे में नहीं है, यह उन टूटी हुई आकांक्षाओं के बारे में है जिन्होंने आपको घायल कर दिया है।, जो आप हमेशा चाहते थे, जो आसानी से लक्षित या प्राप्त किया जा सकता था ,,, लेकिन हाँ।!!! आसान काम से कहा।, जब एक बच्चा पैदा होता है, तो माता-पिता दुनिया को अपने छोटे से एक को देने की कोशिश करते हैं।, अपने बच्चे को सबसे अच्छा करने के लिए चाहने के बहुत आग्रह के साथ, बहुत समर्पण के साथ सब कुछ करना, सबसे अच्छा होना।, हम सभी जानते हैं, हमारे माता-पिता हमारे लिए सबसे अच्छा करते हैं, वे सबसे अच्छी इच्छा रखते हैं और निश्चित रूप से हमारे लिए सबसे अच्छा चाहते हैं।, लेकिन फिर एक समय आता है जब निर्णय लेने की आवश्यकता होती है।, बच्चा जीवन में क्या चाहता है।? अलग-अलग दृष्टिकोण अलग-अलग स्थितियों को दर्शाते हैं।, एक के अनुसार, यह केवल बच्चे का निर्णय होना चाहिए कि वह जीवन में क्या चाहता है, क्या बनना चाहता है।, लेकिन एक अन्य दृष्टिकोण के अनुसार, माता-पिता बहुत अधिक जानकार और अनुभवी हैं और इसलिए उन्हें यह तय करना चाहिए कि बच्चा क्या बनना चाहिए।, फिर, एक विवाद, जिसका लगभग हम सभी सामना करते हैं।, लेकिन, मेरे दृष्टिकोण के अनुसार, यह दोनों तरीके होने चाहिए।, दोनों सिरों से संचार और समझ होनी चाहिए ताकि वे अंततः इस महत्वपूर्ण निर्णय के बारे में एक ही पृष्ठ पर उतरें।, अफसोस की बात है कि मेरा दृष्टिकोण मेरी वास्तविकता नहीं था।, मैं यह कहकर अपनी क्षमताओं को कम कर सकता हूं कि मैं एक सर्जन बनना चाहता था।, मेरे स्कूल के दिनों में हमेशा एक बनने की ख्वाहिश रहती थी ,,, वर्षों से, मुझे सिर्फ अपने माता-पिता द्वारा निर्देशित

और बताया जाता था कि हम चाहते हैं कि आप डॉक्टर बनें।, मुझे विश्वास था।, सौभाग्य से मेरे हित उसी तरफ थे।, लगभग ग्यारह वर्षों के लिए, मुझे बड़े होने पर सर्जन बनने की सिर्फ एक आकांक्षा थी।, मैं क्या करूंगा या क्या करूंगा, इसका कोई बैकअप नहीं है, अगर मैं अपने सपनों के राज्य में रहने की आकांक्षा नहीं कर पा रहा हूं।, लेकिन हाँ, पूछें और आपको प्राप्त होगा।? नहीं, कई बार आप ऐसा नहीं करते हैं।, आखिरकार, मैं किसी ऐसी चीज में उतरा, जिसकी मुझे कोई दिलचस्पी या जानकारी नहीं थी।, मैं सहमत हूँ।, वाणिज्य दरार करने के लिए एक कठिन अखरोट नहीं है, लेकिन यह वह जगह नहीं है जहां मैं बनना चाहता था।, 10 वीं कक्षा, हम निर्दोष हैं, हम जीवन के कठोर सत्य के बारे में नहीं जानते हैं।, हम इतने निर्दोष और नाजुक हैं कि हम छोटी-छोटी असफलताओं से भी प्रभावित होते हैं।, लेकिन हां, जैसा कि किसी ने कहा कि यह मोल्डिंग युग है।, इस युग में हम जो भी अनुभव करते हैं वह हमारे व्यक्तित्व को भीतर से बनाता है और हम इसे जीवन भर के लिए एक व्यक्ति के साथ विकसित करते हैं।, मैंने अपनी ICSE परीक्षाओं में अच्छा स्कोर किया, इससे अधिक मुझे जो उम्मीद थी, उससे अधिक मुझे वाणिज्य में आने के लिए मजबूर किया गया ,,, सिर्फ इसलिए कि उन्हें लगा कि विज्ञान मेरी चाय का कप नहीं है।, मैं एक बच्चा था लेकिन मुझे पता था कि मैं क्या करने में सक्षम था, और इसके लिए इच्छुक था।, मैं विज्ञान के लिए पूरी तरह से जाना चाहता था क्योंकि यह उस समय बनाने के लिए एक महत्वपूर्ण निर्णय है क्योंकि यह आपके भविष्य और कैरियर का फैसला करता है।, मैंने अपने माता-पिता को समझाने की कोशिश की लेकिन सभी व्यर्थ।, यह तब था जब लगभग ग्यारह वर्षों की मेरी दृष्टि धुंधली होने लगी।, आखिरकार, मैं एक जहाज पर चढ़ गया, जिसमें मेरे पास कोई पाल नहीं

था।, अगले दो साल बहुत चुनौतीपूर्ण और कठिन थे।, जो एक उद्देश्य के बिना अध्ययन करने के लिए सोचा था कि इतना प्रभावित कर सकता है।? उदासीनता और उदासीनता के उन दो वर्षों में अंदर निराशा के जलते हुए लावा की ओर अग्रसर हुआ।, अच्छा प्रदर्शन करने का दबाव गिरावट में एक उत्प्रेरक था।, मैं अपने सामने किताबों के साथ घंटों बैठकर सोचता था कि इसके बाद मैं क्या करूंगा।, रातों की नींद हराम करने वाली सोच, मेरा लक्ष्य सिर्फ पास करना या अच्छे अंक प्राप्त करना है।? मुझे पूरी तरह से कोई सुराग नहीं था कि मैं क्या करूंगा, कोई ज्ञान नहीं, कोई भी मुझे मार्गदर्शन करने के लिए नहीं, माता-पिता और बाकी सभी को सिर्फ अच्छे अंक प्राप्त करने और 12 वें बोर्ड में उच्च स्कोर करने के बारे में चिंतित थे।, किसी को नहीं पता था या उससे पूछा कि मैं क्या चाहता हूं, मैं क्या बनना चाहता था या मेरे अंदर क्या चल रहा था।, उन दो वर्षों को ऐसा लगा जैसे मेरी महत्वाकांक्षा से आत्मा अलग हो गई हो।, मैं वहां कभी नहीं रहना चाहता था।, यह ऐसा था जैसे मेरे सपनों, इच्छाओं और आकांक्षाओं पर एक पॉज़ बटन दबाया गया हो।, मैंने कमियों का सामना करने के लिए मजबूत और बहादुर बने रहने की बहुत कोशिश की।, एक ऐसी जगह पर बसने के लिए संघर्ष किया गया था जिसे मैं जानता था कि मैं संबंधित नहीं हूं, मेरा विश्वास करो, मैंने कोशिश की।, मैंने अपने माता-पिता, दोस्तों, भाई-बहनों जैसे लोगों के साथ अपने मुद्दों पर चर्चा करने की कोशिश की, लेकिन बस इसी तरह के उत्तर प्राप्त हुए ,,, "आपको अब अच्छी तरह से समझना और प्रदर्शन करना होगा कि आपने वाणिज्य के लिए चुना है, भले ही आप इसे पसंद न करें, कठिन प्रयास करें और आप अच्छे अंक प्राप्त करेंगे "।, मैं और क्या उम्मीद कर सकता था, अंत में, यह स्कोर और अंकों के बारे में था।, किसी

ने यह समझने की कोशिश भी नहीं की कि मैं परीक्षा, परीक्षण, असाइनमेंट आदि में अच्छा प्रदर्शन क्यों नहीं कर सकता।, मुझे सिर्फ अपने अंकों के लिए दोषी ठहराया गया था जैसे कि मैं प्रदर्शन नहीं करना चाहता।, कोई यह नहीं देख सकता था कि मैंने कितनी कोशिश की।, यह शायद तब था जब मुझ में विद्रोही बढ़ने लगे, जिसके बीज मेरे बचपन में पहले बोए गए थे।, यदि हम रूढ़ियों से चलते हैं, तो मुझे लगता है कि भारतीय माता-पिता और समाज को इस तरह से डिज़ाइन किया गया है, वे हावी हो रहे हैं और मानसिक तनाव महसूस कर रहे हैं, अवसाद एक ऐसी चीज है जिसका सामना बच्चों द्वारा नहीं किया जाता है।, मैंने आम तौर पर न केवल अपने माता-पिता से बल्कि दूसरों से भी सुना है, "आप बच्चों को किस तरह का मानसिक दबाव / तनाव / तनाव है, आप संघर्ष नहीं करते हैं, आपको वह सब कुछ मिलता है जो आप मांगते हैं"।, लोग अपने बच्चे के जीवन की गहरी गहराई में जाने की कोशिश क्यों नहीं करते।? फिर अंतिम बोर्ड परीक्षा में आए, सफलतापूर्वक दिया गया।, लेकिन परिणाम चौंकाने वाला नहीं था, कम से कम मेरे लिए नहीं।, आईएससी बोर्ड की परीक्षा के परिणाम से एक रात पहले मैंने सिर्फ पास होने के लिए प्रार्थना की।, मुझे पता था कि मैं अच्छा स्कोर नहीं कर सकता, मैं बस पास होना चाहता था।, जब परिणाम बाहर हो गया, तो हर कोई यह देखने से पहले कामना करता है कि उसे उच्च स्कोर करना चाहिए, लेकिन मुझे पता था कि क्या होगा।, आखिरकार, मैं पास हो गया, मैं असफल नहीं हुआ, लेकिन मैंने अच्छा स्कोर नहीं किया।, हालाँकि मैं संतुष्ट था कि मैं पास हो गया लेकिन इस बात पर तंज कसा कि स्कूल के बाद अब क्या चुनना है क्योंकि मुझे कोई ज्ञान और मार्गदर्शन नहीं था।, लेकिन चीजें आसान नहीं हैं, वे हैं।? वे मेरे कम अंक स्वीकार नहीं कर

सके, मुझे डांटा गया, डिमोटिनेट किया गया, किस चीज के लिए निष्पादित किया गया।? सिर्फ कम स्कोर पाने के लिए।, किसी ने नहीं सोचा कि ये सभी चीजें बच्चे के दिमाग को कैसे प्रभावित कर सकती हैं।, मैंने अपना आत्मविश्वास और आत्म-सम्मान खो दिया ,,, सब कुछ ठीक और अच्छा होने का नाटक करना और मैं यह सब बेहतर करूँगा।, किसी को नहीं पता था कि मैं हर गुजरते दिन के साथ अंदर कैसे जलता था।, मैं चाहता था कि लोग वास्तव में मेरी बात सुनें और समझें कि मैं क्या कर रहा था, लेकिन मुझे ज्यादातर हंसी आई और नजरअंदाज कर दिया गया।, मैं उन गलतफहमी और गलत दृष्टिकोणों के लिए लड़ना चाहता था।, मैंने अपने संतृप्ति बिंदु तक पहुंचना शुरू कर दिया और मेरी हताशा को नियंत्रित नहीं किया जा सका।, मैंने अभिनय करना शुरू कर दिया, मुझमें विद्रोही अब मुझमें निहित नहीं हो सकता।, मैं गिर गया, मैं अपने आप उठ गया, कोई भी मुझे लेने के लिए अपना हाथ नहीं पकड़ पाया, बुरी तरह से चोट लगी और बुरी तरह से चोट लगी लेकिन मैंने अपने निशान स्वीकार किए और मजबूत हुआ।, यह तब से था जब मुझे कोई डर नहीं था, यह तब से था जब मैं मुसीबत में पड़ना चाहता था और हर चीज के लिए लड़ना चाहता था जो अनुचित था।, यह सब उस के कारण है जो जीवन ने मुझे दिया था, मैंने नहीं चुना।, यह कहानी क्लिच हो सकती है, आप इसे नीरस पा सकते हैं ,,, लेकिन कुछ ही इसकी गहराई को समझेंगे।, इडियट्स वे वयस्क हैं, जो आपको महसूस कराते हैं कि आप कुछ भी नहीं हैं, जो आपको यह महसूस कराता है कि आप जो सामना कर रहे हैं वह बेकार है ,,, भले ही आप अपने दर्द के बारे में चिल्लाते हों, वे समझने की कोशिश भी नहीं करते हैं।, वे आपकी वर्तमान स्थिति को एक बहाने के रूप में लेने जा रहे हैं और आपको इसका

सामना करने में मदद करने या मार्गदर्शन करने के लिए नहीं जा रहे हैं।, यह तब होता है जब आपके अंदर का विद्रोही जागता है।, हताशा ,,, क्रोध, उदासी आपको अंदर से जला देती है लेकिन आप जो कुछ भी कर सकते हैं वह सिर्फ दिखावा है और शांत रहें क्योंकि चर्चा करने पर भी कोई समाधान नहीं होगा।, समय की गहराई में गोता लगाएँ, और उस स्थान पर जाएँ जहाँ आपका अतीत दिखाया गया है।, आपके जीवन का वह हिस्सा जिसके बारे में कोई नहीं जानता।, जिस हिस्से में आप पीड़ित थे, और आप टूट गए थे।, वह हिस्सा है जिसने आज आपको बनाया है।, मुझे बचपन में और आज भी विद्रोही होने का कोई पछतावा या शर्म नहीं है।, न ही मुझे इस पर गर्व है; यह सिर्फ मैं ही हूं।, मैंने इसके लिए स्थितियों, परिस्थितियों या जीवन को दोष नहीं दिया, लेकिन इस बहुत विद्रोही ने मुझे मजबूत होने में मदद की है और जब मेरे पास कोई नहीं था तो मेरे साथ था।, लेकिन हाँ।! एक बात है जिस पर मुझे गर्व है और वह यह है कि मुझमें इस विद्रोही ने मुझे लड़ने और जो अनुचित है उसके खिलाफ खड़े होने में मदद की है।, हां, मैं रूढ़ियों और परंपराओं से लड़ने की कोशिश करता हूं, और हां मेरे अनुसार अगर कुछ गलत है; उम्र, लिंग, योग्यता, स्थिति कोई मायने नहीं रखती।, और इस सब के बाद, भले ही मुझे समाज के लोगों द्वारा शैतान विद्रोही घोषित किया गया हो, मुझे परवाह नहीं है।, मैं दोष देता हूं।

अंत में, जिस क्षण मैं इतने लंबे समय से फैल रहा था, वह यहाँ है।, भले ही यह पिछली सुबह के लिए मेरे इरादों की नकल करते हुए बाहर ठंड है, लेकिन मेरे सिस्टम में यह मधुर गर्मी है।, हालाँकि, मुझे नहीं पता कि मेरे शरीर का रसायन विद्युतीकृत है या मुझे छोड़ने के लिए सूक्ष्म संकेत भेज रहा है।, मैं एक अस्थिर

सांस छोड़ता हूं।, मैं यह करना चाहता हूं।, सिर्फ एक स्वाद।, मुझे नहीं पता कि यह मेरे लिए क्या करेगा, लेकिन मुझे पता है कि परिणाम विनाशकारी या जीवंत होंगे।,

ओह।!

लिफ्ट के चांदी के काले दरवाजे खुलते हैं।, मैं धीरे-धीरे सांस लेता हूं और अंधेरे विचारों के घिनौने निशान को अपनी पवित्रता को बादलने देता हूं।, यह उस कमरे में प्रवेश करने जैसा है जो एक प्रेतवाधित घर में अस्पष्टीकृत उत्तरों का भंवर है।, हां, यह डरावना है लेकिन यह जरूरत अभी मेरे असली मालिक की है।,

कोड दर्ज करते हुए, मैं गलती से 8 के बजाय 4 दबाता हूं।, मसीह।! मैं अभी वास्तव में काल्पनिक हूं।, सही कोड लोड हो रहा है, मैं इंतजार करता हूं क्योंकि मेरे नीचे की मंजिल ऊपर उठती है।, यह वास्तव में हो रहा है।, अब वापस नहीं जा रहा है, सब कुछ इस बात पर टिका है कि पेंटहाउस में क्या होगा, और एक बार ऐसा करने के बाद इसे पूर्ववत नहीं किया जा सकता है।, इतने लंबे समय तक चुपचाप उसे देखते हुए, मुझे पता है कि इस समय यह केवल घर में ही होगा।, मैं फ़ोयर में बुरी तरह से चुपके।, मेरी खोपड़ी के लिए सभी तरह से गुदगुदी सनसनी रेंग रही है।, संतोष की एक विस्तृत मुस्कराहट मेरे चेहरे पर फैल गई।, मैं आखिरकार उस अंधेरे को उजागर करने जा रहा हूं जिसे मैं बंद कर रहा हूं।, यह एक क्रिसमस की रात की भावना है जब अंत में, कोई बारूद और आतिशबाजी के बॉक्स को रोशन करता है।,

मेरे पास अपना कार्य पूरा करने के लिए ठीक 48 मिनट हैं जब तक कि सुरक्षा प्रणाली बहाल नहीं हो जाती।, मेरे गले में जकड़न को पकड़कर, मैं बेडरूम में मंद प्रकाश का पालन करता हूं।, वो रहा।, मेरी ट्रॉफी।,

लिन पेज बिस्तर पर पड़ा है।, लापरवाह।, अपने अभूतपूर्व भविष्य के प्रति लापरवाह जो मेरे हाथ में है।, मुझे उस नियंत्रण से प्यार है जो मैं किसी के जीवन पर कर रहा हूं।, यह एक ईश्वर जैसी सर्वशक्तिमान रीगल भावना है।, लोग हमेशा भगवान की खोज करते हैं।, मेरा मानना है, जो 'के जवाब जानता है वह क्या होगा।?'ईश्वर है।, और आत्मज्ञान के इस क्षण में, मैं तुम्हारा परमेश्वर हूँ, तुम नश्वर प्राणी हो।,

जैसे ही मैं अपने शिकार के बगल में बैठता हूं, गद्दा मेरे वजन के कारण दबा देता है।, मैं उनकी विशेषताओं का निरीक्षण करता हूं।, झूठ नहीं बोलने के लिए, उसके पास एक झपट्टा-योग्य छेनी वाला चेहरा है।,

मम ,,, बहुत बुरा आप मरने जा रहे हैं, पेज।, यह दुनिया आपके बिना बहुत बेहतर जगह होगी, न कि मुझे परवाह है।, उत्तेजना और एड्रेनालाईन भीड़ के फटने में बहुत मुश्किल है।, मैं अपराध के शुद्ध आनंद में पड़ जाता हूं।,

अपनी गर्दन के चारों ओर अपनी ठंडी उंगलियों को फ्लेक्स करते हुए, मैं उसकी गर्दन को पकड़ता हूं, बस उसकी ठुड्डी के नीचे।, वह गर्म है।, मैं महसूस कर सकता हूं कि वह एक संकुचित निगल ले सकता है।, उसकी आँखें खुली हुई हैं और तुरंत ऊपर की छत को छूते हुए चौड़ी हो जाती हैं।, उसकी आँखों में घबराया हुआ रूप मेरे धड़कते हुए रक्तप्रवाह के माध्यम से एक जंगली उन्माद भेजता है।, अंत में, मेरे शिकार ने मुझसे लड़ने का फैसला किया।, बीहड़ विवाद के बिना किसी को मारने में कोई मज़ा नहीं है।, मुझे पता है कि वह उच्च है और खुद को मुक्त करने का कोई भी प्रयास निरर्थक है।, यद्यपि, वह मेरी कलाई, उसके नाखून मेरी त्वचा में खोदता है।,

"ओह, डार्लिंग, क्या यह सब तुम्हें मिल गया है, बेबी।?"मैं पाप

करता हूँ।,

मैं अपनी ठंडी हथेली के नीचे अपने अन्नप्रणाली को कसने, महसूस कर सकता हूं।, उसकी आँखों में नज़र सरासर खुशी की नाजुक लहरें भेज रही है।,

उसकी त्वचा से रंग की निकासी, हवा के लिए हांफने।, वह उन्मत्त और कमजोर है।, मैं शक्तिशाली और अजेय हूं।, लिन की दयनीय आँखें खोई हुई आशा और आतंक के आँसू बहा रही हैं।, उसने अपने सुन्न पैरों को चारों ओर फेंक दिया।,

"हश बेबी, यह ठीक है।,"मैं मुस्कुराता हूँ।,

असमान ढोल बजाने वाली नब्ज धीरे-धीरे उसकी दुनिया की तरह ही फीकी पड़ जाती है।, वह अब तक काले धब्बे देख रहा होगा क्योंकि उसके पल-पल से गुजरते हुए प्रत्येक लंबे समय तक भारी होते जा रहे हैं।, मैंने अपनी पकड़ को एक फूलदान की गर्दन के चारों ओर की तरह कस दिया।, लिन का जीवन एक श्रव्य धड़कन के साथ बंद हो गया।, वह मर चुका है।,

मैं अपने दिल की तेज धड़कन सुन सकता हूं।, मेरे कानों में बहता हुआ खून इसे गर्म कर देता है।, मैं अपनी आँखें बंद करता हूं और सफेद रोशनी और काले विचारों के साथ अपने हेवन का दौरा करता हूं।, यह बहुत अच्छा लगता है।, मैं मर्दाना रूप से हंसता हूं।, ओह, इस भावना का वर्णन नहीं किया जा सकता है।, यह प्राणपोषक सिम्फनी का एक समूह है।,

मैं अपने हाथ से पतले सरासर दस्ताने उतारता हूं और अपने भागने के मार्ग का अनुसरण करता हूं।, अगली बार, मैं अपने साथ त्वचा को महसूस करने जा रहा हूं।, मेरी कलाई घड़ी की जाँच करते हुए, मुझे एहसास हुआ कि मेरे पास केवल 7 मिनट 26 सेकंड बचे हैं।, मैंने अपने हाथों को फैलाने के लिए फैलाया और मैं सूरजमुखी और प्राइमरों के साथ कांच के जार को गलती

से बंद कर दिया।,

"लिन, भाई, क्या तुम जाग रहे हो??"।

मैं शोर और आवाज दोनों से चौंका हूं।, जीसस, यहां कोई कैसा है।? मैं अपने रास्ते से नरम लेकिन स्थिर नक्शेकदम पर सुनता हूं।, जल्दी से, मैं बिस्तर के नीचे - सबसे क्लिच स्थिति में छिप जाता हूं।, कम्फर्ट हेम के फर्श पर गिरने से, यह घुसपैठिया मुझे नहीं देख सकता।, मैं अपने मुंह को अपने हाथ से ढक लेता हूं ताकि मैं किसी भी संदिग्ध आवाज को बहरा कर सकूं।,

"तुम अभी भी सो रहे हो, भाई।?"वह शव से पूछता है लेकिन ऐसा लगता है जैसे वह खुद से पूछ रहा है।, चादरों की कुछ कर्कश आवाजें हैं।, वह लिन के शरीर को हिला रहा है।,

"भाई।? लिन।! लिन।!"।

"LYNN।!"वह घबरा रहा है और फिर अचानक चिल्लाता है और जमीन पर गिर जाता है।, "क-क-क ,,, क्या नर्क है।?"।

मैं अपनी उपस्थिति को चादरों के नीचे से जानता हूं, ओह, यह मेसन है, जो लिन के दोस्तों में से एक है।, "ठीक है, वहाँ हैलो, पार्ट-पॉपर।, तुमने मेरी योजना को बर्बाद कर दिया, बेवकूफ।!"।

मैं मुस्कुराता हूं।,

सामने के दरवाजे पर तेज़ तेज़ तेज़ मेरे सिर को दो ज़ोरदार हिस्सों में बदल देता है।, ईसा मसीह।! बस मुझे सोने दो।! अंत में, मुझे उस सदी की नींद आ गई, जहाँ मैंने दर्द और आनंद के आराम के सामंजस्य के बारे में सपना देखा था।, इसने मेरी आत्मा के सबसे गहरे कोनों को बुझा दिया।, मैं हाई थ्रिल पर सवार हूं।,

मैं कान-बंटवारे के शोर की ओर बहुत दुखी हूं।, बाहर एक श्रव्य

हंगामा होता है, लेकिन मैं यह नहीं बता सकता कि वे क्या कह रहे हैं।, मैंने दरवाजा खोला।,

"सुबह, मिस अरोरा सैंडर्स।, मैं शेरिफ जोन्स हूं और हम यहां आपको मेसन केलर की हत्या के लिए गिरफ्तार करने के लिए हैं।,"गहरे रंग में अच्छी तरह से निर्मित आदमी बोलता है क्योंकि एक महिला मुझे बाहर खींचती है और धातु के कफ के साथ मेरी कलाई को रोकती है।, "आपका अधिकार है-"।

"तुम लोगों का क्या कसूर है।? मैं अरोरा सैंडर्स नहीं हूं और मुझे नहीं पता कि मेसन केलर कौन हैं।, मुझे जाने दो।! मुझे जाने दो, मैं मांग करता हूं।!"मैं अपने हाथों को खुरदरी मुट्ठी से बाहर खींचता हूं, लेकिन यह बेकार है।, "मुझे अकेला छोड़ दो।!"मैं अपने फेफड़ों के शीर्ष पर चिल्लाता हूं।,

",,, आप जो कुछ भी कहते हैं उसका इस्तेमाल आपके खिलाफ कानून की अदालत में किया जाएगा।, आपके पास एक वकील होने का अधिकार है या एक आपको राज्य द्वारा प्रदान किया जाएगा।,"शेरिफ एक ट्यून रिकॉर्ड की तरह खिलखिलाता है।,

मैं उनकी पकड़ में संघर्ष करता हूं क्योंकि वे मुझे वाहन में धकेलते हैं।, मेरी सांसें उखड़ गई हैं मैं उग्र और डरा हुआ हूं।, मेरी हथेलियाँ पसीने से तर हैं और मन अभी भी बाकी मोड में है।, "मैं अरोरा सैंडर्स नहीं हूं।, मैं बेथने हूं।, बेथने विलियम्स।,"मैं उन्हें समझाता हूं।,

"मुझे खेद है सुश्री।, सैंडर्स लेकिन रिकॉर्ड आपके नाम का उल्लेख करते हैं अन्यथा हमारे पास मेसन केलर की हत्या का सबूत है।,"।

"सुश्री।, सैंडर्स- "आपराधिक प्रोफाइलर शुरू करता है।,

"मैं आपको अंतिम भयावह समय के लिए कह रहा हूं, यह बेथने और सुश्री है।, गोड्डम विलियम्स।!"मैं अपनी कुर्सी के हाथ को

जोर से पकड़कर छलनी करता हूं।, जब से मेरा मामला दो चार हफ्ते पहले शुरू हुआ है, मैं उन्हें सुधार रहा हूं।, मेरे वकील ने जोर देकर कहा कि मैं दोषी नहीं हूं और पागलपन के तहत अपने पक्ष के लिए मामले को मोड़ दिया।, मैं उसकी कानूनी भाषा विज्ञान को नहीं समझता, लेकिन मैं उसके साथ चल रहा हूं।, उस दिन के बाद से, यह मनोवैज्ञानिक, डॉ, आरोन स्टोन मेरा विश्लेषण कर रहा है।, मुझे उस तरह से प्यार है जैसे वह मेरे रहस्यपूर्ण सिफर से प्यार करता है।,

"मेरी क्षमायाचना, सुश्री।, विलियम्स।, यह आपके साथ हर समय होता है, मैं आपके सिकुड़ने से इकट्ठा हुआ।, विस्तृत करने के लिए देखभाल।?"वह ध्यान से पूछता है।,

"बेशक।, मैं एक लेखक हूं।, मैं सिर्फ अपने पात्रों, डॉ, स्टोन से प्यार नहीं करता, मैं उन्हें जीता हूं।,"मैंने आखिरकार उसे अपनी कहानी बता दी, जिसके लिए वह उत्सुकता से तरस रहा है।,

"जब आप कल्पना की दुनिया में प्रवेश करते हैं, तो यह पूरी तरह से एक अलग ब्रह्मांड है।, आप उस दुनिया का हिस्सा बन जाते हैं।, मुझे उस दुनिया में रहना बहुत पसंद है, डॉक्टर।, इसलिए, जब मैंने थ्रिलर के बारे में लिखना शुरू किया, तो मैंने उस जुनून के हर इंच को यह महसूस करने में सक्षम कर दिया कि मैं एक हो गया हूं।, हालांकि, मुझे खुशी है कि ऐसा हुआ।, यह मैं हूँ।, मैं भूल गया कि अरोरा सैंडर्स कौन थे।,"मैं उसे एक लोप वाली मुस्कान देता हूँ।,

"तो, अभी तुम कौन हो?"।

"मैं आखिरकार वह हूं जो मैं हमेशा बनना चाहता था।, मैंने खुद को पाया।, मैं कोल्ड ब्लडेड कातिल हूं, मैंने बनाया।, मैं बेथैन विलियम्स हूँ "मैं डॉ।, पत्थर का गला घोंटने वाला गला।,

मैं मुस्कुराता हूं।

बगीचे में बाहर,

मेरे घर से बाहर,।

इतना ध्यान देना,।

आप कॉम करेंगे।,

अनुपालन से बाहर,।

तानाशाह से बाहर,।

उपकरण से बाहर,।

बोली लगाने वाले से बाहर।,

सूरज से बाहर,।

चाँद से बाहर,।

मज़े से बाहर,।

दोपहर से बाहर।,

अगर कोई सूरज नहीं है

अगर कोई सूरज नहीं है,।

हम मज़े नहीं कर सकते थे,।

आप शरारती हैं,।

अपने हवादार के लिए,।,

अगर कोई सूरज नहीं है,।

हम मज़े नहीं कर सकते थे,।

मैं जानता हूँ तुम हो,।

हमारे सीमित साँप के लिए।,

अगर कोई सूरज नहीं है,।

हम मज़े नहीं कर सकते थे,।

हम देख नहीं सकते थे,।

हम आपको नहीं कर सकते।

वह कोमल, नाज़ुक और निर्दोष थी।, लेकिन दुनिया उसे उस तरह

से पसंद नहीं थी।, एक अज्ञात ader हमलावर ने उसके सामने अपने पिता को गोली मार दी।, महासागर की नीली आँखें वह सब हैं जो उसे दुख में बाहर कर सकती हैं।, यह उसे चकनाचूर कर दिया।, फिर उसने जो कुछ भी था उसके ठीक विपरीत खुद को ढाला।, हेस्टिया, जो मारे गए लोगों को खोजने के लिए किसी भी विलुप्त होने के लिए तैयार था, ठंडा और क्रूर था, क्रशिंगली फर्म उसका नया स्व था।,

उसने अपने पिता को क्यों मारा।? वह कौन था।? वह उसे कैसे प्राप्त कर सकता है।? उसके जीवन के इन सवालों ने उसे माफिया बना दिया।, माफिया की रानी, हेस्टिया।, एक रात किसी ने उसकी आंख पकड़ ली।, उसकी पिछली भावनाएं उसके वर्तमान को सामने लाने लगीं।, टेलर अपने मृतकों को जीवित कर रहा था।, प्यार, वह अंत में उसे में पाया।, प्यार उसे लगभग सवाल बना रहा था।, क्या अब हत्यारे को खोजने लायक है?

आप, मैं और चाय।

रात का आसमान था।

चंद्रमा दृष्टि से बाहर था बादलों ने आकाश को कवर किया था।,

मैं एक कप चाय लेकर खिड़की पर गया।,

प्रकृति की सुंदरता का गवाह बनने के लिए वहां बैठे।!

चाय के हर घूंट के साथ,।

मैं उस शांति को महसूस कर सकता था।,

कि नरम उड़ाने हवा मेरे गाल चुंबन की तरह महसूस किया।,

मेरे बालों से गुजरना और उनके साथ खेलना।,

मेरे चेहरे पर एक मुस्कान खरीदी जो मुझे उसकी याद दिला रही थी।!

इसने मुझे उन शामों की याद दिला दी जो हमने अराजकता में

बिताई थीं,।

अतिरिक्त मेयो के साथ हमारे पसंदीदा बर्गर होने।,

बस यू, मैं और एक कप चाय, और हमारे दोनों दिमाग तनाव मुक्त हैं।

बारिश का दिन था।

मैं बिस्तर पर था और रेडियो बजाता था।,

मेरी आँखों को उस मेज पर ले गया जहाँ एक पुराना अखबार खेला जाता था।,

इसकी एक हेडलाइन देखी जिसने मुझे चकित कर दिया।,

शीर्षक आज एक अंतरिक्ष यान के आगमन की घोषणा करता है।,

उस हेडिंग के साथ, मैं दूर चला गया।,

मेरी दूरबीन खरीदी और खिड़की के पास बैठ गया।,

अंतरिक्ष यान के इंतजार में दिन बीत गया।,

आकाश में काले तारे चमकते हुए चमकते थे।,

अचानक उनके बीच,।

मैंने प्रकाश की एक किरण देखी।,

यह सोचकर कि यह एक अंतरिक्ष यान है, मैंने अपनी जगह से छलांग लगा दी।,

चिल्लाया और मेरी जगह पर सभी को बुलाया।,

कुछ ही पत्तों के बाद माँ हँसने लगी।

उससे पूछने पर वह बड़बड़ाया,।

यह अंतरिक्ष जहाज नहीं था बल्कि एक शूटिंग स्टार था जिसे आपने देखा था।,

और आपने जो अखबार पढ़ा वह कुछ दिन पहले आया था।,

यह सुनकर मैं दुखी हो गया और एक बोरी से टकरा गया।,

इस तरह के मूर्खतापूर्ण कार्य के लिए खुद पर हंसना।

स्वास्थ्य के युवा।

मुझे फ्रीज करने के लिए जाता है,।

मांसपेशियों कि आग है कि भाप से सुन्न थे,।

एक पल यह सब स्क्रैप की बूंदों के साथ गायब हो गया था।,

बिना सोचे-समझे कविताएँ छोड़कर,।

और अज्ञात कैरी के माध्यम से झांकना,।

कुछ एस्कॉर्ट्स में जा रहे हैं और उदासी में छोड़े गए चकाचौंध वाले जूतों को सहलाते और सहलाते हैं।

यह पूरा हो गया है

जीवन कठिन है और कठिनाई जीवंत है,।

जीवन कुछ के लिए गेहेंना है, कुछ के लिए यह एक प्यारा मिंगल है; खुशी एक भ्रम है और प्रत्येक आत्मा सख्त रूप से कमजोर है, ठीक उसी तरह जैसे एक जलता हुआ तारा जो वास्तव में कभी नहीं टिमटिमाता है।

मतिभ्रम वास्तविकता पैदा कर रहे हैं,।

प्रकृति अपनी क्रूरता दिखा रही है,।

जीव मृत्यु दर चूस रहे हैं,।

यहां तक कि हमारे अपने घातक प्रदर्शन का आनंद ले रहे हैं।,

शब्दों के दर्दनाक ब्रूज़ को छोड़ दिया जाता है,।

और Solemnity आत्मा को उखड़ने के लिए छोड़ देता है।

लेकिन इसे छोड़ दें।,,, क्योंकि यह जटिल है।, हम।,

इसका मतलब है: "यह जटिल है"।

मेरे नकली झिलमिलाहट के साथ आपको निर्णय लेना एक आम आदमी का काम था,

जिन रोशनी का आपने पीछा किया, वे मीठे चारा के अलावा और
कुछ नहीं थीं।,
मैं अंधेरे में पनपता हूं और मेरा आनंद विनाश में है।,
मैं निर्दोषता का भक्त हूं, संत नहीं आपका मूर्खतापूर्ण पैराकार्डियम
अभी भी इंतजार कर रहा है।,
मुझे लुभाने से बेहतर है मुझे हिलाओ।

एक प्रलयकारी रात एक उदास आकाश के साथ,।
एक समान दुखद दिल खोजें रात हालांकि,।
प्रकाश है, चंद्रमा ठीक चमकता है,
लेकिन उसके दिल में कोई हरकत नहीं है।,
हवा में आवाजें हैं, फीकी यादें अंधेरे और बिखरी हुई हैं, लेकिन
उसकी।? उसे चुप करा दिया जाता है। ,
जमे हुए जैसे कि बर्फ का एक ब्लॉक,।
वह चमकदार आँखों से गोधूलि सुबह अल।
'यह अब समय है" वह साँस छोड़ती है।
    यह क्या आग्रह है कि आप जीने के लिए इतना असहज हो
जाते हैं?
डूबने की यह भावना क्या है जबकि आप मुझे संभालते हैं?
यदि आप गुट्रो आगे धकेल रहे हैं तो तिल के छेद में आगे क्या
होगा, इसके लायक क्या हैं?
जब मैं आजाद होना चाहता था तो यह सांस लेने में क्या होता
है? शायद मैं जाने दूंगा और इस अंधेरे स्थान में गिर जाऊंगा।
सुरंग के बेहतर किनारे पर रोल आउट करने की उम्मीद है।
जहां भोर की किरणें काली पड़ी गलियों को मार देती हैं।

फॉरबिडेन ज्ञान की काली किताब।

पुराने दिनों में, कोलेट हिल के शीर्ष पर कुख्यात ब्रैडवुड मैनर खड़ा था।, मनोर, जैसा कि सभी ने अपने खून से चलने वाली ठंड के साथ टिप्पणी की थी, यह सिर्फ एक साधारण हवेली नहीं थी जो कि कोलेट हिल पर गहरी, गहरी मोटी में तैनात थी।, यह एक अमीर मकान मालकिन के स्वामित्व वाला एक अभिमानी चौराहा था, जिसकी 30 के दशक में शीघ्र ही मृत्यु हो गई थी।, तब से, मनोर भगवान की दया पर छोड़ दिया गया था।, एक बार बेगलिंग और उत्तम शैलेट अब सिर्फ एक ढहती हुई बर्बादी थी।, जब मौसम ने पहाड़ी पर यात्रा करने वाले लोगों पर बेरहमी से हमला किया, तो वे अक्सर उन खंडहरों में शरण लेते थे।, ब्रैडवुड मैनर ने लोगों को अक्षम मौसम से आश्रय प्रदान किया, लेकिन बाद में वह राक्षसी बन गया जिसने उन्हें उनके निधन के लिए प्रेरित किया।, इस प्रकार, मनोर ने परिवारों और लोगों की बहुत बड़ी मृत्यु का कारण बना।, ऐसा ही एक यात्री था मि।, एडलर और उनका परिवार जिन्होंने शुरुआती यात्रियों के समान भाग्य साझा किया।, उस दिन, मौसम उन पर निर्मम था।, जैसा कि पहले भी कई लोग थे, परिवार ने ब्रैडवुड मैनर में शरण ली, न कि उनके पास कोई अन्य विकल्प था, आखिरकार।, यह तूफान लगभग एक सप्ताह तक चला और उन्होंने वहां बसने का फैसला किया क्योंकि शहर में उनका कोई घर नहीं था।, जैसे-जैसे समय टिकता गया, परिवार के प्रत्येक सदस्य को छोड़कर, मि।, एडलर और उनके पुराने नौकर ग्रे।, शहर के लोगों ने मनोर के बारे में कई किस्से पकाए थे।, उनका मानना था कि यह शापित था और इसने किसी को भी निगल लिया और वहां जो कुछ भी आश्रय था।, श्री।, एडलर नकली कहानियों में विश्वास करने वाला कोई नहीं था वह एक सच्चा आदमी था और अपनी मौत की संभावना

से भयभीत नहीं था, लेकिन माना जाता है कि वह अपने परिवार के सदस्यों की तत्काल मौतों से परेशान था।, लेकिन दूसरी ओर, ग्रे ने शहर के लोगों की कहानियों पर आँख बंद करके विश्वास किया और अपने गुरु और खुद को उस राक्षसी से बचाना चाहते थे जो ब्रेडवुड मैनर था।, इसलिए, उन्होंने लगातार अपने गुरु से मनोर से बाहर जाने का आग्रह किया।, उसने कहा,।

"गुरुजी।, ओह मास्टर।, कृपया इस हवेली को छोड़ दें।, आप मुझे इतना तनाव दें।, आप सिर्फ पेंशन पर जी रहे हैं।, और मुझे उल्लेख करना चाहिए।, | स्टेशन पर रहने और आपके लिए काम किए बिना कोई राशन नहीं मिलेगा।, इसलिए।, मुझे सच होने दो।, हर स्तंभ और हर प्याऊ इस हवेली में हमें स्टू में बना देगा।! तो, आगे की समीक्षा के बिना, इस हवेली को बोली लगाओ।!"लेकिन मि।, एडलर मनोर को छोड़ने के लिए तैयार नहीं था और सभी नॉनडेस्क्रिप्ट मौतों के रहस्य को डिकोड करना चाहता था।, एक रात, उसके साथ कुछ अजीब हुआ।, वह शांति का गहरा सपना देख रहा था जब वह अचानक अपने कमरे में दादा घड़ी की असामान्य रूप से जोर से टिक गया था।, उसने आँखें बंद कर लीं और कुछ नींद पकड़ने की कोशिश की।, जब वह रिपोज करने में सक्षम नहीं था, तो वह उठ गया और अपने कमरे के एक कोने में लंबी घड़ी की ओर बढ़ गया।, जैसे-जैसे वह करीब आता गया, उसने नोट किया कि घड़ी के हाथ एंटीक्लॉकवाइज चल रहे थे।, जब तक वह घड़ी के साथ आमने-सामने नहीं आया, तब तक वह कभी भी करीब नहीं आया।, जैसे वह इसकी जांच के लिए अपना हाथ रख रहा था, घड़ी का गिलास एक हजार टुकड़ों में बिखर गया।, एक भूतिया सफेद, धुँआदार चेहरा घड़ी के केंद्र से ऊपर की ओर उछला और चिल्लाया, "मैनर छोड़ो या तुम नाश हो जाओगे।? और दीवारों के माध्यम से बेडरूम से बाहर झपट्टा

मारा।, एक भयभीत और संशयवादी श्री।, एडलर पूरी रात पलक झपकते सो नहीं पाए।, वह संदेह करता रहा कि ग्रे ने उस पर किसी तरह का काला जादू किया होगा क्योंकि वह मनोर छोड़ने के लिए सहमत नहीं होगा।,

अगली सुबह, मि।, एडलर ने ग्रे को पास के गांव से कुछ किराने का सामान लेने के लिए भेजा।, जैसे ही ग्रे ने घर से बाहर कदम रखा, मि।, एडलर ने दरवाजा बंद कर दिया और पटक दिया।, फिर वह अपने संदेह की पुष्टि करने के लिए कुछ सबूत खोजने के लिए ग्रे के आराम कक्षों में भाग गया।, उन्होंने अलमारी में, कैबिनेट में, बिस्तर के नीचे और यहां तक कि सोफे के नीचे, लेकिन सभी व्यर्थ में खोज की।, फिर उसकी टकटकी कमरे के एक अकेले कोने में दराज के एक छाती पर गिर गई।, वह उसके पास गया और सभी दराज की खोज शुरू कर दी।, बहुत पिछले एक को छोड़कर सभी खाली थे।, इसमें एक विलक्षण वस्तु एक काली, चमड़े की बंधी हुई पुस्तक थी, जिसका शीर्षक सोने में उभरा हुआ था 'द ब्लैक बुक ऑफ फॉरबिडन नॉलेज'।, उनके संदेह की पुष्टि की गई।, गुस्से में और जल्दी से ग्रे के कक्ष से बाहर निकलकर, वह दराज को बंद करना भूल गया।, जब ग्रे बाजार से लौटा, तो वह अपने कक्षों में गया और खुले दराज पर ध्यान दिया।, उन्होंने इसमें झाँका और 'द ब्लैक बुक ऑफ़ फॉरबिडन नॉलेज' पाया।, वह अपने कमरे में इस असामान्य रूप से भयावह पुस्तक से भ्रमित और भयभीत था।, वह अपने आप को बड़बड़ाया, "मेरे भगवान।। यह किसकी किताब है।? निश्चित रूप से मेरा नहीं।। स्वामी होना चाहिए।

भूमिका

सुनना

आज गीता मेरे यहां आई और धम्म से सोफे पर बैठ गई। उसके हाव भाव से वह बेहद गुस्से में लग रही थी। मैंने चुहल की "क्या हुआ? सुबह सुबह इतनी तमतमाई क्यों हो? पति से लड़ाई हुई क्या?" उसने मुझे देखा और सपाट "नहीं" कह कर चुप हो गई। उसने जैसे मुझे देखा था, दोबारा मजाक करने की मेरी हिम्मत ना हुई।

पानी का गिलास उसके आगे करते हुई बोली "सब ठीक है ना? कुछ है जो तुम कहना चाहती हो, बता सकती हो।"

"गीता", मेरी बचपन की सहेली। शुरु से देखा है मैंने उसे, लोग बड़ी ही सहजता से उससे अपने मन की बात कह देते थे, और वो आराम से सुन लेती थी। कभी किसी की बात किसी से ना कहती। एक दो बार मैंने भी पूछा तो वो कुछ ना कुछ कह कर टाल जाती। गुस्सा उसे भी आता था, वह अपनी बात कह देती और बात खत्म हो जाती।

अभी कुछ दिन पहले ही उसने मेरे पास वाले अपार्टमेंट में घर लिया। इस बात से हम दोनों ही खुश थे, कि बचपन की तरह एक बार फिर हम आस पास रह रहे हैं तो एक दूसरे का साथ बना रहेगा।

आज अचानक यूं उसका गुस्सा करना, मतलब कुछ बड़ी बात ही रही होगी। पानी पीकर गीता ने कहा "बैठ यार, कुछ कहना है।" मैंने कहा "बोल, मैं, #सुन रही हूं"। बस फिर धमाका हुआ।

वो लगभग बिफर पड़ी "अरे यार! एक बात बता, तू मुझे जानती है ना, मैं सबकी सुनती हूं, कभी किसी की बात इधर उधर

नहीं की। पर यार कभी कभी बस हो जाता है। कितना सुनूं? किस किसका सुनूं? अरे मैं भी इंसान हूं, मुझे भी चाहिए मैं भी अपनी बात किसी से जा कर कह दूं, उन्मुक्त मन से, बिना सोचे, सब कुछ, इस विश्वास के साथ की, वो बात आगे कहीं नहीं जाएगी। पर नहीं, मुझे वो कान कभी मिले नहीं। ये कैसा न्याय है प्रभु का? मेरे पास तो कोई भी अपना-पराया/ अजनबी भी आकर अपने दुःख, परेशानी, अपनी बातें उंडेल कर चले जाते हैं। और मैं? मैं कहां जाऊं? एक ऐसा धैर्य से सुनने वाला मुझे भी मिलना चाहिए। है कि नहीं?"

मैंने सब चुपचाप सुना बिना उसे रोके टोके और हां मैं गर्दन हिला दी। जिस बात से ये बात यहां तक आई वो उसने बता दी। माफ करना, वो मैं ना बता सकूंगी, क्योंकि यही तो चाहिए था। बात साझा जाए पर आगे परोसी ना जाए। जाते वक्त वो सहज थी, शांत थी और मुस्कुराती हुई चली गई।

पीछे छोड़ गई मेरे मन में प्रश्न। इस घटना से, Geet Chaturvedi जी लिखी एक पंक्ति "सुनना, कान का कौशल हैं" वो याद आई। सच में #सुनना एक कला है। और आजकल ये विरले ही पाई जा रही है। लोगों को कहना है, सुनना किसी को नहीं है, चाहे वो बात हो, कोई सलाह हो, कोई रचना हो या कुछ और। बस इस आपाधापी में, सबको केवल अपनी कहनी है, सबको धीर कान वाले श्रोता तो चाहिए पर स्वयं श्रोता नहीं बनना।

यह सच में आगे चलकर गंभीर हो सकता है। आप लोग भी सोचिएगा, और अपने आस पास के लोगों को थोड़ा "सुनना" शुरु करिएगा। क्योंकि मैं मानती हूं कि एक धैर्यवान श्रोता बहुत सारे अवसाद, परेशनियों, नकारात्मकता का आसान हल है। जब कोई हमारी बात ध्यान से सुन लेता है तो आधी परेशानी खत्म हो जाती है, और हम भी शायद कहीं अपनी समस्या का हल पा लेते

हैं। जैसे जैसे हम बताते हैं और सामने वाला बिना किसी पूर्वाग्रह के सुनता है, बिना कोई बिन मांगी सलाह दिए, तब आप शांत होने लगते हैं और फिर आप भी सुनने को तैयार होते हैं, समझने को तैयार होते हैं।

इतना मुश्किल भी नहीं है, अब की बार कोई गुस्से में या झुंझलाहट में, या परेशानी में आपसे कुछ कहे तो "सिर्फ सुनना" बिना रोके टोके और जब वो कुछ पूछे तब सलाह देना और सबसे आवश्यक उसे आगे "परोसना" मत, विश्वास की डोर को मजबूती से थामना।

सुनाते तो हम सब ही हैं, अब खुले मन से सुनने की कला को भी सीखें, नए दौर में ये अधिक आवश्यक है। बाकी सब बढ़िया। राम राम सा।

शराफ़त की ठंड से सिहर रहें हैं लोग

दुश्मनी की आंच से बिखर रहें हैं लोग

छुटपन का गांव अब

जिला कहलाता है

धुंधलाई यादों से बिसर

रहें हैं लोग–

मैं चिराग़ हूँ , मेरी दुश्मनी तो सिर्फ़ अँधेरे से है.....हवाएँ तो बेवजह ही मेरे ख़िलाफ़ हैं!

लेकिन जीने के लिए , हवा का होना भी तो लाज़मी है.......इसीलिए हवाओं के लिए मैंने ओढ़ रखा अदब का लिहाफ़ है।

सच कहूँ तो अँधेरे से भी नहीं है मेरी दुश्मनी, बस फ़ितरत है फ़र्क़ इसीलिए आपस में है ठनी।

अँधेरे की फ़ितरत हैं अन्धकार, चिराग़ों की फितरत है करना सब उजागर , इनकी लौ पहुँचाती है ख़ुशियाँ घर घर।

हवाएँ भी अक्सर होतीं हैं मदमस्त , ये भी सुस्ती को करतीं हैं परस्त।

कभी कभी ये तूफ़ानी रूप कर लेतीं हैं धारण, तब यकीनन परेशान हो जाता है मन।

पर सोचो तो , अँधेरों का हम करते हैं अनुभव, इसलिए तो उजालों का है इतना महत्व।

इसीलिए हमारी जिंदगानियों में इन मिट्टी के दीयों का है एक ऊँचा स्थान और अस्तित्व।

घर के मंदिर में जब हम इन दीयों को जलाते हैं, तो प्रज्ज्वलित हो जाता है मन भी, जीवन भी।

तो मेरी यही है कामना, कि ये दीये आपकी ज़िंदगानियों को रोशन कर, उस में भर दें अपार ख़ुशी और आपके लबों पर हमेशा बरकरार रहे ख़ुशी!

ठप्पे

सभी स्त्रियां निरीह नहीं थी,

ना ही थे सभी पुरुष राक्षस,

सारे के सारे कवि संवेदनशील नहीं निकले,

ना सारे कसाई क्रूर,

सभी साधुओं ने भी नहीं किए कार्य परोपकार के,

ना ही सारे व्यापारी बने रहे लालची,

सभी जल भी कहां प्यास बुझाने वाले निकले,

ना ही सभी खंजर ख़ून में सने,

फिर भी ठप्पे लगे और चिपकते गए

सदियों से,

ठप्पे जहां कईयों के लिए शरणस्थली बने,

कितनों के लिए कैदखाने भी,

इस सब के बीच इतना तो फिर भी तय है ही,

ठप्पों से निष्पक्षता की उम्मीद
बेमानी है.....
" तन्हा"
रात तनहा है, जाम तनहा है ।
हर सुबह की, शाम तनहा है ।
जिंदगी की रफ्तार तनहा है ।
ना कोई शोर यहां, हर गली तनहा है ।
लंबी डगर है, सफर तनहा है ।
ना कोई ठिकाना, हर मुकाम तनहा है ।
कश्ती जा रही है, कहां जा रही है ? साहिल के बिना, किनारा तनहा है ।

हमसफर का साथ है, तो पल दो पल का ; बदलते हैं रास्ते चौराहे फिर सफर तनहा है ।

अंधेरी रात है, ना रोशनी की आश है , खुली रहती है आंखें, फिर सपने तनहा है ।

कहां कोई बांटता है गम-ए-दर्द कोई ? खुशी दो पल की और फिर सब तनहा है ।
" जलन "
चांदनी
चांद पर लिखी गई कविताएं,
चांद पर पहुंचते ही,
खो बैठी अपना पांच बटा छह भाग भार,
और उनकी इस सफलता पर
चांद हंस उठा
अपने जैसी ही शुष्क हंसी,
धरती पर लिखी कविताएं
बहती रही कागजों पर ही,

बेमतलब

असफल, अपने हर प्रायोजन में,

बनी रही सर्द और शुष्क,

धरती ने उनकी असफलता को छिपा लिया

अपनी कोख में

और हो गई चांदनी सी नम....

"क्या आपने कभी अपने अस्तित्व के उद्देश्य के बारे में सोचा है?" मेरे लम्हों के रुकने पर उसने हमसे पूछा

झुनझुनी सनसनी महसूस कर रहा है।

नहीं

कृपया मुझे छोड़ दें

मेरे पिछले पापों को क्षमा करें

मैं बुदबुदाया जबकि आँसू छलक पड़े

जब मैं अपने कानों को फीकी आवाजों को सुनकर ढँक लेता हूँ

मुझ पर दोषारोपण कर रहा है

मेरा मज़ाक उड़ा रहे हैं

मुझे मार रहा है

चारों तरफ फैल रहे धीमे जहर की तरह.......

"आप हमारे कंधों पर बोझ बनने के लिए पैदा हुए हैं।" एक ने कहा

जबकि दूसरा चिल्लाया, "आप हमारे सपनों को नष्ट करने के लिए पैदा हुए थे।"

उन शब्दों का पाठ करते समय कुछ और नमक मिला लें

जो बरसों पहले चाकू की तरह मेरे पास से गुजरा था

शत शत।

जैसे ही मेरे चेहरे पर पानी के छींटे पड़ते हैं

मैं उसे देखने के लिए ऊपर देखता हूं

मेरी आत्मा में घूर रहा है

जबकि मैं भी पीछे मुड़कर देखता हूं।

चीजें कितनी गंदी हो गई हैं, है न?

जैसे घायल आत्मा फुसफुसाती है

"काश मैं मैं नहीं होता।"

क्यों ?

मुझे लगा कि मेरे पास आने का उद्देश्य है

वह क्या है ?

स्वयं बनना और निडर होकर, स्वतंत्र रूप से अन्वेषण करना।

काश मेरे डर अकिलीज़ पैर नहीं होते।

मेरे गले, पैर और मेरी कलाइयों के आसपास की ये जंजीरें उसी का परिणाम हैं।

न मुझे जीने को मिलता है

न ही आराम करने के लिए।

मेरी दृष्टि में यही है जीवन की परिभाषा।

सदा पूर्ण करते रहें सभी की अभिलाषा।।

बीता समय हम सभी को बहुत कुछ सिखाता है।

पर नासमझ को कई बार समझ ही नहीं आता है।।

बेवजह ही इंसान स्वयं पर बहुत अधिक इतराता है।

बस कोई मुझे समझाए यही दिल समझ नहीं पाता है।।

भूतकाल से सीखकर वर्तमान में रख सकते हैं भविष्य का ख्याल।

मन के भीतर बहुत कुछ पाल लेने से कई बार खड़े हो जाते हैं बवाल।।

मुझे ऐसा लगता है कि हम सभी के समक्ष खड़े रहते हैं उलझे हुए सवाल।

सकारात्मक सोच या नेक दिल ही गला सकते हैं कलयुग में अपनी दाल।।

चलो फिर से प्राचीन समय को बुलाया जाए।

एक कमाए और सभी को खिलाया जाए।।

नई पीढ़ी को भी रू-ब-रू कराया जाए।

संस्कृति व संस्कारों में सभी को रमाया जाए।।

हमारे जीवन की परिभाषा को सार्थक बनाया जाए।

इंसानियत के भीतर ही ईश्वर की कृपा को पाया जाए।।

धरा पर रहते हुए ही स्वर्ग का दर्शन कराया जाए।

कभी न मुरझाने वाला प्रेम रूपी पुष्प खिलाया जाए।।

बनू अरमान हजारों का

"कभी तितलियों ने भी चूसा मुझको मधु पराग हूं मैं भंवरों का"

पलट कर तुम ना देखो ना डालो कफन इंतजारो का

टूटा हुआ मैं फूल हूं खिजा में खुजली हुई बहारों का।

न मंदिर जाने की ही तमन्ना है ना अरथी पर चढ़ने की

तमन्ना भी बस इतनी है मेरी बनू अरमान हजारों का।

कांटों में रहकर भी गुलशन मे खुशबू ही लुटाता रहा हूं मै

कभी तितलियों ने भी चूसा मुझको मधु पराग हूं मैं भंवरों का।

मुझे हाथों में देकर लोग अपने प्यार का इजहार करते है

जिसने भी प्यार से थामा शुक्रगुजार हूं मैं ऐसे इकरारो का।

मेरा दीदार करके इश्क करने वाले सुकून पाते है

मैं रोनक हूं बहारों की साथी भी हूं हसीन नजारों का।

मेरा अपना तज़ुर्बा है मै समय के साथ ही मुरझा जाता हूं

समय के साथ ही खिलता हूं अनमोल हूं उपहारों का ।

कभी माला में गूंथा जाता हूं कभी पूजा में चड़ जाता

सबसे हसीन पल मेरे शोभा बढ़ाता हूं मैं गजरो का।

हम अपने दिल में ऐसे नजराने लिए फिरते हैं। जैसे किसी की सौगातें, बेगाने लिए फिरते हैं।तनी फुर्सत नहीं उन्हें के दिल की बात सुन लें।एक हम हैं कि लाखों, अफसाने लिए फिरते हैं।लाख कोशिशों के बाद भी रुकता नहीं ये मंज़र, जाने कहां छलक जाएं आंखों में जो पैमाने लिए फिरते हैं। हाल अपना क्या बताएं हम आपको मेरे साहिब मेरे जैसे ग़म तो, बस दिवाने लिए फिरते हैं।

बेईमानों का बुना जाल था

"अफसोस तो होता है उनके रोने पर और रोना जग हसाई का"

सोया था चैन से तब तक मेरे जेहन में नूर ए जमाल था।

बेताबी थी मेरे दिल की या फिर उनकी नजरों का कमाल था।

जब वो आ ही गए मेरे सामने भिगोकर पलकें अपनी

खुली आंख ना खबर रही कि वह ख्वाब था या खयाल था।

अफसोस तो होता है उनके रोने पर और रोना जग हंसाई का

पहली ही मुलाकात में मिले आंखों में रंग और हाथों में गुलाल था।

वक़्त की गर्दिश में पत्थर दिल भी अब तो मोम हो गया

जो दिल में था मेरे वह अब नहीं रहा वह रंज था या मलाल था।

जिसने उसे दौलत और शोहरत के हसीन सपने दिखाए

अब क्या कहें उसको जिंदगी में दोस्त था या दलाल था।

वो खुलूस वो सादगी वो शोखियां ये अब फना हो गई यारो

मोहताज हो गए नजरें चुराने को उनका इतना बुरा हाल था।

एतबार भी अगर करो तो सोच समझकर होशो हवास में करना

यह हैवानो का काम था और तो बेईमानों का बुना जाल था।

मुगल साम्राज्य में भारत सोने की चिड़िया नहीं रह गया था। मुगल ने एक सुवधा संपन्न साम्राज्य को तबाह करके सबको गुलाम बनाया था और लोगों को पहिले जैसी आजादी नहीं रह गई थी और ना ही दुनियां मे भारत की छवि पहिले जैसी रह गई थी। किसी साम्राज्य की पराकाष्ठा का उदहारण मुगल के आने से पहिले का *प्राचीन भारत* जरूर हो सकता है जहां राजा से लेकर प्रजा तक संपन्न थे। जो खुले विचारों वाले लोगों का देश था और दुनियां भर से लोग कला और विज्ञान का ज्ञान प्राप्त करने आते थे। शिक्षा और व्यापार के लिए आते थे। लोग गुलाम नहीं थे। चाहे पुरुष हो या महिला। सभी को समान अधिकार थे।

और मुगल ने यह सब बर्बाद करके अपनी मनमानी की थी। पर जनता खुश नहीं थी और ना ही कुछ ऐसा बचा था कि दुनियां भर से लोग कुछ सीखने आएं।

यकीनन मुगल ने भारत की भूमि को जीता था लोगों को जीता था पर मुगल लोगों के दिलों को नहीं जीत पाए थे। और यह बात मुगल भी जानते ही थे।

तो ऐसे में उन्हें जीत की चरम सीमा का अनुभव कभी नहीं हुआ होगा और वो हमेशा ही लोगो को जीतने में लगे रहे। तो उन्हे पराकाष्ठा का उदहारण नहीं माना जा सकता।

गया समय ना आएगा

विकारों में फंसकर, बिगड़ी है जीवन की चाल

गाकर राग वैरागी काट, माया का मकड़ जाल

कुछ क्षण तो सोच जरा, कौन साथ निभाएगा

धन दौलत का खजाना, पड़ा यहीं रह जाएगा

चंद दिनों का जीवन है शेष, जाने कब हो पूरा

स्वयं को पावन बनाने का, निभा दायित्व पूरा

तेरे हर कर्म का फल, खाली कभी ना जाएगा

संयम और मर्यादा से ही, जीवन मुक्ति पाएगा

त्याग तपस्या करके, जीवन सफल हो जाएगा

अपने भाग्य की रेखा, तू खुद ही खींच पाएगा

माटी का ये तन है तेरा, माटी में मिल जाएगा

तेरा लक्ष्य तुझे कहता, गया समय ना आएगा...

ऐसी कमाई किस काम की

"जो नक्कारखाने में तूती की आवाज साबित होती हो"

****

जिसमे याद ना आए वो तनहाई किस काम की

जिसमें मिलन की आस ना हो वो जुदाई किस काम की।

बेशक हर इंसान बंधा है यहां रिश्तो की डोर से

बिगड़े टूटे रिश्ते ना बने फिर वह खुदाई किस काम की।

अधूरी अनसुनी ही रही अपनी मोहब्बत की दास्तां

जो अपनी ना हो सकी वो भी प्रीत पराई किस काम की।

जो नक्कारखाने में तूती की आवाज ही साबित होती हो

ऐसी जगह दिल से निकाली गई दुहाई किस काम की।

दिल की बीमारी का जो कभी इलाज ना कर सके

सस्ती हो या महंगी हो फिर वह दवाई किस काम की।

जिसने सारी जिंदगी भलाई के काम में लगाई जमाने मे

फिर भी बुराई दूर ना हुई ऐसी भलाई भी किस काम की।

दिन रात एक करके जो दौलत कमाई है हमने यारो

हमारी दौलत हमारे काम ना आए ऐसी कमाई किस काम की।

सुख का द्वार

कलियुग की घोर अंधेरी रात में देखो मानव सोया

अनेक जन्मों से इसने विकारों में स्वयं को डुबोया

समाज में फैली बुराइयों को इसने ही खूब बढ़ाया

अपने अहंकार का हर दिन ये पोषण करता आया
खुद ने ही मर्यादाएं तोड़कर खुद ही नियम बनाया
उसी नियम से बचने का खुद ने ही रस्ता दिखाया
यदि हर एक ने स्वयं को मर्यादाओं में ढाला होता
अपने कर्म व्यवहार में दिव्य गुणों को पाला होता
नरक ना बनती ये दुनिया और सब होते खुशहाल
किन्तु विकर्मों के बोझ कर गया जीवन को बेहाल
स्वार्थ और लालच के झूले में हर मानव झूल गया
त्याग और बलिदान शब्द का भावार्थ ही भूल गया
बन चुका है जीवन सबका समस्याओं का जंजाल
अपने जंजाल से कोई नहीं पाया खुद को निकाल
सारे जग को नरक बनाकर देखता स्वर्ग के सपने
अपनों को पराया करके ढूंढता है परायों में अपने
सुखी जीवन का कायदा जब तक ना अपनाओगे
दुखों की मात्रा हर दिन तुम बढ़ती हुई ही पाओगे
हर इच्छा त्यागकर दातापन का संस्कार जगाओ
परायापन मिटाकर सबको अपने दिल में बसाओ
छोड़ो पांच विकारों को और दिव्य गुण अपनाओ
दैवी दुनिया के संस्कार अपने आचरण में लाओ
यही विधि तुम्हारे जीवन में खोलेगी सुख का द्वार
मिट जाएगी हर समस्या स्वर्ग बन जाएगा संसार...

मिलेगा सुख भरपूर

चारों और से हो रहा, मनोविकारों का आक्रमण
फैल गया सारी दुनिया में, विकारों का संक्रमण
काम क्रोध की महामारी की, कैसी आंधी आई
घिरकर इसमें आत्माओं ने, सच्ची खुशी गंवाई
विकारों के वश होकर, सब गुणों से हुए कंगाल

बिना गुणों के कर पाएंगे, कैसे अपनी सम्भाल

प्यार के सागर की संतान, प्यार करना गए भूल

सबने चढ़ाई अपने ऊपर, पांच विकारों की धूल

परमधाम से आये थे हम, बनकर सुगन्धित फूल

विकारों के वश होकर हम, बन गए कंटीली शूल

पांच विकारों ने सारी, दुनिया को पूरा डस लिया

माया रूपी नागपाश ने, शिकंजे में जकड़ लिया

क्रोधित होकर हम दुःख के, कांटे सबको चुभाते

अपने कर्मों का खाता, अनगिनत पापों से बढ़ाते

केवल यही छोटी सी बात, समझ नहीं क्यों पाते

जो कुछ देते औरों को हम, वही तो औरों से पाते

प्यार देने से प्यार मिलेगा, यही दुनिया का दस्तूर

सबको सुख देते जाओ, तो मिलेगा सुख भरपूर

मैं नहीं चाहता, आप कि जिंदगी गुलाब की तरह हो,

क्योंकि उसे भी कांटों का दर्द सहना पड़ता हैं।

मैं नहीं चाहता, आप कि जिंदगी सूरज की तरह हो, क्योंकि

उजाले के लिए उसे भी जलना पड़ता है।

मैं नहीं चाहता, आप कि जिंदगी फूलों की तरह हो, क्योंकि

पतझड़ आने पर उन्हें भी बिखरना पड़ता है।

मैं चाहता हूं, आप पूरा चांद बनकर आसमां में चमके,

और मैं रात भर आपको तकता रहूं।

मैं थानेदार हूँ!

जो कानून का आँचल फाड़ते हैं,

मैं उन्हें फाड़ता हूँ।

ऐसे मजनुओं का जुनून मैं,

जूतों से कुचलता हूँ।

मैं सेवक हूँ आम जनता का,

हर जुल्म का प्रहार हूँ,
मैं एक थानेदार हूँ।
हर आग से देखो मैं हूँ वाकिफ ,
जलना मुझे आता है।
मेरी सांस नहीं है कोई बिकाऊँ,
लड़ना मुझे आता है।
मेरा मोल न लगाओ ऐ! गुंडों
मैं कानून के रथ पे सवार हूँ,
मैं एक थानेदार हूँ।
जिनके हाथ यहाँ सने खून से,
उनको छोड़ नहीं सकता।
तेरी गोली से मेरी गोली बड़ी,
मेरा लक्ष्य डिगा तू नहीं सकता।
मैं सच पर मर-मिटनेवाला हूँ ,
मैं कर्मठ औ ईमानदार हूँ,
मैं एक थानेदार हूँ।
भोली-भाली जनता के अधरों पर,
न लटकाओ डर के ताले।
हम चलते जान हथली पे रखकर,
मेरी हिम्मत की गोली खा ले।
पहचान काम न आएगी यहाँ,
मैं कानून का पहरेदार हूँ,
मैं एक थानेदार हूँ।
होती जब-जब सीधी मुठभेड़ यहाँ,
इस वर्दी का धर्म निभाता हूँ।
उस राजमुकुट की रक्षा में मैं,
अपना खून बहाता हूँ।

करता हूँ तिलक इस मिट्टी की,

मैं कानून की दीवार हूँ,

मैं एक थानेदार हूँ।

बेईमानी के बिछौने पे नहीं सोता,

मैं गरीबों का आंसू पढ़ता हूँ।

वर्दी का करते जो दुरुपयोग,

मैं उनपे थू-थू करता हूँ।

मैं भी इज्जत का हकदार हूँ,

मैं एक थानेदार हूँ।

देशद्रोहियों पर नकेल कसना ,

ये मेरा खेल-खिलौना है।

ठहरा कानून का मैं रखवाला,

सारा सुख वो बौना है।

अपमान का करता मैं विषपान,

किसी के गले का हार हूँ।

मैं एक थानेदार हूँ।

नशा छोड़ , जिंदगी में मज़ा और ,

लगा जोर , यूं मचा शोर ,

नशा छोड़ ,मिले सजा बोहोत ,

नशा कर देख अपने कुरूप को ,

बदले जहन देख स्वरूप वो ,

दगा मिले उससे लगे मंगलूर वो ,

कर मेहनत चमक जैसे तारक लोक

एक बाग उगाओ। मेरे वाहन में चढ़ो। एक वृद्धि ले। आँच
को कम कर दें। कागज, कांच और प्लास्टिक को रीसायकल करें।
थ्रिफ्ट स्टोर पर खरीदारी करें। कम मांस खाएं। टूटे हुए खिलौनों
को ठीक करो। लाइट्स बंद करो। स्कूल जाओ। कपड़े सुखाने के

लिए लटकाएं। पानी की बोतलें छोड़ें। बैग का पुन: उपयोग करें। क्यों समझाते हुए चित्र बनाकर लिखिए।

मैं छोटा हू। मुझे प्रत्येक मधुमक्खी और ध्रुवीय भालू की बहुत परवाह है। आप मायने रखते हैं। मैं अपने कार्यों का ढोंग नहीं करूंगा। ओह, पृथ्वी। आप मेरे दोस्त हैं।

हम अंतरिक्ष में जीवन खोजने की कोशिश कर रहे हैं। लेकिन पृथ्वी पर अरबों लोगों के कष्टों को नजरअंदाज करते हुए।

हम अंतरिक्ष में पानी खोजने की कोशिश कर रहे हैं। लेकिन पृथ्वी पर जल निकायों में लगातार हो रहे प्रदूषण को नज़रअंदाज़ करते हुए।

हम सुपर ह्यूमन का पता लगाने की कोशिश कर रहे हैं, लेकिन हम में इंसानियत की जरूरत को नजरंदाज कर रहे हैं। या तो हम पहले से ही एक बड़े मूर्ख हैं या हम खुद को मूर्ख बनाने की कोशिश कर रहे है।

दुनिया छोटी है साहब , कैसे बटोरोगे सब ,

छोटी सी दुनिया में कैसा बनोगे खास , हरियाली चारो और यार ,

पर दुनिया उनोचितया भरपार

वसीयत हस्ताक्षर मांग रही है. गांव के मुहल्ले में शहर वालों हम अनपढ़ है कहां कर पायेंगे.

पेशा होगा ये शहर में तुम्हारा क्यों? पैसे से बस्ती खरीदने चले हमारी. ये इमान वाले है सहाब कहां बेच पायेंगे.

अंगूठा लगा देते हम अगर स्याही ये मिलावटी ना होती. मरा जमीर, गजब बाधे पे हम वाह कहां कर पायेंगे.

कैसे बनेंगे ख़ास

आलिंगन जो सदा

ख़ुशियों के पर्याय रहे

उनका निराश हो जाना

माथे पर उस पवित्र चुंबन का सदा सदा के लिए मौन हो जाना पैर के पायलों का

अपनी आवाज़ खो देना

या फिर एक दूसरे के

आँखों में देखकर किए गए

उन तमाम वादों का

आँखों की कोर तक आकर रूक जाना

प्रेम की विदाई पर देवी देवता भी

असहाय खड़े हैं!

अगर मैं दुबारा जन्म पाऊ,

तो मैं एक प्यारी चिड़िया बन जाऊं।

खेत खलिहान मैं उड़ जाऊ,

मधुर ध्वनि में गाना गाऊं।

बूढ़े, बच्चे और जवान सबके मन को मैं भाऊ,

खेलू ,कुदु धूम मचाऊं सबको खूब मैं रिझाऊँ।

अगर मैं दुबारा जन्म पाऊ,

तो मैं घने बादल बन जाऊं।

झूम झूम बरस,रोम रोम भींगाऊ।

मैं ठंडे ठंडे निर्मल जल से,

सबको शीतल कर जाऊ।

अगर मैं दुबारा जन्म पाऊ,

तो मैं नदियाँ की धारा बन जाऊं,

खेतों और खलिहानों को,

हरितिमा से श्रृंगारित कर जाऊ।

प्रकृति को सुंदर फूलों से महकाऊ।

वो मोरपंख खूबसूरत से ,

वो बारिश की सौगात ,
वो दिल दहलाने वाली बिजलियां ,
वो मीठी सी बरसात ,
वो प्रेम गीत पुराने ,
वो नूतन नत्समृत बात ,
वो दिल की दिलकशे ,
वो बापू की डांट ,
वो प्यारी सी गुड़िया ,
वो प्यारे मित्र उसके साथ ,
वो बोली अच्छी सी ,
कहने की नही बात ,
वो सांप डरावने ,
और मेंढकों की लात ,
रगुरे से देखी दुनिया ,
लगे छोटी पर खास ,
वो रिश्ते नीव से गहरे ,
उनके हृदय की मिठास ,
मेरे प्यारे मित्र और मित्रता ,
जिंदगी बिन्दास ।।
सपनो की दासता
सपनो की दुनिया यह दुनिया के पूर्ण विपरीत है,
उसका होना स्वाभाविक है,
इस दुनिया में सबर करना पड़ता है,
प्रतिदिन दुनिया का सफर करना पड़ता है ।।
मेरे अनुकूल कोई सपन बिन जी नही सकता,
यह कड़वा कटु प्याला पी नही सकता
सपन राहत की राह है,

वह जीन की चाह है।।

यह दुनिया कीचड़ से भरी हुई,

उसे साफ करने का आधार;

और फूलो सा खिलने का सारथी,

स्वप्न ईश्वर के हाथ सी,जीवन निराधार,

जग सुगंध से भर उठी।।

ज्ञान सबको इस बात का,

अच्छे लोग यह जग निंद्रा में दे जीन त्याग ,

देखन न चाहें और दुख की बरसात,

इस और उस जग का फर्क भलीबाती ज्ञात,

ऊपर कर दीजिए दोनो हाथ,

कोई मूर्ख ही सपनों से नफरत करे

,जिसका मन छल कपट करे

वह कैसे चैन की नींद भरे ।।

सपने ही आपकी दुनिया का रस है,

आपने वह सच करने है इससे दुखती नस है

किंतु उसके काल अधीन उसे जीना भी तो है,

मीठा फल का रस पीना भी तो है।।

कहत कलाम उठ पड़ो सपन पूरा करने ,

कह उठे संकल्प वीर,

स्वप्न तो पूरा कर ले महाराज,

निबोध चल उठे अधीर।।स्वप्न को जीना सीखो ,अधूरे में छोड़कर जाएंगे तो जिंदगी भी अधूरी रह जाए, जो कर्म करना है जो जीना है जी,तेरी ही दुनिया है पगले,तूने ही खुद जन्म दी।।

जिस चीज के आप जनक हो उसे क्या आप छोड़ दोगे नहीं न तो सपने क्यूं अधूरे छोड़ देते हो; खुद से सवाल करे??

स्कूल की वो मस्ती, वो शरारत,

पकड़े जाने पर झलकती शराफत।
वो पेंसिल के हमारे दांतो में आना,
कही जाना तो पेंसिल छिपा के जाना।
वो कॉपी के पीछे खेल का मैदान बनाना,
और बारिश में उन पन्नो का नाव चलाना।
घर से जब कभी काम पूरा करके न लाना,
सज्जा के तौर पर शान से बाहर जाना।
वो मैथ चाचा का डर व फिजिक्स मौसी का आतंक,
मज़ा तब आता जब होता क्लास का अंत।
समय के साथ उम्र का बढ़ते जाना,
और लास्ट बेंच पर आशियाना बनाना।
न कोई भेद भाव, न कोई शिकायत,
हर किसी से दोस्ती हर किसी से मोहबत।
जब बैठ खाली पलटता हु जिंदगी के पन्ने,
याद आते है स्कूल के सुहाने से सपने।
मन चाहता लौट आये वो दिन,
जो स्कूल में बिताए बन अपराधी संगीन।
वो स्कूल, किताबे और उनकी यादें,
मन मस्तिष्क से कभी नही जाते।
जब मैं पीछे मुड़कर देखता हूँ,
सभी अच्छी युवा यादें,
स्प्रिंगडेल स्टर्लिंग,
तुम मेरे वसंत हो......
बेबे मैं तुमसे प्यार करता था,
बिना शर्त,
मैं दिन रात से प्यार करता था,
निशाचर,

पशु कुत्ते का प्यार,

हाई गर्ल्स बोर्बोन,

तुम मेरे स्ट्राइकर हो,

कोनों की तरह सख्त,

स्प्रिंगडेल स्टर्लिंग,

रात जवान लड़की है,

और तुम आज़ाद हो,

सुबह जितनी अच्छी,

मधुमक्खी की तरह भिनभिनाती है,

इस किरकिरा ग्रिल में

दुनिया की अराजकता,

तुम नए हो,

आपको प्यार किया जाता है,

क्रिसमस की घंटी,

प्यार इंतजार कर रहा है,

फ्रिंज की तरह अंगूठी,

क्रिंग की तरह नहीं,

मुझे गाने दें ,

वसंत की तरह ताजा,

तुम मेरे वसंत हो......

रात जवान है और जीवन मुक्त है,

मधुमक्खी की तरह गुलजार उड़ने की तरह स्वतंत्र,

मैं भागने की कितनी कोशिश करता हूँ,

आप वह नहीं हैं जो आप चाहते हैं।

घर खो सा गया ।

जिस तरह से घर खो गया था, जहाँ भी आँखें गिरी थीं, ठंढ
से भरी हुई थी, सिर ढँकना, फलना-फूलना महंगा था। न ही ठंड

में रहना आसान था, वास्तव में, जिस तरह से घर खो गया था।

चारों ओर के मौसम ने मुझे बहुत परेशान किया, मैं एक धागे, एक गाँठ की तरह था, मैं ठंड में सहा और काँप रहा था, वहाँ कोई थामने वाला नहीं था। बहुत से लोगों का जीवन बिकता है, जैसा सुना और बताया जाता है।

वहाँ जहाँ सारी जीविका मर गई, बाहर ठंड में, मैंने झूठ बोला, वहाँ मेरी अंतरात्मा की लड़ाई थी, इस आरामदायक रात को कैसे बिताऊँ? मेरी नजर में कुछ भी नहीं था, कौन सा रास्ता चुना जाए, सही हो तो गलत? सारे अंग-अंग थक गए थे, ऐसा लग रहा था जैसे निकाल दिया गया हो। फिर भी मन में उम्मीद का प्रतिशत झूठ था, अगर कहीं था, तो गुंजाइश थी, कई तरह से मैंने पेशकश की थी, सामना करने के लिए चीजें बाकी थीं।

ओ! कितनी अकल्पनीय रात मैंने पाई, फिर मैंने अपने दिल की आवाज़ सुनी, उम्मीदों की दीवार से उम्मीद का गोला पलटा, और, जिस तरह से घर वापस आ गया था।

मृतकों का दफन

अप्रैल सबसे क्रूर महीना है प्रजनन

मृत भूमि से बकाइन, मिश्रण

स्मृति और इच्छा, सरगर्मी

वसंत की बारिश के साथ सुस्त जड़ें।

सर्दी ने हमें गर्म रखा, ढका हुआ

भुलक्कड़ बर्फ में पृथ्वी, खिला

सूखे कंदों के साथ थोड़ा सा जीवन।

समर ने हमें चौंका दिया, स्टर्नबर्गर्सी पर आ रहा है

बारिश की बौछार के साथ; हम उपनिवेश में रुक गए,

और धूप में चला गया, हॉफगार्टन में,

और कॉफी पिया, और एक घंटे तक बात की।

बिन गार कीन रसिन, स्टैम ऑस लिटौएन, ईच्ट इ्यूश।

और जब हम बच्चे थे, आर्क-इ्यूक के यहाँ रहते थे,

मेरे चचेरे भाई, उसने मुझे एक स्लेज पर बाहर निकाला,

और मैं डर गया था। उन्होंने कहा, मैरी,

मैरी, कस कर पकड़ो। और हम नीचे चले गए।

पहाड़ों में, आप स्वतंत्र महसूस करते हैं।

मैं रात में बहुत पढ़ता हूं, और सर्दियों में दक्षिण की ओर
जाता हूं।

कौन सी जड़ें हैं जो जकड़ती हैं, कौन सी शाखाएं उगती हैं

इस पथरीले कचरे से? आदमी का बेटा,

आप कह या अनुमान नहीं लगा सकते, क्योंकि आप केवल
जानते हैं

टूटी हुई छवियों का ढेर, जहाँ सूरज धड़कता है,

और मरा हुआ पेड़ कोई आश्रय नहीं देता, क्रिकेट कोई राहत
नहीं देता,

और सूखे पत्थर में पानी की कोई आवाज नहीं। केवल

इस लाल चट्टान के नीचे छाया है,

(इस लाल चट्टान की छाया में आओ)

और मैं आपको दोनों में से कुछ अलग दिखाऊंगा

सुबह तेरी परछाई तेरे पीछे दौड़ती है

या शाम को तेरी परछाई तुझ से मिलने को उठती है;

मैं तुम्हें मुट्ठी भर धूल में भय दिखाऊंगा।

फ्रिस्क वेट डेर विंड

डेर हेइमत ज़ू

मैं आयरिश प्रकार,

वो वीलेस्ट डू?

"आपने मुझे पहली बार एक साल पहले जलकुंभी दी थी;

"उन्होंने मुझे जलकुंभी लड़की कहा।"

–फिर भी जब हम जलकुंभी के बगीचे से देर से लौटे,

तुम्हारी बाहें भरी हुई हैं, और तुम्हारे बाल गीले हैं, मैं नहीं कर सका

बोलो, और मेरी आंखें फेल हो गईं, मैं न तो था

जीवित या मृत, और मैं कुछ नहीं जानता था,

प्रकाश के हृदय में देख रहे हैं, मौन।

ओएड' अंड लीर दास महंत।

मैडम सोसोस्ट्रिस, प्रसिद्ध भेदक,

कड़ाके की ठंड थी, फिर भी

यूरोप की सबसे बुद्धिमान महिला के रूप में जानी जाती हैं,

ताश के पत्तों के दुष्ट पैक के साथ। यहाँ उसने कहा,

क्या आपका कार्ड, डूबा हुआ फोनीशियन नाविक,

(वे मोती हैं जो उसकी आंखें थीं। देखो!)

यहां है बेलाडोना, द लेडी ऑफ द रॉक्स,

स्थितियों की महिला।

यहाँ तीन सीढ़ियों वाला आदमी है, और यहाँ पहिया है,

और यहाँ एक आँख वाला व्यापारी है, और यह कार्ड,

जो खाली है, वह कुछ ऐसा है जिसे वह अपनी पीठ पर ढोता है,

जिसे देखने की मनाही है। मुझे नहीं मिला

टांगा गया आदमी। पानी से मौत का डर।

मैं लोगों की भीड़ को रिंग में घूमते हुए देखता हूं।

शुक्रिया। यदि आप प्रिय श्रीमती इक्विटोन देखते हैं,

उससे कहो कि मैं खुद राशिफल लाता हूं:

आज के समय में इतना सावधान रहना चाहिए।

अवास्तविक शहर,

सर्दियों की भोर के भूरे कोहरे के तहत,

लंदन ब्रिज पर उमड़ी भीड़, इतने सारे,

मैंने नहीं सोचा था कि मौत ने इतने सारे लोगों को पूर्ववत कर दिया है।

आहें, छोटी और दुर्लभ, साँस छोड़ी गई,

और हर एक मनुष्य ने अपके पांवोंके साम्हने आंखें मूंद लीं।

पहाड़ी के ऊपर और किंग विलियम स्ट्रीट के नीचे बह गया,

जहां सेंट मैरी वूल्नोथ ने घंटों रखा

नौ के अंतिम स्ट्रोक पर एक मृत ध्वनि के साथ।

वहाँ मैंने एक को देखा जिसे मैं जानता था, और उसे रोते हुए रोक दिया: "स्टेटसन!

"तुम जो मेरे साथ मायले के जहाजों में थे!

"वह लाश जो तुमने पिछले साल अपने बगीचे में लगाई थी,

"क्या यह अंकुरित होना शुरू हो गया है? क्या यह इस साल खिलेगा?

"या अचानक पाले ने उसके बिस्तर को अस्त-व्यस्त कर दिया है?

"ओह कुत्ते को इतना दूर रखो, वह पुरुषों का दोस्त है,

"या अपने नाखूनों से वह इसे फिर से खोदेगा!

"आप! पाखंडी व्याख्याता!

आग में जाली

होने के कारण, कम झुकने वाली पोशाक, कूल किलिंग डरावना टायर, डार्क डेथली व्यंग्य। मुझे देर से कॉल करें या मुझे डेट करें, फॉल डिबेट या फॉल अबाउट, जी मचलना इंतजार कर रहा है, मिचली बहुत अच्छी है, बिना दर या दस्तक के।

जलता हुआ दिल, जल रहा है, बहुत कोशिश कर रहा है, कोशिश कर रहा है, भारी कार, भारी बार, लेवी टैक्स, लेवी स्टार।

अच्छाई महान है, महान थोड़े हैं; उच्च सोच, सोच काढ़ा। एक महल पर, एक दल के साथ। डलास के ऊपर, एक स्टू के साथ।

पैसा कमाना, अधिक खर्च करना, प्यार से अधिक, कपड़े फटे, मुश्किल किस्मत, भारी दुकान, लूसिफ़ेर पंख, मर्दाना कोर।

सामान की लड़ाई, भंडारण युद्ध, प्यादा सितारे, उतरजीवी के निशान, झूठा होने का प्यार, आग में जाली होना।

शतरंज का खेल

वह जिस कुर्सी पर बैठी थी, वह जले हुए सिंहासन की तरह थी,

संगमरमर पर चमकता है, जहाँ शीशा है

फलदार लताओं के साथ गढ़ा मानकों द्वारा धारित

जिसमें से एक सुनहरा कामदेव बाहर झाँका

(दूसरे ने अपनी आँखें उसके पंख के पीछे छिपा लीं)

सात शाखाओं वाली मोमबत्ती की लपटों को दोगुना किया

मेज पर प्रकाश का परावर्तन के रूप में

उससे मिलने के लिए उसके गहनों की चमक उठी,

साटन मामलों से समृद्ध प्रचुरता में डाला गया;

हाथी दांत और रंगीन कांच की शीशियों में

बिना रुके, उसके अजीब सिंथेटिक इत्र दुबके,

बेदाग, पाउडर, या तरल-परेशान, भ्रमित

और गंध में डूब गया; हवा से हड़कंप

जो खिड़की से ताज़ा हुआ, ये चढ़ गया

लंबी मोमबत्ती की लपटों को बुझाने में,

लकारिया में अपना धुंआ फेंका,

कोफ़्फ़र्ड छत पर पैटर्न को हिलाते हुए।

तांबे के साथ खिलाई गई विशाल समुद्री लकड़ी

जले हुए हरे और नारंगी रंग के पत्थर से बने,

जिसमें सैड लाइट एक नक्काशीदार डॉल्फ़िन तैर रही थी।

एंटीक मेंटल के ऊपर प्रदर्शित किया गया था

मानो एक खिड़की ने सिल्वन दृश्य को दे दिया हो

फिलोमेल का परिवर्तन, बर्बर राजा द्वारा

इतनी बेरहमी से मजबूर; फिर भी वहाँ कोकिला

सारे रेगिस्तान को अहिंसक आवाज से भर दिया

और फिर भी वह रोती रही, और फिर भी दुनिया उसका पीछा करती है,

गंदे कानों के लिए "जुग जग"।

और समय के अन्य मुरझाए हुए स्टंप

दीवारों पर कहा गया था; घूरने के रूप

बाहर झुके, झुके हुए, बंद कमरे को बंद कर दिया।

सीढ़ी पर कदम ठिठक गए।

आग की रोशनी में, ब्रश के नीचे, उसके बाल

उग्र बिंदुओं में फैल गया

शब्दों में चमचमाते हुए, तब भी बेरहमी से शांत हो जाएगा।

"आज रात मेरी नसें खराब हैं। हाँ, बुरा। मेरे साथ रहो।

"मुझसे बात करें। तुम कभी क्यों नहीं बोलते। बोलना।

"आप किस विषय में सोच रहे हैं? क्या सोच? क्या?

"मैं कभी नहीं जानता कि तुम क्या सोच रहे हो। सोचना।"

मुझे लगता है कि हम चूहों की गली में हैं

जहां मरे हुए लोगों की हड्डियां टूट गईं।

"किस बात के लिए शोर मचा रखा है?"

दरवाजे के नीचे हवा।

"अब वह शोर क्या है? हवा क्या कर रही है?"

कुछ नहीं फिर कुछ नहीं।

"आपको कुछ भी नहीं पता? क्या आपको कुछ नहीं दिखता?

मुझे याद

वे मोती हैं जो उसकी आंखें थीं।

"तुम ज़िंदा हो या नहीं? क्या तुम्हारे दिमाग में कुछ नहीं है?"

लेकिन

ओ ओ ओ ओ दैट शेक्सपियरियन रैग-

यह बहुत सुंदर है

इतना बुद्धिमान

"अब मैं क्या करूँ? मैं क्या करूँगा?"

"मैं जैसे हूँ वैसे ही निकलूँगा, और गली में चलूँगा

"मेरे बालों के साथ, तो। हम कल क्या करेंगे?

"हम कभी क्या करेंगे?"

दस बजे गर्म पानी।

और अगर बारिश होती है, तो चार बजे बंद कार।

और हम शतरंज का खेल खेलेंगे,

बिना ढकी आँखों को दबा कर दरवाज़े पर दस्तक का इंतज़ार करने लगा।

जब लील के पति का मनोबल गिरा तो मैंने कहा-

मैंने अपनी बात नहीं मानी, मैंने खुद उससे कहा,

जल्दी करें कृपया अपना समय

अब अल्बर्ट वापस आ रहा है, अपने आप को थोड़ा स्मार्ट बनाओ।

वह जानना चाहेगा कि आपने उस पैसे का क्या किया जो उसने आपको दिया था

अपने आप को कुछ दांत पाने के लिए। उसने किया, मैं वहां था।

आपने उन सभी को बाहर कर दिया है, लील, और एक अच्छा सेट प्राप्त करें,

उन्होंने कहा, मैं कसम खाता हूं, मैं आपकी ओर देखने के लिए सहन नहीं कर सकता।

और मैं और नहीं, मैंने कहा, और गरीब अल्बर्ट के बारे में नहीं सोच सकता,

वह सेना में चार साल से है, वह एक अच्छा समय चाहता है,

और यदि आप उसे नहीं देते हैं, तो अन्य इच्छाएं हैं, मैंने कहा।

ओह वहाँ है, उसने कहा। कुछ ओ 'कि, मैंने कहा।

तब मुझे पता चलेगा कि किसे धन्यवाद देना है, उसने कहा, और मुझे सीधे देखो।

जल्दी करें कृपया अपना समय

अगर आपको यह पसंद नहीं है तो आप इसे जारी रख सकते हैं, मैंने कहा।

यदि आप नहीं कर सकते हैं तो अन्य चुन सकते हैं और चुन सकते हैं।

लेकिन अगर अल्बर्ट बंद कर देता है, तो यह बताने की कमी के लिए नहीं होगा।

आपको शर्म आनी चाहिए, मैंने कहा, इतना प्राचीन दिखने के लिए।

(और उसका केवल इकतीस।)

मैं इसकी मदद नहीं कर सकती, उसने एक लंबा चेहरा खींचते हुए कहा,

उसने कहा, यह वे गोलियां हैं जिन्हें मैंने लिया, इसे दूर करने के लिए, उसने कहा।

(उसके पास पहले से ही पाँच थे, और लगभग युवा जॉर्ज की मृत्यु हो गई।)

केमिस्ट ने कहा कि सब ठीक हो जाएगा, लेकिन मैं पहले जैसा कभी नहीं रहा।

तुम एक उचित मूर्ख हो, मैंने कहा।

ठीक है, अगर अल्बर्ट आपको अकेला नहीं छोड़ेगा, तो वह है, मैंने कहा,

अगर आप बच्चे नहीं चाहते हैं तो आप शादी किस लिए करते हैं?

जल्दी करें कृपया अपना समय,

खैर, उस रविवार अल्बर्ट घर पर था, उनके पास एक गर्म गैमन था,

और उन्होंने मुझे रात के खाने के लिए कहा, इसकी सुंदरता को गर्म करने के लिए-

जल्दी करें कृपया अपना समय

जल्दी करें कृपया अपना समय

गोनाइट बिल। गोनाइट लू। गोनाइट मई। गोनाईट।

टा टा। गोनाईट। गोनाईट।

शुभ रात्रि, देवियों, शुभ रात्रि, प्यारी महिलाओं, शुभ रात्रि, शुभ रात्रि।

अग्नि उपदेश

नदी का तंबू टूट गया: पत्ते की आखिरी उंगलियां

क्लच और गीले बैंक में डूबो। हवा

भूरी भूमि को पार करता है, अनसुना। अप्सराएँ विदा हो जाती हैं।

स्वीट टेम्स, जब तक मैं अपना गाना खत्म नहीं कर लेता, तब तक धीरे से दौड़ो।

नदी में कोई खाली बोतलें, सैंडविच पेपर नहीं हैं,

रेशम के रूमाल, गत्ते के डिब्बे, सिगरेट के सिरे

या गर्मी की रातों की अन्य गवाही। अप्सराएँ विदा हो जाती हैं।

और उनके मित्र, नगर के निदेशकों के घुमंतू वारिस;

चला गया, कोई पता नहीं छोड़ा।

लेमन के जल के पास मैं बैठ कर रोने लगा। . .

स्वीट टेम्स, जब तक मैं अपना गाना खत्म नहीं कर लेता, तब तक धीरे से दौड़ो,

स्वीट टेम्स, धीरे से दौड़ो, क्योंकि मैं जोर से या ज्यादा देर तक नहीं बोलता।

लेकिन मेरी पीठ पर एक ठंडे विस्फोट में मैंने सुना

हड्डियों की खड़खड़ाहट और हंसी कान से कान तक फैल गई।

एक चूहा वनस्पति के माध्यम से धीरे से रेंगता है

अपने घिनौने पेट को बैंक पर घसीटते हुए

जब मैं सुस्त नहर में मछली पकड़ रहा था

सर्दियों की शाम को गैसहाउस के पीछे

राजा पर विचार मेरे भाई के मलबे

और राजा पर मेरे पिता की मृत्यु उसके सामने हुई।

कम नम जमीन पर नग्न सफेद शरीर

और हड्डियाँ थोड़ी नीची सूखी गारट में डाली जाती हैं,

साल दर साल केवल चूहे के पैर से खड़खड़ाया।

लेकिन समय-समय पर मेरी पीठ पर मैं सुनता हूं

हॉर्न और मोटरों की आवाज, जो लाएगी

वसंत ऋतु में श्रीमती पोर्टर को स्वीनी।

हे चंद्रमा श्रीमती पोर्टर पर उज्ज्वल चमक रहा था

और अपनी बेटी पर

वे सोडा वाटर में अपने पैर धोते हैं

एट ओ सेस वोइक्स डी'एनफैंट्स, चैंटैंट डान्स ला कपोल!

चहचहाना चहचहाना

जग जग जग जग गुड़

इतनी बेरहमी से जबरदस्ती की।

तेरेउ

अवास्तविक शहर

सर्दियों की दोपहर के भूरे कोहरे के तहत

मिस्टर यूजीनाइड्स, द स्मिर्ना मर्चेंट

बिना मुंडा, करंट से भरी जेब के साथ

सी.आई.एफ. लंदन: दस्तावेज़ ऑन विज़न,

मुझसे डिमोटिक फ़्रांसीसी में पूछा

कैनन स्ट्रीट होटल में लंच करने के लिए

मेट्रोपोल में सप्ताहांत के बाद।

बैंगनी घंटे में, जब आंखें और पीठ

डेस्क से ऊपर की ओर मुड़ें, जब मानव इंजन प्रतीक्षा करता है

जैसे कोई टैक्सी धड़कती इंतज़ार कर रही हो,

मैं Tiresias, हालांकि अंधा, दो जन्मों के बीच धड़कता है,

झुर्रीदार महिला स्तनों वाला बूढ़ा, देख सकता है

वायलेट घंटे में, शाम का समय जो प्रयास करता है

होमवार्ड, और नाविक को समुद्र से घर लाता है,

चाय के समय टाइपिस्ट घर, नाश्ता साफ करता है, रोशनी करता है

उसका चूल्हा, और टिन में खाना रखता है।

खिड़की से बाहर खतरनाक रूप से फैल गया

सूरज की आखिरी किरणों से छुआ उसका सुखाने वाला संयोजन,

दीवान पर ढेर कर रहे हैं (रात में उसका बिस्तर)

स्टॉकिंग्स, चप्पलें, कैमिसोल और स्टे।

मैं टायर्सियस, झुर्रीदार डग वाला बूढ़ा आदमी

दृश्य को देखा, और बाकी की भविष्यवाणी की-

मुझे भी अपेक्षित अतिथि का इंतजार था।

वह, कार्बुनकुलर युवक, आता है,

एक छोटे से हाउस एजेंट का क्लर्क, एक बोल्ड घूर के साथ,

निम्न में से एक जिस पर आश्वासन बैठता है

ब्रैडफोर्ड करोड़पति पर रेशम की टोपी के रूप में।

समय अब अनुकूल है, जैसा कि वह अनुमान लगाता है,

भोजन समाप्त हो गया है, वह ऊब गई है और थक गई है,

उसे दुलार में शामिल करने का प्रयास

जो अभी भी अप्रमाणित हैं, यदि अवांछित हैं।

फ्लश और फैसला किया, वह एक ही बार में हमला करता है;

हाथ तलाशने से कोई बचाव नहीं होता;

उसके घमंड को किसी प्रतिक्रिया की आवश्यकता नहीं है,

और उदासीनता का स्वागत करता है।

(और मैं टायर्सियस ने राभी को पहले से ही सहन कर लिया है

इसी दीवान या पलंग पर अधिनियमित;

मैं जो थेब्स के पास दीवार के नीचे बैठा हूँ

और मरे हुओं में सबसे नीचे चला गया।)

एक अंतिम संरक्षक चुंबन देता है,

और अपना रास्ता टटोलता है, सीढ़ियों को जला हुआ पाता है। . .

वह मुड़ती है और शीशे में एक पल देखती है,

अपने दिवंगत प्रेमी के बारे में शायद ही पता हो;

उसका मस्तिष्क एक अर्धनिर्मित विचार को पारित होने देता

है:

"ठीक है अब यह हो गया है: और मुझे खुशी है कि यह खत्म

हो गया है।"

जब प्यारी स्त्री मूर्खता के आगे झुक जाती है और

अपने कमरे के बारे में फिर से, अकेले,

वह अपने बालों को स्वचालित हाथ से चिकना करती है,

और ग्रामोफोन पर एक रिकॉर्ड डालता है।

"यह संगीत मेरे द्वारा पानी पर चढ़ गया"

और स्ट्रैंड के साथ, क्वीन विक्टोरिया स्ट्रीट तक।

हे शहर शहर, मैं कभी-कभी सुन सकता हूँ

लोअर टेम्स स्ट्रीट में एक सार्वजनिक बार के पास,

एक मेन्डोलिन की सुखद रोना,

और भीतर से एक गड़गड़ाहट और एक बकबक

जहां मछुआरे दोपहर में मौज करते हैं: जहां दीवारें

मैग्नस शहीद की पकड़

आयोनियन सफेद और सोने की अकथनीय वैभव।

नदी पसीना

तेल और तारो

बार्ज ड्रिफ्ट

टर्निंग टाइड के साथ

लाल पाल

चौड़ा

लेवार्ड करने के लिए, भारी स्पर पर झूलें।

बार्ज वॉश

ड्रिफ्टिंग लॉग्स

डाउन ग्रीनविच पहुंच

आइल ऑफ डॉग्स के पास से गुजरें।

एलिजाबेथ और लीसेस्टर

पिटाई चप्पू

स्टर्न का गठन किया गया था

एक सोने का पानी चढ़ा हुआ खोल

लाल और सोना

तेज प्रफुल्लित

लहरदार दोनों किनारे

दक्षिण पश्चिम हवा

नीचे की ओर ले जाया गया

घंटियों की गड़गड़ाहट

सफेद मीनार वालाला लीयाला

"ट्राम और धूल भरे पेड़।

हाईबरी ने मुझे बोर किया। रिचमंड और केव

मुझे खोल दिया। रिचमंड द्वारा मैंने अपने घुटनों को ऊपर उठाया

एक संकीर्ण डोंगी के फर्श पर सुपाइन।"

"मेरे पैर गूरगेट में हैं, और मेरा दिल"

मेरे पैरों तले। इवेंट के बाद

वह रोया। उन्होंने एक 'नई शुरुआत' का वादा किया।

मैंने कोई टिप्पणी नहीं की। मुझे क्या नाराज होना चाहिए?"

"मार्गेट सैंड्स पर।

मैं जुड़ सकता हूँ

कुछ भी नहीं के साथ कुछ भी नहीं।

गंदे हाथों के टूटे नाखून।

मेरे लोग विनम्र लोग हैं जो उम्मीद करते हैं
कुछ भी तो नहीं।"
कार्थेज के लिए तो मैं आया
जलता हुआ जलता हुआ जलता हुआ
हे यहोवा तूने मुझे उखाड़ फेंका
हे प्रभु तू प्लकेस्ट
जलता हुआ।।

पानी से मौत

ग्रीष्म फोनीशियन, एक पखवाड़े मृत,
गूलों का रोना भूल गया, और गहरा समुद्र प्रफुल्लित हो गया
और लाभ और हानि।
समुद्र के नीचे एक धारा
फुसफुसाते हुए उसकी हड्डियों को उठाया। जैसे ही वह उठा
और गिर गया
उन्होंने अपनी उम्र और युवावस्था के चरणों को पार किया
भंवर में प्रवेश।
अन्यजाति या यहूदी
हे तुम जो पहिया घुमाते हो और हवा की ओर देखते हो,
फलेबास पर विचार करें, जो कभी आपकी तरह सुंदर और
लंबा था।

थंडर ने क्या कहा

पसीने से तर चेहरों पर मशाल की लाली के बाद
बगीचों में ठंढी खामोशी के बाद
पथरीली जगहों में तड़प के बाद
चिल्लाना और रोना
जेल और महल और गूंज
दूर के पहाड़ों पर वसंत की गड़गड़ाहट की

जो जी रहा था वो अब मर चुका है

हम जो जी रहे थे अब मर रहे हैं

थोड़े से धैर्य के साथ

यहां पानी नहीं सिर्फ चट्टान है

चट्टान और पानी नहीं और रेतीली सड़क

ऊपर पहाड़ों के बीच घुमावदार सड़क

जो बिना पानी के चट्टान के पहाड़ हैं

अगर पानी होता तो हमें रुककर पीना चाहिए

चट्टान के बीच कोई रुक या सोच नहीं सकता

पसीना सूखा है और पैर रेत में हैं

अगर चट्टान के बीच केवल पानी होता

हिंसक दांतों का मृत पहाड़ी मुंह जो थूक नहीं सकता

यहां न तो कोई खड़ा रह सकता है, न झूठ बोल सकता है

और न ही बैठ सकता है

पहाड़ों में सन्नाटा भी नहीं

लेकिन बारिश के बिना सूखी बाँझ गड़गड़ाहट

पहाड़ों में एकांत भी नहीं है

लेकिन लाल उदास चेहरे पर उपहास और झुंझलाहट

कच्चे मकानों के दरवाज़ों से

पानी होता तो

और कोई चट्टान नहीं

अगर चट्टानें होतीं

और पानी भी

और पानी

A स्प्रिन्ग

चट्टान के बीच एक पूल

अगर सिर्फ पानी की आवाज होती

भूमिका

सिकाडा नहीं

और सूखी घास गा रही है

लेकिन चट्टान के ऊपर पानी की आवाज

जहां चीड़ के पेड़ में हर्मिट-थ्रश गाते हैं

ड्रिप ड्रॉप ड्रिप ड्रॉप ड्रॉप ड्रॉप ड्रॉप

लेकिन पानी नहीं है

तीसरा कौन है जो हमेशा आपके बगल में चलता है?

जब मैं गिनता हूं, तो केवल आप और मैं एक साथ होते हैं

लेकिन जब मैं आगे सफेद सड़क को देखता हूं

आपके बगल में हमेशा एक और चलता रहता है

भूरे रंग के मेंटल में ग्लाइडिंग रैप, हुडेड

मुझे नहीं पता कि पुरुष है या महिला

—लेकिन तुम्हारे दूसरी तरफ वह कौन है?

जब मैं गिनता हूं, तो केवल आप और मैं एक साथ होते हैं

लेकिन जब मैं आगे सफेद सड़क को देखता हूं

आपके बगल में हमेशा एक और चलता रहता है

भूरे रंग के मेंटल में ग्लाइडिंग रैप, हुडेड

मुझे नहीं पता कि पुरुष है या महिला

—लेकिन तुम्हारे दूसरी तरफ वह कौन है?

वह आवाज क्या है जो हवा में ऊंची है

मातृ विलाप की बड़बड़ाहट

कौन हैं वे धूर्त भीड़

अंतहीन मैदानों पर, फटी धरती में ठोकरें खाकर

केवल समतल क्षितिज से घिरा हुआ

पहाड़ों के ऊपर शहर क्या है

बैंगनी हवा में दरारें और सुधार और फटना

गिरती मीनार

जेरूसलम एथेंस अलेक्जेंड्रिया

वियना लंदन

अवास्तविक

एक महिला ने अपने लंबे काले बालों को कस कर खींचा

और उन तारों पर फुसफुसाता संगीत

और वायलेट लाइट में बच्चे के चेहरे वाले चमगादड़

सीटी बजाई, और उनके पंख पीटा

और एक काली दीवार के नीचे सिर नीचे की ओर रेंगता रहा

और हवा में उलटे टावर थे

टोलिंग की याद दिलाने वाली घंटियाँ, जो घंटों रखती थीं

और सूने हौदों और थके हुए कुओं से आवाजें निकल रही हैं।

पहाड़ों के बीच इस सड़ चुके गड्ढे में

फीकी चांदनी में घास गा रही है

गिरती कब्रों के ऊपर, चैपल के बारे में

खाली चैपल है, केवल हवा का घर है।

इसमें कोई खिड़कियाँ नहीं हैं, और दरवाज़ा झूलता है,

सूखी हड़्डियां किसी को नुकसान नहीं पहुंचा सकतीं।

छत पर सिर्फ एक मुर्गा खड़ा था

सह सह रिको सह रिको

बिजली की चमक में। फिर एक नम झोंका

बारिश लाना

गंगा धँस गई, और लंगड़ा निकल गया

बारिश का इंतजार, जबकि काले बादल

बहुत दूर इकट्ठे हुए, हिमवंत के ऊपर।

जंगल दुबक गया, सन्नाटा छा गया।

फिर गड़गड़ाहट बोली

डीए

दत्ता: हमने क्या दिया है?

मेरे दोस्त, खून मेरे दिल को हिला रहा है

एक पल के समर्पण का भयानक साहस

जिसे विवेक का युग कभी पीछे नहीं हटा सकता

इसी से, और इसी से, हम अस्तित्व में हैं

जो हमारे मृत्युलेखों में नहीं मिलता

या स्मृतियों में लाभकारी मकड़ी द्वारा लिपटी हुई

या दुबले वकील द्वारा तोड़ी गई मुहरों के नीचे

हमारे खाली कमरों में

दयाध्वम: मैंने चाबी सुन ली है

एक बार दरवाज़ा खोलो और एक बार ही मुड़ो

हम चाबी के बारे में सोचते हैं, प्रत्येक उसकी जेल में

चाबी के बारे में सोचकर, प्रत्येक एक जेल की पुष्टि करता है

केवल रात के समय, अलौकिक अफवाहें

टूटे हुए कोरिओलानुस को एक पल के लिए पुनर्जीवित करें

डीए

दमयता: नाव ने जवाब दिया

गैली, हाथ विशेषज्ञ को पाल और ऊर के साथ

समंदर शांत था, आपका दिल जवाब देता

गैली, जब आमंत्रित किया, आज्ञाकारी की पिटाई

हाथों को नियंत्रित करने के लिए

मैं किनारे पर बैठ गया

मत्स्य पालन, मेरे पीछे शुष्क मैदान के साथ

क्या मैं कम से कम अपनी भूमि को व्यवस्थित कर दूं?

लंदन ब्रिज नीचे गिर रहा है नीचे गिर रहा है

पोई s'ascose nel foco che gli affina

क्वांडो फिम यूटी चेलिडॉन-ओ स्वेलो स्वॉलो

ले प्रिंस डी'एक्विटेन ए ला टूर अबोली

इन टुकड़ों को मैंने अपने खंडहरों के खिलाफ किनारे कर दिया है

फिर इले ने आपको क्यों फिट किया। Hieronymo का पागल फिर से।

दत्ता। दयाध्वम। दमयता।

शांतिः शांतिः शांतिः

पूल खिलाड़ी।

गोल्डन फावड़ा पर सात।

हम असली कूल हैं। हम

बाएं स्कूल। हम

देर से दुबकना। हम

सीधा प्रहार करो। हम

पाप गाओ। हम

पतला जिन। हम

जैज जून। हम

जल्दी मरो।

क्योंकि मैं मौत के लिए रुक नहीं सका -

वह कृपया मेरे लिए रुक गया -

कैरिज आयोजित किया गया लेकिन सिर्फ हम -

और अमरता।

हमने धीरे से गाड़ी चलाई - उसे कोई जल्दबाजी नहीं थी

और मैंने दूर रखा था

मेरी मेहनत और मेरी फुरसत भी,

उनकी सभ्यता के लिए -

हमने स्कूल पास किया, जहां बच्चों ने बाजी मारी

अवकाश पर - रिंग में -

हमने अनाज के खेतों को पार किया -

हमने डूबते सूरज को पार किया -

या यों कहें - उसने हमें पास कर दिया -

ओस ने कंपकंपी और ठंडक खींची -

सिर्फ गोस्समर के लिए, मेरा दिल -

माई टिपेट - ओनली ट्यूल -

हम एक ऐसे सदन के सामने रुके जो ऐसा लग रहा था

जमीन की सूजन-

छत मुश्किल से दिखाई दे रही थी -

कंगनी - जमीन में -

तब से - 'तीस सदियों - और अभी तक'

दिन से छोटा लगता है

मैंने सबसे पहले घोड़ों के सिर का अनुमान लगाया था

अनंत काल की ओर थे।

आस्थगित सपने का क्या होता है?

क्या यह सूख जाता है

धूप में किशमिश की तरह?

या घाव की तरह फड़कना-

और फिर भागो?

क्या यह सड़े हुए मांस की तरह बदबू आ रही है?

या क्रस्ट और चीनी खत्म-

एक शरबत मिठाई की तरह?

शायद यह बस बैग्स

भारी बोझ की तरह।

या यह फट जाता है?

पिता

आप नहीं करते, आप नहीं करते

कोई और, काला जूता

जिसमें मैं एक पैर की तरह रहा हूँ

तीस साल के लिए, गरीब और गोरे,

बमुश्किल सांस लेने की हिम्मत या आचू।

पिताजी, मुझे तुम्हें मारना पड़ा है।

मेरे पास समय होने से पहले तुम मर गए—

मार्बल-भारी, ईश्वर से भरा थैला,

एक धूसर पैर की अंगुली वाली भयानक मूर्ति

फ्रिस्को सील के रूप में बड़ा

और अजीब अटलांटिक में एक सिर

जहां यह नीले रंग के ऊपर सेम हरा डालता है

पानी में सुंदर नौसेट।

मैं तुम्हें ठीक करने के लिए प्रार्थना करता था।

आच, डू।

जर्मन भाषा में, पोलिश शहर में

रोलर द्वारा स्क्रैप किया गया फ्लैट

युद्धों, युद्धों, युद्धों से।

लेकिन शहर का नाम आम है।

मेरे पोलाक दोस्त

वहतो हैं एक या दो दर्जन हैं।

इसलिए मैं कभी नहीं बता सका कि आप कहां हैं

अपना पैर रखो, अपनी जड़,

मैं तुमसे कभी बात नहीं कर सका।

जीभ मेरे जबड़े में फंस गई।

यह एक कंटीले तार के जाल में फंस गया।

इच, ,

मैं मुश्किल से बोल पाता था।

मुझे लगा कि हर जर्मन आप ही हैं।

और अश्लील भाषा

एक इंजन, एक इंजन

एक यहूदी की तरह मुझे चकमा दे रहा है।

डचाऊ, ऑशविट्ज़, बेलसेन के लिए एक यहूदी।

मैं एक यहूदी की तरह बात करने लगा।

मुझे लगता है कि मैं एक यहूदी हो सकता हूं।

टायरॉल की बर्फ़, वियना की साफ़ बियर

बहुत शुद्ध या सत्य नहीं हैं।

मेरे जिप्सी पूर्वज और मेरी अजीब किस्मत के साथ

और मेरा टैरो पैक और मेरा टैरो पैक

मैं थोड़ा यहूदी हो सकता हूं।

मैं हमेशा तुमसे डरता रहा हूँ,

अपने लूफ़्टवाफ़े के साथ, अपने गोबलीगू के साथ।

और तुम्हारी साफ-सुथरी मूंछें

और आपकी आर्य आँख, चमकीला नीला।

पैंजर-मैन, पैंजर-मैन, हे यू–

भगवान नहीं बल्कि एक स्वस्तिक

इतना काला कि कोई आकाश चीख़ न सके।

हर महिला एक फासीवादी की पूजा करती है,

चेहरे में बूट, जानवर

तुम जैसे पाशविक का हृदय।

आप ब्लैकबोर्ड पर खड़े हैं, डैडी,

मेरे पास तुम्हारी तस्वीर में,

आपके पैर के बजाय आपकी ठुड्डी में एक फांक

लेकिन उसके लिए कोई कम शैतान नहीं, नहीं

कोई कम काला आदमी जो

मेरे सुंदर लाल दिल को दो भागों में काट दो।

मैं दस साल का था जब उन्होंने तुम्हें दफनाया था।

बीस साल की उम्र में मैंने मरने की कोशिश की

और वापस, वापस, तुम्हारे पास वापस जाओ।

मैंने सोचा था कि हड्डियां भी करेंगी।

लेकिन उन्होंने मुझे बोरे से बाहर निकाला,

और उन्होंने मुझे गोंद से चिपका दिया।

और तब मुझे पता था कि क्या करना है।

मैंने तुम्हारा एक मॉडल बनाया है,

काले रंग में एक आदमी एक कैंप देखो के साथ

और रैक और पेंच का प्यार।

और मैंने कहा कि मैं करता हूं, मैं करता हूं।

तो पिताजी, मैं अंत में कर रहा हूँ।

काला टेलीफोन जड़ में बंद है,

आवाजें बस खराब नहीं हो सकतीं।

अगर मैंने एक आदमी को मारा है, तो मैंने दो को मारा है––

पिशाच जिसने कहा कि वह तुम हो

और एक साल तक मेरा खून पिया,

सात साल, अगर आप जानना चाहते हैं।

डैडी, अब आप लेट सकते हैं।

आपके मोटे काले दिल में हिस्सेदारी है

और गांव वालों ने आपको कभी पसंद नहीं किया।

वे आप पर नाच रहे हैं और मुहर लगा रहे हैं।

वे हमेशा जानते थे कि यह आप थे।

डैडी, डैडी, आप कमीने, मैं कर रहा हूँ।

यीशु, एस्ट्रेला, एस्पेरांज़ा, दया:

हथियारों की तरह हवा में लहराते पाल,

बुखार और मरने के बाद कराहने वाली शार्क;

हॉरर द कॉर्पोरेंट और कंपास गुलाब।

मध्य मार्ग:

मृत्यु के माध्यम से यात्रा

इन तटों पर जीवन के लिए।

"10 अप्रैल 1800-

अश्वेत विद्रोही। चालक दल असहज। हमारे भाषाविद् कहते हैं

उनका विलाप मृत्यु के लिए प्रार्थना है,

हमारा और उनका अपना। कुछ खुद को भूखा रखने की

कोशिश करते हैं।

खोया तीन आज सुबह पागल हंसी के साथ छलांग लगा दी

प्रतीक्षा कर रहे शार्क के लिए, जैसे ही वे नीचे गए, गाया।"

इच्छा, साहसिक कार्य, तातार, ऐन:

अमेरिका के लिए खड़े होकर घर लाना

काला सोना, काला हाथीदांत, काला बीज।

उत्सव की गहराई में तेरा पिता झूठ बोलता है,

उसकी हड्डियों में से न्यू इंग्लैंड के प्यूज़ बने हैं,

वे वेदी की बत्तियाँ हैं जो उसकी आंखें थीं।

यीशु उद्धारकर्ता पायलट Me

जीवन के तूफानी समुद्र के ऊपर

हम प्रार्थना करते हैं कि आप अनुदान दें, हे प्रभु,

लाने वाले हमारे जहाजों के लिए सुरक्षित मार्ग

तेरी ताड़ना के लिए अन्यजातियों की आत्माएं।

यीशु उद्धारकर्ता

"8 घंटियाँ। मैं सो नहीं सकता, क्योंकि मैं बीमार हूँ

डर के साथ, लेकिन लिखने से डर थोड़ा कम हो जाता है

क्योंकि अब भी मेरी आंखें इन शब्दों को आकार लेते देख सकती हैं

पेज पर

और इसलिए मैं लिखता हूं, एक के रूप में।

भूत भगाने के लिए बदल जाएगा।. 4 दिन स्किडिंग,।

लेकिन अब समुद्र फिर से शांत हो गया है।. दुर्भाग्य।

शार्क (हमारी मुस्कराहट) की तरह हमारे जाग में निम्नानुसार है।

टटलरी देवता)।. हम में से कौन सा।

एक अल्बाट्रॉस को मार दिया है।? के बीच एक प्लेग।

हमारे अश्वेतों- नेत्र: अंधापन- और हम।

अंधे को कोई फायदा नहीं हुआ।.

यह फैलता है, भयानक बीमारी फैलती है।.

इसके पंजे कैप्टन से नजरें हटा चुके हैं।.आँखें।

और fo'c'sle में अंधापन है।

और हमें आने से 3 सप्ताह पहले पाल करना होगा।

बंदरगाह के लिए।."।

क्या पोर्ट हमें इंतजार कर रहा है, डेवी जोन्स '।

या घर।? मैंने स्लावर्स को बहते, बहते हुए सुना है।

हवा और तूफान और मौका, उनके चालक दल के खेल।

अंधा हो गया, जंगल नफरत करता है।

डेक पर रेंगना।.

तू कौन गलील पर चला गया।

"डिपोनेंट ने आगे कहा बेला जे।

ग्निनी तट छोड़ दिया।

पांच सौ अश्वेतों और विषम के कार्गो के साथ।

फ्लोरिडा के बैराकोन के लिए:।

"कि वहाँ शायद ही कमरे में आधे के लिए tween- डेक था।

वहाँ मवेशी चम्मच-फैशन को रोकते हैं;

कि कुछ प्यास से पागल हो गए और अपना मांस फाड़ दिया।

और खून चूसा:।

"उस क्रू और कैप्टन ने कमेलिएस्ट के साथ वासना की।

जंगली लड़कियों को केबिन में नग्न रखा गया;

वहाँ एक वे गिनी गुलाब कहा जाता था।

और उन्होंने बहुत कुछ डाला और उसके साथ झूठ बोलने के

लिए लड़े:।

"जब बो के सभी हाथ, आग की लपटों को पाइप करते हैं।

स्टारबोर्ड से फैलाना पहले से ही परे था।

नियंत्रण, नीग्रो होलिंग और उनकी जंजीर।

आग की लपटों से घिर गए:।

"जलते हुए अश्वेतों तक नहीं पहुँचा जा सकता था,।

क्रू ने जहाज को छोड़ दिया,।

उनकी चीखती हुई उपेक्षा को पीछे छोड़ते हुए,।

कैप्टन ने नशे में धुत होकर कहा:

"आगे के प्रतिपादक कहते हैं कि नहीं।.".।

पायलट ओह पायलट मी।

द्वितीय।

ऐ, बालक, और मैंने उन कारखानों को देखा है,।

गाम्बिया, रियो पोंगो, कैलाबर ;;

फँसते हुए फँसते हुए आर्टफुल मोंगोस को देखा है।

युद्ध में जिसमें विजेता और वंचित थे।

हमारे बैराकोन्स के पुरस्कार के रूप में पकड़े गए.।

निगर राजाओं को देखा है जिनकी घमंड है।

और लालच ने फेलतह की जंगली काली खाल को बदल दिया।

मंडिंगो, इबो, क्रु हमारे लिए सोने के लिए।.

और एक था- राजा एन्थ्रेसाइट हमने उसका नाम रखा-।

फ्रेंच छतरियों के नीचे बुत चेहरा।

पीतल और नारंगी मखमली, अभेद्य मुंह।

जिनके कप दुश्मनों की खोपड़ी थे:।

वह हमें ड्रम और दावत और कोन्जो के साथ सम्मानित
करता है।

और ताड़-तेल-ग्लेनिंग वेन्यू प्यार में बह गए,।

और टिन के मुकुट के लिए जो पेस्ट के साथ चमकते हैं,।

लाल कैलिको और जर्मन-सिल्वर ट्रिंकेट।

ड्रम बात युद्ध और भेज देंगे।

सोते हुए गांवों को जलाने के लिए उनके योद्धा।

और बीमार और बूढ़े को मार डालो और युवा का नेतृत्व करो।

हमारे कारखानों को ताबूतों में।.

बीस साल एक व्यापारी, बीस साल,।

वहाँ फसल के लिए धन की कमी थी।

उन काले क्षेत्रों से, और मैं अभी भी व्यापार कर रहा हूँ।

लेकिन बुखार के लिए मेरी हड्डियों को पिघलाना।.

तृतीय।

इतिहास के कमाल के करघे में शुटल्स,।

अंधेरे जहाज चलते हैं, अंधेरे जहाज चलते हैं,।

उनके उज्ज्वल विडंबनापूर्ण नाम।

एक हत्यारे के मुंह पर दया के मजाक की तरह;

की ओर जोर से चमक के माध्यम से हल।

फांटा मॉर्गन का शानदार पिघलता किनारा,

नई दुनिया के littorals की ओर बुनाई जो हैं।

मृगतृष्णा और मिथक और वास्तविक तट।.

मृत्यु के माध्यम से यात्रा,।

यात्रा जिसका चार्ट अनलोवे है।.

एक चारनेल बदबू, जीवित मृत्यु का प्रवाह।

पकड़ से बाहर की ओर फैलता है,।

जहाँ जीवित और मृत, बुरी तरह से मर रहा है,।

झूठ बोलना, खून और मलमूत्र के साथ झूठ बोलना।.

अपने पिता के झूठ बोलने वाले को पकड़ने में गहरी,।

दया की लाश उसके साथ घूमती है,।

चूहे प्यार की सड़ी हुई आँखों को खाते हैं।.

लेकिन, ओह, जीवित आप पर देखो।

मानवीय आँखों से जिसका दुख आप पर आरोप लगाता है,।

जिसकी घृणा अंधेरे के झोंके से होकर पहुंचती है।

आपको कोढ़ी के पंजे की तरह मारना है।.

आप उस नफरत को नहीं रोक सकते।

या घड़ियों को डंठल देने वाले डर को चेन करें।

और तुम पर सांस लेता है इसकी सांस झुलसाने की सांस ;;

गहरी अमर मानव इच्छा को नहीं मार सकता,।

कालातीत होगा।.

"लेकिन तूफान के लिए जो बाधाओं को दूर करता है।

हवा और लहर की, द अमिस्ताद, सीनोरेस,।

दो में प्रिंसीप के बंदरगाह तक पहुँच गया होगा,।

तीन दिन सबसे अधिक; लेकिन तूफान के लिए हमें चाहिए।

क्या befell के लिए तैयार किया गया है।.

प्यूमा की छलांग के रूप में स्विफ्ट आया।. वहाँ था।

चांदनी शांत का वह अंतराल ही भरा।

पानी और हेराफेरी की सामान्य ध्वनियों के साथ,

फिर अचानक आंदोलन, मारपीट और रोना रोता है।

और वे हम पर मचे के साथ गिर गए थे।

और मार्लिंसपाइक।. यह ऐसा था जैसे कि बहुत।

हवा, रात ही हमें मार रही थी।.

तूफान की कठोरता से थका हुआ,।

हमारा उनसे कोई मुकाबला नहीं था।. हमारे आदमी नीचे चले गए।

जानलेवा अफ्रीकियों से पहले।. हमारा वफादार।

सेलेस्टिनो बंदूक के साथ नीचे से भाग गया।

और लालटेन और मैंने देखा, बेंत से पहले-।

चाकू का जख्म फ्लैश, Cinquez,

वह खुद को राजकुमार कहता है, जो बहुत ही क्रूर है।

निर्देशन, उत्साहपूर्वक काम पर आग्रह करना।.

उसने गरीब मुलतो को हैक कर लिया, और फिर।

उसने मुझे चालू कर दिया।. डेक फिसलन थे।

जब दिन का उजाला आखिरकार आया।. यह मुझे बीमार करता है।

मैंने जो देखा, उसके बारे में सोचने के लिए कि ये वानर कैसे हैं।

के कसाई शरीर पर फेंक दिया।

हमारे आदमी, सच्चे ईसाई सभी, इतने जेट्सम की तरह।

पर्याप्त पर्याप्त।. बाकी जल्दी से बताया गया है:।

Cinquez को हम दोनों को छोड़ने के लिए मजबूर किया गया था।

आप अफ्रीका के लिए जहाज चलाने के लिए देखते हैं,।

और हम समुद्र को भूनने के लिए प्रेत पसंद करते हैं।

दिन और पश्चिम में रात तक पूर्व की ओर यात्रा की।

उन्हें धोखा देना, बचाव की उम्मीद करना,।

हमारे अपने जहाज पर कैदी, तक।

लंबाई में हम इस के किनारे पर चले गए।

आपकी भूमि, अमेरिका, जहां हमें मुक्त किया गया था।

हमारे अकथनीय दुख से।. अब हम।

मांग, अच्छे साहब, का प्रत्यर्पण।

Cinquez और उनके साथी ला के लिए।

हवाना।. और यह हमें जानने के लिए परेशान करता है।

यहाँ बहुत सारे हैं जो इच्छुक लगते हैं।

इन अश्वेतों के विद्रोह को सही ठहराने के लिए।.

हम इसे वास्तव में विरोधाभासी पाते हैं।

कि तुम किसके धन, स्वतंत्रता के वृक्ष हो।

अपने दासों के श्रम में निहित हैं।

अगस्त जॉन क्विंसी एडम्स को पीड़ित करना चाहिए।

अधिकार के इतने जुनून के साथ बोलने के लिए।

अपने वैध आकाओं को मारने के लिए चेटेल दास।

और अपने रोमन बयानबाजी के साथ एक नायक बुनाई।

Cinquez के लिए माला।. मैं तुमसे कहता हूं कि

हम क्यूबा लौटने के लिए दृढ़ हैं।

हमारे दासों के साथ और वहाँ न्याय करते हुए देखें।.

Cinquez-।

या हम कहते हैं कि 'राजकुमार' - Cinquez मर जाएगा।"।

गहरी अमर मानव इच्छा,।

कालातीत होगा:।

जीवन अपनी मृत्युहीन आदिम छवि,।

जीवन जो कई जीवन को बदल देता है।.

मृत्यु के माध्यम से यात्रा।

इन तटों पर जीवन के लिए।.

एक ब्लैकबर्ड को देखने के तेरह तरीके।

प्रथम।

बीस बर्फीले पहाड़ों के बीच,।

केवल चलती चीज।

ब्लैकबर्ड की आंख थी।.

द्वितीय।

मैं तीन दिमागों का था,।

एक पेड़ की तरह।

जिसमें तीन ब्लैकबर्ड हैं।.

तृतीय।

शरद ऋतु की हवाओं में ब्लैकबर्ड फुसफुसाया।.

यह पैंटोमाइम का एक छोटा सा हिस्सा था।.

चतुर्थ।

एक पुरुष और एक महिला।

एक हैं।.

एक पुरुष और एक महिला और एक ब्लैकबर्ड।

एक हैं।.

वी।

मुझे नहीं पता कि किसे पसंद करना है,।

विभक्ति की सुंदरता।

या मासूमों की सुंदरता,।

ब्लैकबर्ड सीटी बजाता है।

या बस के बाद।.

छठी।

आइकनों ने लंबी खिड़की को भर दिया।

बर्बर कांच के साथ।.

ब्लैकबर्ड की छाया।

इसे पार किया, और करने के लिए।.
मनोदशा।
छाया में खोजा गया।
एक अशोभनीय कारण।.
सातवीं।
हे हद्दाम के पतले आदमी,।
आप सुनहरे पक्षियों की कल्पना क्यों करते हैं।?
क्या आप नहीं देखते कि ब्लैकबर्ड कैसे है।
पैरों के चारों ओर चलता है।
आपके बारे में महिलाओं की।?
आठवीं।
मैं नेक लहजे को जानता हूं।
और स्पष्ट, अपरिहार्य लय ;;
लेकिन मुझे भी पता है,।
कि ब्लैकबर्ड शामिल है।
मुझे क्या पता है।.
नौवीं।
जब ब्लैकबर्ड दृष्टि से बाहर उड़ गया,।
इसने किनारे को चिह्नित किया।
कई हलकों में से एक।.
एक्स।
ब्लैकबड्र्स की नजर में।
हरी बत्ती में उड़ना,।
यहां तक कि युफोनी के बाज भी।
तेजी से रोएगा।.
ग्यारहवीं।
वह कनेक्टिकट पर सवार हो गया।

एक ग्लास कोच में।.

एक बार, एक डर ने उसे छेद दिया,।

उसमें उसने गलती की।

उसके लैस की छाया।

ब्लैकबड्र्स के लिए।.

बारहवीं।

नदी चलती है।.

ब्लैकबर्ड उड़ रहा होगा।.

तेरहवें।

पूरी दोपहर शाम थी।.

बर्फबारी हो रही थी।

और बर्फ जा रही थी।.

ब्लैकबर्ड बैठ गया।

देवदार-अंगों में।

फिर भी मैं उठता हूं

मुझे इतिहास में लिख सकते हैं।

अपने कड़वे, मुड़ झूठ के साथ,।

आप मुझे बहुत गंदगी में फंसा सकते हैं।

लेकिन फिर भी, धूल की तरह, मैं उठूंगा।.

क्या मेरी बेचैनी आपको परेशान करती है।?

आप निराशा से क्यों घिरे हैं।?

'क्योंकि मैं चलता हूं जैसे मुझे तेल के कुएं मिले हैं।

मेरे लिविंग रूम में पंपिंग।.

जैसे चन्द्रमा और सूर्य की तरह,।

ज्वार की निश्चितता के साथ,।

जैसे उम्मीदें ऊंची हो रही हैं,।

फिर भी मैं उठूंगा।.

क्या आप मुझे टूटा हुआ देखना चाहते थे।?

सिर झुकाकर आँखें नीची कर ली।?

कंधे अश्रु की तरह नीचे गिर रहे हैं,।

मेरी आत्मा रोती है।?

क्या मेरी घृणा आपको नाराज करती है।?

क्या आप इसे बहुत मुश्किल नहीं लेते हैं।

'क्योंकि मुझे हंसी आती है जैसे मुझे सोने की खदानें मिली हैं।

आप मुझे अपने शब्दों से गोली मार सकते हैं,।

तुम मुझे अपनी आँखों से काट सकते हो,।

आप मुझे अपनी घृणा से मार सकते हैं,।

लेकिन फिर भी, हवा की तरह, मैं उठूंगा।.

क्या मेरी कामुकता आपको परेशान करती है।?

क्या यह आश्चर्य की बात है।

कि मैं ऐसे नाचता हूं जैसे मुझे हीरे मिले हैं।

मेरी जांघों की बैठक में।?

इतिहास की शर्म की झोपड़ियों से बाहर।

मैं उठता हूं।

अतीत से जो दर्द में निहित है।

मैं उठता हूं।

मैं एक काला सागर, छलांग और चौड़ा हूँ।

वेलिंग और सूजन में ज्वार में सहन करता हूं।.

आतंक और भय की रातों को पीछे छोड़ते हुए।

मैं उठता हूं।

एक दिन में जो चमत्कारिक रूप से स्पष्ट है।

मैं उठता हूं।

मेरे पूर्वजों ने जो उपहार दिए, उन्हें लाना।

मैं गुलाम का सपना और आशा हूं।.

मैं उठता हूं।

मैं उठता हूं।।

मैंने अपनी पीढ़ी के सबसे अच्छे दिमाग को पागलपन से नष्ट होते देखा, हिस्टेरिकल नग्न भूख से मर रहा था,।

एक गुस्से में फिक्स की तलाश में सुबह नीग्रो सड़कों के माध्यम से खुद को घसीटना,।

रात की मशीनरी में तारों वाले डायनेमो के लिए प्राचीन स्वर्गीय कनेक्शन के लिए जलने वाले एंजलहेड हिपस्टर्स।

जो गरीबी और छेड़छाड़ और खोखली आंखों वाले और उच्च जाज वाले शहरों के शीर्ष पर तैरते ठंडे पानी के फ्लैटों के अलौकिक अंधेरे में धूम्रपान करते थे, जो जाज पर विचार करते थे।

जिन्होंने एल के नीचे स्वर्ग में अपने दिमाग को रोक दिया और देखा कि मोहम्मडन स्वर्गदूतों ने छत की छतों पर रोशनी डाली।

जो युद्ध के विद्वानों के बीच अर्कांसस और ब्लेक-लाइट त्रासदी को दर्शाते हुए उज्ज्वल शांत आंखों वाले विश्वविद्यालयों से गुजरे।

जिन्हें खोपड़ी की खिड़कियों पर पागल और प्रकाशन अश्लील ऑड्स के लिए अकादमियों से निष्कासित कर दिया गया था।

जो अंडरवियर में अनचाहे कमरों में रहते थे, वे अपने पैसे को कचरे के ढेर में जलाते थे और दीवार के माध्यम से आतंक को सुनते थे,।

जो न्यूयॉर्क के लिए मारिजुआना की एक बेल्ट के साथ लारेडो के माध्यम से लौट रहे अपने जघन दाढ़ी में पर्दाफाश हो गया।

जिन्होंने पैराडाइज गली में पेंट होटल में आग खा ली या तारपीन पी लिया, मौत हो गई, या रात के बाद अपने टॉरोस को

शुद्ध कर दिया।

सपने के साथ, ड्रग्स के साथ, बुरे सपने, शराब और मुर्गा और अंतहीन गेंदों के साथ,।

कनाडा और पैटर्सन के ध्रुवों की ओर छलांग लगाते हुए बादल और बिजली की अतुलनीय अंधी सड़कें, समय के बीच की सभी गतिहीन दुनिया को रोशन करती हैं।

हॉल, पिछवाड़े के हरे पेड़ के कब्रिस्तान की खूंटे, छतों पर शराब की नशे, शराब की भठ्ठी, चाय के शौकीनों के स्टोरफ्रंट बोरो, नीयन ब्लिंकिंग ट्रैफिक लाइट, सूरज और चाँद और पेड़ के कंपन ब्रुकलिन के गर्जन वाले सर्दियों के डस्क, राख के रंग और मन के राजा प्रकाश में। ।

जो बैटरी से पवित्र ब्रोंक्स के लिए बेन्जरीन पर अंतहीन सवारी के लिए खुद को उप-मार्गों तक जंजीर में बांधते हैं, जब तक कि पहियों और बच्चों के शोर ने उन्हें मुंह से फटा और दिमाग की धधकती हुई परत को चिड़ियाघर के प्रकाश में चमक से सूखा दिया।

जो पूरी रात बिकफोर्ड की पनडुब्बी की रोशनी में डूब गया और उजाड़ फुगाज़ी में बासी बीयर दोपहर के माध्यम से बैठा, हाइड्रोजन ज्यूकबॉक्स पर कयामत की दरार को सुनकर।

जिन्होंने पार्क से पैड तक लगातार सत्तर घंटे तक बेलव्यू से संग्रहालय तक ब्रुकलिन ब्रिज तक बात की।

प्लैटोनिक संवादीवादियों की एक खोई हुई बटालियन आग से नीचे कूदती है, जो साम्राज्य से बाहर चंद्रमा से बाहर खिड़कियों से भाग जाती है।

चिल्लाती हुई उल्टी फुसफुसाते हुए तथ्य और यादें और उपाख्यान और नेत्रगोलक और अस्पतालों और जेलों और युद्धों के झटके,।

पूरी बुद्धि सात दिनों और रातों के लिए शानदार आँखों से याद करती है, फुटपाथ पर आराधनालय के लिए मांस,।

जो अटलांटिक सिटी हॉल के अस्पष्ट चित्र पोस्टकार्ड के निशान को छोड़कर ज़ेन न्यू जर्सी में गायब हो गया।

नेवार्क के धूमिल सुसज्जित कमरे में कबाड़-निकासी के तहत पूर्वी पसीने और टैंगेरियन हड्डी-पीस और चीन के माइग्रेन से पीड़ित।

जो आधी रात को रेल यार्ड में इधर-उधर भटकता रहा, सोचता रहा कि कहां जाना है, और चला गया, कोई टूटा हुआ दिल नहीं,।

जो दादाजी रात में लोनसम खेतों की ओर बर्फ के माध्यम से बॉक्सकार बॉक्सकार में सिगरेट जलाते हैं, वे बर्फ के माध्यम से रैकेटिंग करते हैं।

जिन्होंने प्लोटिनस पो सेंट का अध्ययन किया. क्रॉस टेलीपैथी के जॉन और बोप कबला क्योंकि ब्रह्मांड सहज रूप से कंसास में अपने पैरों पर कंपन करता था,।

जिन्होंने इसे इदाहो की सड़कों के माध्यम से दूरदर्शी भारतीय स्वर्गदूतों की तलाश में रखा, जो दूरदर्शी भारतीय स्वर्गदूत थे।

किसने सोचा था कि वे केवल पागल थे जब बाल्टीमोर अलौकिक परमानंद में चमकता था,।

जो सर्दियों की आधी रात की सड़क पर छोटे शहर की बारिश के आवेग पर ओक्लाहोमा के चाइनामैन के साथ लिमोसिन में कूद गया।

जिसने ह्यूस्टन के माध्यम से जैज़ या सेक्स या सूप की तलाश में भूख और अकेलापन देखा, और अमेरिका और अनंत काल के बारे में समझाने के लिए शानदार स्पैनियार्ड का अनुसरण किया, एक निराशाजनक कार्य, और इसलिए अफ्रीका के लिए जहाज ले लिया।

जो मेक्सिको के ज्वालामुखियों में गायब हो गए, लेकिन कुछ भी नहीं छोड़ रहे थे, लेकिन डूंगरियों की छाया और लावा और चिमनी शिकागो में बिखरी हुई कविता की राख।

जो वेस्ट कोस्ट पर फिर से प्रकट हुए, एफबीआई की दाढ़ी और शॉर्ट्स में बड़ी शांतिवादी आँखों के साथ अपनी अंधेरे त्वचा में सेक्सी दिखने वाली पत्ती से गुजरते हुए, फिर से जांच की।

जिन्होंने पूंजीवाद के मादक तंबाकू धुंध का विरोध करते हुए अपनी बाहों में सिगरेट के छेद जलाए।

जिन्होंने यूनियन स्क्वायर में सुपरकोमुनिस्ट पैम्फलेट वितरित किए और रोते हुए और लॉस एलामोस के सायरन ने उन्हें नीचे गिरा दिया, और वॉल को नीचे गिरा दिया, और स्टेटन द्वीप नौका भी चली गई।

जो अन्य कंकालों की मशीनरी से पहले नग्न और कांपते हुए सफेद व्यायामशालाओं में रोते हुए टूट गया।

जो गर्दन में थोड़ा सा जासूस और बिना किसी अपराध के पुलिसकर्मियों में खुशी के साथ चिल्लाया, लेकिन अपने स्वयं के जंगली खाना पकाने के पेडरस्टी और नशा,।

जो मेट्रो में अपने घुटनों पर बैठे थे और छत से गुप्तांग और पांडुलिपियों को घसीटते हुए खींचे गए थे।

जो खुद को संत मोटरसाइकिल चालकों द्वारा गधे में गड़बड़ कर दिया, और खुशी से चिल्लाया,।

जो उड़ा दिया और उन मानव सेराफिम, नाविकों, अटलांटिक और कैरेबियन प्यार के चिंतकर द्वारा उड़ा दिया गया था।

जो रोजगार्डन में शाम को सुबह में रुकते हैं और सार्वजनिक पार्कों और कब्रिस्तानों की घास उनके वीर्य को स्वतंत्र रूप से बिखेरते हैं जो आ सकते हैं।

जो हिचकी लेने की कोशिश कर रहा था, लेकिन तुर्की स्नान में एक विभाजन के पीछे एक घाव के साथ घाव हो गया जब गोरा और नग्न परी उन्हें तलवार से छेदने के लिए आया,।

जो भाग्य के तीन पुराने shrews के लिए अपने loveboys खो दिया है एक विषमलैंगिक डॉलर की एक आंख shrew एक आंख को हिला दिया है कि गर्भ से बाहर निकलता है और एक आंख को हिलाया है जो कुछ भी नहीं करता है लेकिन उसकी गांड पर बैठते हैं और बौद्धिक सुनहरे धागे को स्निप करते हैं । शिल्पकार की करघा।,जो एक बोतल के साथ एक मिठाई के साथ एक मिठाई सिगरेट का एक पैकेज के साथ एक मिठाई और कपटपूर्ण नकल करते हैं और बिस्तर से गिर गए।, और फर्श के साथ और हॉल के नीचे जारी रखा और परम योनी की दृष्टि से दीवार पर बेहोशी समाप्त कर दी और चेतना के अंतिम जिम को बाहर निकाल दिया।,जिन्होंने सूर्यास्त में कांपती एक लाख लड़कियों के स्नैच को मीठा किया, और सुबह लाल आंखों वाले थे, लेकिन सूर्योदय के स्नैच को मीठा करने के लिए तैयार थे, खलिहान के नीचे नितंबों को चमकाने और झील में नग्न।

जो असंख्य चोरी की रात-कारों में कोलोराडो के माध्यम से बाहर चला गया।, एन.सी, इन कविताओं के गुप्त नायक।, डेनवर के कॉकसमैन और एडोनिस।–खाली लॉट और डिनर बैकयार्ड में लड़कियों की अपनी असंख्य इच्छाओं की याद में खुशी।, मूवीहाउस की रिक्की पंक्तियाँ।, गुफाओं में पर्वतों पर या परिचित सड़क के किनारे अकेले पेटीकोट उत्थान और विशेष रूप से जॉन्स के गुप्त गैस-स्टेशन सॉलिपिज़्म में वेट्रेस के साथ।, और गृहनगर भी।,जो विशाल घिनौनी फिल्मों में फीका पड़ गया, उसे सपनों में स्थानांतरित कर दिया गया, अचानक मैनहट्टन पर जगाया गया, और खुद को बेसमेंट से बाहर निकाल दिया, जो हृदयहीन टोकय

और थर्ड एवेन्यू लोहे के सपनों की भयावहता के साथ लटका दिया और बेरोजगारी कार्यालयों में ठोकर खाई।

जो पूरी रात स्नोबैंक डॉक पर खून से भरे अपने जूतों के साथ चले, वे स्टीम-हीट और अफीम से भरे कमरे में खुलने के लिए पूर्वी नदी में एक दरवाजे की प्रतीक्षा कर रहे थे।

जिन्होंने चंद्रमा के युद्धकालीन नीले रंग की बाढ़ के नीचे हडसन के अपार्टमेंट क्लिफ-बैंकों पर महान आत्मघाती नाटक बनाए और उनके सिर को गुमनामी में लॉरेल के साथ ताज पहनाया जाएगा।

जिसने कल्पना के मेमने को खा लिया या बोवेरी की नदियों के मैला तल पर केकड़े को पचा लिया।

जो प्याज और खराब संगीत से भरे अपने पुशकार्ट के साथ सड़कों के रोमांस पर रोते थे,।

जो पुल के नीचे अंधेरे में सांस लेने वाले बक्से में बैठे थे, और अपने लोफ्ट में हार्पसीकोर्ड बनाने के लिए उठे,।

जो हार्लेम की छठी मंजिल पर स्थित था, वह धर्मशास्त्र के नारंगी बक्से से घिरे ट्यूबरकुलर आकाश के नीचे लौ से ताज पहनाया गया था।

जो पूरी रात पत्थरबाजी करते थे और बुलंद भस्मीकरण पर लुढ़कते थे, जो पीले रंग की सुबह में गिबरिश के श्लोक थे।

जो सड़े हुए जानवरों को फेफड़े के दिल के पैरों की पूंछ बोरश और टॉर्टिला को शुद्ध सब्जी राज्य का सपना देखते हैं,।

जो एक अंडे की तलाश में मांस ट्रकों के नीचे खुद को डुबो देता है,।

जिन्होंने समय के बाहर अनंत काल के लिए अपना मतपत्र डालने के लिए छत से अपनी घड़ियों को फेंक दिया, और अगले दशक के लिए हर दिन अलार्म की घड़ियां उनके सिर पर गिर

गईं।

जिन्होंने अपनी कलाई को तीन बार क्रमिक रूप से असफल कर दिया, उन्होंने हार मान ली और एंटीक स्टोर खोलने के लिए मजबूर हो गए जहां उन्हें लगा कि वे बूढ़े हो रहे हैं और रो रहे हैं।

मैडिसन एवेन्यू पर अपने निर्दोष फलालैन सूट में जिंदा जलाए गए थे, जिसमें प्रमुख कविता के विस्फोट और फैशन के लोहे के रेजिमेंट के टैंक-अप क्लैटर और विज्ञापन की परियों के नाइट्रोग्लिसरीन चीखें और भयावह बुद्धिमान संपादकों की सरसों गैस थी।, या निरपेक्ष वास्तविकता के शराबी टैक्सी द्वारा चलाए गए थे।,जो ब्रुकलिन ब्रिज से कूद गया, वह वास्तव में हुआ और अज्ञात रूप से चला गया और चाइनाटाउन सूप गली और फायरट्रक के भूतिया टकटकी में भूल गया, यहां तक कि एक भी मुफ्त बीयर नहीं।

जिन्होंने निराशा में अपनी खिड़कियों से बाहर गाया।, मेट्रो की खिड़की से बाहर गिर गया।, गंदी Passaic में कूद गया।, नीग्रो पर छलांग लगाई।, सड़क पर रोया।, टूटे हुए शराब के चश्मे पर नृत्य किया नंगे पांव उदासीन यूरोपीय 1930 के दशक के फोनोग्राफ रिकॉर्ड को तोड़ दिया जर्मन जैज ने व्हिस्की को समाप्त कर दिया और खूनी शौचालय में कराहना शुरू कर दिया।, उनके कानों में विलाप और कोलोसल स्टीविविस्टल का विस्फोट।,जो अतीत के राजमार्गों को एक-दूसरे के हॉटरोड-गोलगोथा जेल-एकांत घड़ी या बर्मिंघम जैज अवतार के लिए यात्रा करते हैं,।

जिसने यह पता लगाने के लिए कि क्या मेरे पास कोई विजन है या आपके पास कोई विजन है या उसके पास अनंत काल का पता लगाने के लिए एक दृष्टि है, को पार करने के लिए सतर घंटे का समय दिया।

डेनवर की यात्रा करने वाले, जो डेनवर में मारे गए, जो डेनवर वापस आए और व्यर्थ में इंतजार किया, जिन्होंने डेनवर पर देखा और डेनवर में लताड़ा और अंत में समय का पता लगाने के लिए चले गए, और अब डेनवर अपने नायकों के लिए अकेला है,।

जो एक दूसरे के उद्धार और प्रकाश और स्तनों के लिए प्रार्थना करते हुए निराशाजनक कैथेड्रल में अपने घुटनों पर गिर गए, जब तक कि आत्मा ने एक सेकंड के लिए अपने बालों को रोशन नहीं किया।

जो जेल में अपने दिमाग के माध्यम से दुर्घटनाग्रस्त हो गए, वे सुनहरे सिर के साथ असंभव अपराधियों की प्रतीक्षा कर रहे थे और उनके दिलों में वास्तविकता का आकर्षण था, जिन्होंने अलकाट्राज़ को मीठे ब्लूज़ गाए थे।

जो मेक्सिको में सेवानिवृत्त हुए।

एक आदत, या रॉकी माउंट को लड़कों या दक्षिणी प्रशांत को काले लोकोमोटिव या हार्वर्ड से नार्सिसस से वुडलोन तक डेज़ीचेन या कब्र के लिए निविदा करने के लिए।

जिन्होंने सम्मोहन के रेडियो पर आरोप लगाते हुए पवित्रता परीक्षण की मांग की और उनके पागलपन और उनके हाथों और एक त्रिशंकु जूरी के साथ छोड़ दिया गया।

जिन्होंने दादावाद पर CCNY व्याख्याताओं पर आलू का सलाद फेंका और बाद में खुद को पागल सिर के ग्रेनाइट चरणों पर प्रस्तुत किया और आत्महत्या के कठोर भाषण के साथ तात्कालिक लोबोटॉमी की मांग की।

और जो इंसुलिन Metrazol बिजली हाइड्रोथेरेपी मनोचिकित्सा व्यावसायिक चिकित्सा पिंगपोंग और भूलने की बीमारी के ठोस शून्य के बजाय दिए गए थे।

जो हास्यहीन विरोध में केवल एक प्रतीकात्मक पिंगपोंग तालिका को पलट दिया, कैटेटोनिया में संक्षेप में आराम कर रहा था,।

वर्षों बाद वास्तव में गंजा हो जाता है, खून की एक विग को छोड़कर, और आँसू और उंगलियां, पूर्व के पागल शहरों के वार्डों के दृश्यमान पागल कयामत तक।

पिलग्रिम स्टेट के रॉकलैंड और ग्रीस्टोन के भ्रूण हॉल, आत्मा की गूँज के साथ टकराते हुए, आधी रात को एकांत-बेंच डोलमेन-प्रेम के क्षेत्र में पत्थरबाजी और लुढ़कते हुए, जीवन का एक बुरा सपना, शरीर चंद्रमा की तरह भारी हो गया।

माँ के साथ आखिरकार ******।, और आखिरी शानदार किताब टेनमेंट विंडो से बाहर निकली।, और आखिरी दरवाजा 4 ए.एम. और अंतिम टेलीफोन उत्तर में दीवार पर पटक दिया गया और अंतिम सुसज्जित कमरा मानसिक फर्नीचर के अंतिम टुकड़े तक खाली हो गया।, एक पीले कागज कोठरी में एक तार हैंगर पर मुड़ गया।, और वह भी काल्पनिक।, मतिभ्रम के एक उम्मीद के अलावा कुछ भी नहीं।–आह, कार्ल, जबकि आप सुरक्षित नहीं हैं, मैं सुरक्षित नहीं हूं, और अब आप वास्तव में समय के कुल पशु सूप में हैं-

और जो बर्फीले सड़कों के माध्यम से भाग गया।, वह दीर्घवृत्त कैटलॉग के उपयोग की कीमिया के अचानक फ्लैश के साथ एक चर उपाय और हिल विमान, के साथ जुड़ा हुआ था।

जो सपने देखते थे और छवियों के माध्यम से टाइम एंड स्पेस में अवतार अंतराल बनाते थे, और 2 दृश्य छवियों के बीच आत्मा के आर्कहेल को फँसाते थे और मौलिक क्रियाओं में शामिल हो जाते थे और पेटर ओम्निपोटेंस एटेर्ना डेस की सनसनी के साथ कूदने के साथ चेतना की संज्ञा और डैश सेट करते थे।

गरीब मानव गद्य के वाक्यविन्यास और माप को फिर से बनाने के लिए और अवाक और बुद्धिमान होने से पहले खड़े होकर शर्म से झटकों को खारिज कर दिया, फिर भी आत्मा को उसके नग्न और अंतहीन सिर में विचार की लय के अनुरूप स्वीकार किया।

पागल चूतड़ और परी समय में हरा, अज्ञात, अभी तक यहाँ डाल दिया क्या मृत्यु के बाद आने वाले समय में कहने के लिए छोड़ दिया जा सकता है,।

और बैंड के गोल्डहॉर्न छाया में जैज़ के भूतिया कपड़ों में पुनर्जन्म हुआ और एक एली एली लामा लाम्मा सबैक्टानी सैक्सोफोन रोने में प्यार के लिए अमेरिका के नग्न दिमाग की पीड़ा को उड़ा दिया जिसने शहरों को अंतिम रेडियो तक पहुंचा दिया।

जीवन की कविता के पूर्ण दिल के साथ एक हजार साल खाने के लिए अपने स्वयं के शरीर से बाहर कसाई।.

द्विवतीय।

सीमेंट और एल्युमीनियम की स्फिंक्स ने उनकी खोपड़ी को खोल दिया और उनके दिमाग और कल्पना को खा लिया।?

Moloch।! एकांत।! गंदगी।! बदसूरती।! Ashcans और अप्राप्य डॉलर।! सीढ़ी के नीचे चिल्लाते बच्चे।! सेनाओं में डूबते लड़के।! बूढ़े लोग पार्कों में रोते हैं।!

Moloch।! Moloch।! मोलोच का दुःस्वप्न।! मोलोच लवलेस।! मानसिक मोलोच।! पुरुषों के भारी न्यायधीश मोलोच।!

मोलोच अतुलनीय जेल।! मोलोच क्रॉसबोन सौलस जेलहाउस और दुखों की कांग्रेस।! मोलोच जिनकी इमारतें निर्णय हैं।! युद्ध का विशाल पत्थर मोलोच।! स्तब्ध सरकारों को मोलोच करें।!

मोलोच जिसका मन शुद्ध मशीनरी है।! मोलोच जिसका खून चल रहा है।! मोलोच जिसकी उंगलियां दस सेनाएं हैं।! मोलोच जिसका स्तन नरभक्षी डायनेमो है।! मोलोच जिसका कान एक धूम्रपान कब्र है।!

मोलोच जिसकी आँखें एक हजार अंधी खिड़कियां हैं।! मोलोच जिनके गगनचुंबी इमारतें अंतहीन यहोवा की तरह लंबी सड़कों पर खड़ी हैं।! मोलोच जिनके कारखाने कोहरे में सपने देखते हैं और क्रैक करते हैं।! मोलोच जिनके धुएं- ढेर और एंटीना शहरों का ताज पहनते हैं।!

मोलोच जिसका प्यार अंतहीन तेल और पत्थर है।! मोलोच जिसकी आत्मा बिजली और बैंक हैं।! मोलोच जिसकी गरीबी प्रतिभा का दर्शक है।! मोलोच जिसका भाग्य सेक्सलेस हाइड्रोजन का एक बादल है।! मोलोच जिसका नाम माइंड है।!

मोलोच जिसमें मैं अकेला बैठता हूं।! मोलोच जिसमें मैं एन्जिल्स का सपना देखता हूं।! मोलोच में पागल।! मोलोच में कॉकसकर।! मोलोच में अभाव और मानव रहित।!

मोलोच जिसने मेरी आत्मा में जल्दी प्रवेश किया।! मोलोच जिसमें मैं एक शरीर के बिना एक चेतना हूं।! मोलोच जिसने मुझे मेरे प्राकृतिक परमानंद से डरा दिया।! मोलोच जिसे मैंने त्याग दिया।! मोलोच में जागो।! आकाश से प्रकाश स्ट्रीमिंग।!

Moloch।! Moloch।! रोबोट अपार्टमेंट।! अदृश्य उपनगर।! कंकाल के खजाने।! अंधा राजधानियाँ।! राक्षसी उद्योग।! वर्णक्रमीय राष्ट्र।! अजेय पागलखानों।! ग्रेनाइट लंड।! राक्षसी बम।!

उन्होंने मोलोच को स्वर्ग में उठाते हुए अपनी पीठ तोड़ दी।! फुटपाथ, पेड़, रेडियो, टन।! शहर को स्वर्ग में ले जाना जो मौजूद है और हमारे बारे में हर जगह है।!

दर्शन।। omens।। मतिभ्रम।। चमत्कार।। परमानंद।। अमेरिकी नदी के नीचे चला गया।।

सपने।। adorations।। रोशनी।। धर्मों।। संवेदनशील बकवास का पूरा बोझ।।

निर्णायक।। नदी के ऊपर।। फ़िलप और क्रूस।। बाढ़ से नीचे चला गया।। उच्च।। एपिफेन्स।। निराशा।। दस साल की पशु चीख और आत्महत्या।। मन।। नया प्यार करता है।। पागल पीढ़ी।। समय की चट्टानों पर नीचे।।

नदी में असली पवित्र हँसी।। उन्होंने यह सब देखा।। जंगली आँखें।। पवित्र चिल्लाता है।। उन्होंने विदाई ली।। वे छत से कूद गए।। एकांत में।। लहराते।। फूल लेकर।। नदी के नीचे।। गली में।।

तृतीय।

कार्ल सोलोमन।। मैं रॉकलैंड में आपके साथ हूं।

तुम मुझसे ज्यादा पागल हो।

मैं रॉकलैंड में आपके साथ हूं।

जहाँ आपको बहुत अजीब लग रहा होगा।

मैं रॉकलैंड में आपके साथ हूं।

जहाँ आप मेरी माँ की छाया की नकल करते हैं।

मैं रॉकलैंड में आपके साथ हूं।

जहाँ आपने अपने बारह सचिवों की हत्या की है।

मैं रॉकलैंड में आपके साथ हूं।

जहाँ आप इस अदृश्य हास्य पर हँसते हैं।

मैं रॉकलैंड में आपके साथ हूं।

जहां हम एक ही भयानक टाइपराइटर पर महान लेखक हैं।

मैं रॉकलैंड में आपके साथ हूं।

जहां आपकी स्थिति गंभीर हो गई है और रेडियो पर रिपोर्ट की गई है।

मैं रॉकलैंड में आपके साथ हूं।

जहां खोपड़ी के संकाय अब इंद्रियों के कीड़े को स्वीकार नहीं करते हैं।

मैं रॉकलैंड में आपके साथ हूं।

जहाँ आप यूटिका के स्पिनर के स्तनों की चाय पीते हैं।

मैं रॉकलैंड में आपके साथ हूं।

जहां आप अपने नर्सों के शवों को ब्रोंक्स की वीणा पर सजाते हैं।

मैं रॉकलैंड में आपके साथ हूं।

जहाँ आप एक स्ट्रेटजैकेट में चिल्लाते हैं कि आप रसातल के वास्तविक पिंगपोंग का खेल खो रहे हैं।

मैं रॉकलैंड में आपके साथ हूं।

जहां आप कैटेटोनिक पियानो पर धमाका करते हैं, आत्मा निर्दोष और अमर है, इसे सशस्त्र पागलखाने में कभी भी नहीं मरना चाहिए।

मैं रॉकलैंड में आपके साथ हूं।

जहां पचास और झटके आपकी आत्मा को उसके तीर्थयात्रा से फिर से शून्य में एक क्रॉस पर वापस नहीं करेंगे।

मैं रॉकलैंड में आपके साथ हूं।

जहां आप अपने डॉक्टरों पर पागलपन का आरोप लगाते हैं और फासीवादी राष्ट्रीय गोलगोथा के खिलाफ हिब्रू समाजवादी क्रांति की साजिश रचते हैं।

मैं रॉकलैंड में आपके साथ हूं।

जहाँ आप लांग आईलैंड के आकाश को विभाजित करेंगे और अपने जीवित मानव यीशु को अलौकिक मकबरे से पुनर्जीवित करेंगे।

मैं रॉकलैंड में आपके साथ हूं।

जहां पच्चीस हजार पागल कामरेड हैं, सभी मिलकर इंटरनेशनेल के अंतिम श्लोक गा रहे हैं।

मैं रॉकलैंड में आपके साथ हूं।

जहां हम गले और संयुक्त राज्य अमेरिका हमारे बेडशीट के तहत संयुक्त राज्य अमेरिका कि खाँसी पूरी रात और हमें सोने नहीं देंगे चुंबन।

मैं रॉकलैंड में आपके साथ हूं।

जहां हम अपनी आत्मा के हवाई जहाज की छत पर घूमते हुए कोमा से बाहर निकलते हैं, वे एंजेलिक बम गिराने के लिए आते हैं, अस्पताल खुद को काल्पनिक दीवारों के ढहने की कल्पना करता है। ओ स्किनी लेगियन दया के ओ-भूरे-स्पैंगल्ड शॉक के बाहर चलते हैं। शाश्वत युद्ध यहाँ है ओ जीत अपने अंडरवियर को भूल जाओ हम स्वतंत्र हैं।मैं रॉकलैंड में आपके साथ हूं।

मेरे सपनों में आप पश्चिमी रात में मेरी झोपड़ी के दरवाजे पर आँसू में अमेरिका भर के राजमार्ग पर एक समुद्री यात्रा से टपकता है।

उस शुभ रात्रि में कोमल मत जाओ।

उस शुभ रात्रि में कोमल मत जाओ,।

वृद्धावस्था को दिन के करीब जलाना और जलाना चाहिए;

क्रोध, प्रकाश के मरने के खिलाफ क्रोध।.

हालांकि बुद्धिमान लोग जानते हैं कि अंधेरा सही है,।

क्योंकि उनके शब्दों ने उन्हें बिजली नहीं दी थी।

उस शुभ रात्रि में कोमल मत जाओ।.

अच्छे आदमी, आखिरी लहर, रोते हुए कि कितनी उज्ज्वल है।

उनके कमजोर कर्मों ने हरे रंग की खाड़ी में नृत्य किया होगा,।

क्रोध, प्रकाश के मरने के खिलाफ क्रोध।.

जंगली आदमी जिन्होंने उड़ान में सूरज को पकड़ा और गाया,।

और सीखो, बहुत देर हो चुकी है, उन्होंने इसे अपने रास्ते पर दुखी किया,।

उस शुभ रात्रि में कोमल मत जाओ।.

मौत के करीब, गंभीर आदमी, जो अंधा दृष्टि से देखते हैं।

अंधा आँखें उल्काओं की तरह विस्फोट कर सकता है और समलैंगिक हो सकता है,।

क्रोध, प्रकाश के मरने के खिलाफ क्रोध।.

और तुम, मेरे पिता, वहाँ उदास ऊंचाई पर,।

शाप, आशीर्वाद, मुझे अब आपके भयंकर आँसू के साथ, मैं प्रार्थना करता हूं।.

उस शुभ रात्रि में कोमल मत जाओ।.

क्रोध, प्रकाश के मरने के खिलाफ एंगर।।

इग्स

मैं एक प्राचीन भूमि से एक यात्री से मिला,।

किसने कहा- "पत्थर के दो विशाल और ट्रंकलेस पैर।

रेगिस्तान में खड़े हो जाओ।. . . . उनके पास, रेत पर,।

आधा एक बिखरता हुआ दृश्य झूठ बोलता है, जिसका भ्रूभंग होता है।

और झुर्रीदार होंठ, और ठंडी आज्ञा का स्नेह,।

बता दें कि इसके मूर्तिकार अच्छी तरह से उन जुनून को पढ़ते हैं।

जो अभी तक जीवित है, इन बेजान चीजों पर मुहर लगाई गई है,।

हाथ जो उनका मजाक उड़ाया, और जो दिल खिलाया गया;

और कुर्सी पर, ये शब्द दिखाई देते हैं:।

मेरा नाम ओजिमंडियास, किंग्स का राजा है ;;

मेरे काम, तुम पराक्रमी और निराशा को देखो।!

बगल में कुछ भी नहीं रहता है।. क्षय को गोल करें।

उस विशाल मलबे में से, असीम और नंगे।

अकेला और स्तरीय रेत दूर तक फैला हुआ है।.

या, एक सपने में एक दृष्टि।. एक टुकड़ा।.

एक आलीशान सुख-गुंबद डिक्री:।

जहां पवित्र नदी अल्फ, भाग गया।

मनुष्य के लिए लापरवाह गुफाओं के माध्यम से।

एक धूप रहित समुद्र के नीचे।.

तो दो बार पांच मील उपजाऊ जमीन।

दीवारों और टावरों के साथ गोल गोल गोल थे;

और पापी चीर-फाड़ के साथ बगीचे उज्ज्वल थे,।

जहां कई धूप-असर वाले पेड़ खिल गए;

और यहाँ पहाड़ के रूप में प्राचीन जंगल थे,।

हरियाली के धब्बों को घेरना।.

लेकिन ओह।! वह गहरी रोमांटिक चैस जो धीमी हो गई।

नीचे हरी पहाड़ी एक देवदार कवर।!

एक जंगली जगह।! पवित्र और मुग्ध के रूप में।

जैसा कि एक वानिंग चंद्रमा के नीचे ई-हंट किया गया था।

महिला द्वारा अपने दानव-प्रेमी के लिए।!

और इस चैस से, निरंतर उथल-पुथल के साथ,।

मानो तेज मोटी पैंट में यह धरती सांस ले रही हो,।

एक शक्तिशाली फव्वारा मजबूर किया गया था:।

जिसके बीच में तेजी से आधा-अधूरा फट गया।

विशाल टुकड़े पलटते हुए ओलों की तरह तिजोरी,।

या थ्रेशर के नीचे चैफ़ी अनाज:।

और इन नाचने वाली चट्टानों को एक बार और कभी भी मध्य करें।

यह पवित्र नदी को धीरे-धीरे बहाता है।.

एक आलसी गति के साथ पांच मील की दूरी पर।

लकड़ी और डेल के माध्यम से पवित्र नदी भाग गई,।

फिर मनुष्य के लिए लापरवाह गुफाओं तक पहुँच गया,।

और एक बेजान सागर में डूब गया;

और 'मध्य इस ट्यूमर कुबला दूर से सुना।

पैतृक आवाजें युद्ध की भविष्यवाणी करती हैं।!

आनंद के गुंबद की छाया।

लहरों पर तैरता हुआ मध्य मार्ग;।

जहां घुलमिल गए उपाय को सुना गया था।

फव्वारे और गुफाओं से।.

यह दुर्लभ उपकरण का चमत्कार था,।

बर्फ की गुफाओं के साथ एक धूप सुख-गुंबद।!

एक डल्सीमर के साथ एक डैमेल।

एक बार मैंने देखा:।

यह एक एबिसिनियन नौकरानी थी।

और उसके डल्सीमर पर उसने खेला,।

माउंट अबोरा का गायन।.

क्या मैं अपने भीतर पुनर्जीवित हो सकता था।

उसकी सिम्फनी और गीत,।

इतनी गहरी खुशी के लिए 'मुझे जीत दो,।

कि संगीत जोर से और लंबे समय के साथ,।

मैं उस गुंबद को हवा में बनाऊंगा,।

वह धूप गुंबद।! बर्फ की वे गुफाएँ।!

और जो कुछ भी सुना, उन्हें वहां देखना चाहिए,।

और सभी को रोना चाहिए, खबरदार।! खबरदार।!

उसकी चमकती आँखें, उसके तैरते बाल।!

एक चक्कर बुनकर उसे तीन बार,।

और पवित्र भय से अपनी आँखें बंद करो।

उसके लिए शहद-ओस हैथ खिलाया गया,।

और स्वर्ग का दूध पी लिया।

रावन

एक बार आधी रात को, जबकि मैंने विचार किया, कमजोर और थका हुआ,।

भूले हुए विद्या के कई विचित्र और जिज्ञासु मात्रा में-।

जब मैंने सिर हिलाया, लगभग झपकी लेते हुए, अचानक एक दोहन आया,।

कुछ के रूप में धीरे से रैपिंग, मेरे चैम्बर के दरवाजे पर रैपिंग।

"कुछ आगंतुक," मैंने कहा, "मेरे कक्ष के दरवाजे पर टैपिंग-। केवल यह और कुछ नहीं।"।

आह, विशिष्ट रूप से मुझे याद है कि यह दिसंबर में धूमिल था;

और प्रत्येक अलग मरने वाले एम्बर ने अपने भूत को फर्श पर गिरा दिया।

उत्सुकता से मैंने दुःख की कामना की; - शायद मैंने उधार लेने की मांग की थी।

मेरी किताबों से दुःख की आहट - खोए हुए लेनोर के लिए दुःख-।

दुर्लभ और उज्ज्वल युवती के लिए जिन्हें स्वर्गदूत लेनोर नाम देते हैं-।

सदा के लिए यहाँ नामहीन।

और प्रत्येक बैंगनी पर्दे की रेशमी, उदास, अनिश्चित सरसराहट।

मुझे रोमांचित किया - मुझे शानदार क्षेत्रों से भरा हुआ पहले कभी नहीं लगा;

ताकि अब, मेरे दिल की धड़कन के लिए, मैं दोहराता रहा।

"मेरे कक्ष के दरवाजे पर प्रवेश करने वाले कुछ आगंतुक को टिस करें-

मेरे कक्ष के दरवाजे पर कुछ देर से आने वाले प्रवेश द्वार;

यह है और इससे ज्यादा कुछ नहीं।"।

वर्तमान में मेरी आत्मा मजबूत हुई; झिझक तो अब नहीं,।

"सर," मैंने कहा, "या मैडम, वास्तव में आपकी माफी मुझे पसंद है;"

लेकिन तथ्य यह है कि मैं झपकी ले रहा था, और इसलिए धीरे से आप रैपिंग आए,।

और इसलिए बेहोश होकर आप मेरे चैम्बर के दरवाजे पर टैप करते हुए आए।

मुझे यकीन है कि मुझे यकीन है कि मैंने आपको सुना है "- यहाँ मैंने दरवाजा खोला;

वहां अंधेरा और कुछ ज्यादा नहीं।।

उस अंधेरे में गहरी, लंबे समय तक मैं वहाँ खड़ा था, डर रहा था,।

संदेह, सपने देखना कोई नश्वर कभी सपने देखने से पहले नहीं था;

लेकिन चुप्पी अखंड थी, और शांति ने कोई टोकन नहीं दिया,।

और वहाँ बोला गया एकमात्र शब्द फुसफुसाया शब्द था, "लेनोर।?"।

यह मैं फुसफुसाया, और एक गूंज शब्द वापस बड़बड़ाया, "लेनोर।!"-।

केवल यह और अधिक कुछ नहीं।

वापस चैंबर में, मेरे भीतर मेरी सारी आत्मा जल रही है,।

जल्द ही फिर से मैंने पहले की तुलना में कुछ हद तक एक दोहन सुना।

"निश्चित रूप से," मैंने कहा, "निश्चित रूप से मेरी खिड़की की जाली में कुछ है;"

मुझे देखने दो, फिर, क्या है, और यह रहस्य पता चलता है-।

मेरे दिल को अभी भी एक पल होने दो और यह रहस्य पता लगाओ;

'हवा टिस और कुछ नहीं।!"।

यहाँ खोलो मैंने शटर को फूँक दिया, जब, कई इश्कबाज और फड़फड़ाते हुए,।

वहाँ संत के दिनों के एक आलीशान रेवेन कदम रखा;

कम से कम आज्ञा नहीं दी; एक मिनट नहीं रुका या वह रुका रहा;

लेकिन, स्वामी या महिला के साथ, मेरे कक्ष के दरवाजे के ऊपर स्थित है-

मेरे चैम्बर के दरवाजे के ठीक ऊपर पल्लास की एक हलचल पर बैठे-।

बैठे, और बैठे, और कुछ नहीं।

फिर यह आबनूस पक्षी मुस्कुराते हुए मेरे उदास फैंस को परेशान कर रहा है,।

काउंटेंस की कब्र और कड़ी सजावट से यह पहना था,।

"हालांकि तेरा शिखा काँटा और मुंडा हो, तू," मैंने कहा, "कला यकीन है कि कोई लालसा नहीं है,।

रात के किनारे से भटकते हुए घिसे-पिटे और प्राचीन रेवेन-

मुझे बताएं कि रात के प्लूटोनियन किनारे पर आपका स्वामी नाम क्या है।!"।

रेवेन को छोड़ दें "नेवरमोर।."।

बहुत कुछ मैंने प्रवचन को इतने स्पष्ट रूप से सुनने के लिए इस अनजाने में किया।

हालांकि इसका जवाब थोड़ा अर्थ है - थोड़ा प्रासंगिकता बोर ;;

क्योंकि हम इस बात पर सहमत होने में मदद नहीं कर सकते कि कोई जीवित इंसान नहीं है।

कभी अपने चैम्बर के दरवाजे के ऊपर पक्षी को देखकर धन्य हो गया-।

पक्षी या जानवर अपने कक्ष के दरवाजे के ऊपर मूर्तिकला पर,।

"नेवरमोर" जैसे नाम के साथ।."।

लेकिन रैवेन, अकेलापन पर बैठा था, केवल बात की थी।

वह एक शब्द, जैसे कि उस एक शब्द में उसकी आत्मा ने उसे आगे बढ़ाया।.

कुछ भी नहीं तो उसने कहा - एक पंख नहीं तो वह फड़फड़ाया-।

जब तक मैं म्यूट से अधिक कम नहीं हो जाता, तब तक "अन्य मित्र पहले उड़ चुके हैं-

दु: ख पर वह मुझे छोड़ देगा, जैसा कि मेरे होप्स पहले उड़ चुके हैं।."।

तब पक्षी ने कहा "नेवरमोर।."।

उत्तर द्वारा तोड़ी गई शांति पर चौंका, इसलिए उपयुक्त रूप से बोला गया,।

"संदेह रहित," मैंने कहा, "यह जो बोलता है वह इसका एकमात्र स्टॉक और स्टोर है।

कुछ दुखी गुरु से पकड़ा गया, जो अस्वाभाविक आपदा है।

तेजी से पीछा किया और तेजी से अपने गीतों तक एक बोझ बोर - का पालन किया।

उसकी आशा के dirges तक कि उदासी बोझ बोर।

'कभी नहीं-कभी नहीं'।."।

लेकिन रेवेन अभी भी मुस्कुराते हुए मेरे सभी फैंस को परेशान कर रहा है,।

सीधे मैंने पक्षी के सामने एक गद्दीदार सीट, और बस्ट और दरवाजे को पहिए लगा दिए।

फिर, मखमली डूबने पर, मैंने खुद को जोड़ने के लिए शर्त लगाई।

फैंसी के लिए फैंसी, यह सोचकर कि योर का यह अशुभ पक्षी क्या है-

यह क्या गंभीर, अनजाने में, भयावह, भद्दी, और अशुभ पक्षी है।

"नेवरमोर" के रूप में।."।

यह मैं अनुमान लगाने में लगा रहा, लेकिन कोई शब्दांश व्यक्त नहीं किया।

उस फव्वारे के लिए जिसकी उग्र आँखें अब मेरे शरीर के मूल में जल गईं;

यह और अधिक मैं आसानी से झुकते हुए अपने सिर के साथ, दिव्य बैठ गया।

कुशन के मखमली अस्तर पर जो दीपक-प्रकाश चमकता है,

लेकिन जिसका मखमली-वायलेट अस्तर दीपक-प्रकाश के साथ चमकता है,

वह प्रेस, आह, कभी नहीं।!

फिर, मेथॉट, हवा बढ़ी हुई सघन, एक अनदेखी सेंसर से सुगंधित।

सेराफिम द्वारा झूलते हुए जिनके पैर-पंजे गुच्छेदार फर्श पर टिक गए।.

"व्रेच," मैं रोया, "तेरा भगवान ने तुम्हें उधार दिया है - इन स्वर्गदूतों द्वारा उसने तुम्हें भेजा है।

लेफोर की यादों से बचाव और नागिन;

क्वैफ, ओह इस तरह के नेफ को शांत करते हैं और इस खोए हुए लेनोर को भूल जाते हैं।!"।

रेवेन को छोड़ दें "नेवरमोर।."।

"पैगंबर।!"मैंने कहा," बुराई की बात।!-प्रोपेट अभी भी, अगर पक्षी या शैतान।!-।

क्या टेंपरेचर भेजा गया है, या क्या टेम्परेचर ने आपको यहां फेंक दिया है,

उजाड़ अभी तक सभी undaunted, इस रेगिस्तान भूमि पर मुग्ध-।

हॉरर द्वारा इस घर पर प्रेतवाधित - मुझे सही मायने में बताएं, मुझे लगता है-।

वहाँ है - गिलाद में बाम है।?-मुझे बताओ-मुझे बताओ, गैं फंसाता हूं।!"।

रेवेन को छोड़ दें "नेवरमोर।."।

"पैगंबर।!"मैंने कहा," बुराई की बात।!-प्रोपेट अभी भी, अगर पक्षी या शैतान।!

उस स्वर्ग से जो हमारे ऊपर झुकता है - उस ईश्वर द्वारा हम दोनों को मानते हैं-

इस आत्मा को दुःख से लदी बताएं, यदि दूर के ऐडेन के भीतर,।

यह एक संत युवती को पकड़ लेगा, जिसे स्वर्गदूत लेनोर नाम देते हैं-

एक दुर्लभ और उज्ज्वल युवती को पकड़ें, जिसे स्वर्गदूत लेनोर नाम देते हैं।"।

रेवेन को छोड़ दें "नेवरमोर।"।

"उस शब्द को हमारे बिदाई, पक्षी या पैशाचिक का संकेत समझो।!"मैं चिल्लाया, ऊपर-नीचे।

"तुम वापस टेम्पेस्ट और नाइट के प्लूटोनियन किनारे में जाओ।!

उस झूठ के टोकन के रूप में कोई काला प्लम न छोड़ें, जो आपकी आत्मा ने बोला था।!

मेरे अकेलेपन को अखंड छोड़ दो।!-मेरे दरवाजे के ऊपर बस्ट को छोड़ दें।!

अपनी चोंच मेरे दिल से निकालो, और मेरे दरवाजे से अपना रूप ले लो।!"।

रेवेन को छोड़ दें "नेवरमोर।"।

और रेवेन, कभी नहीं, अभी भी बैठा है, अभी भी बैठा है।

मेरे चैम्बर के दरवाजे के ठीक ऊपर पल्लास के पल्लीड बस्ट पर ;;

और उसकी आँखों में एक दानव के सपने देखने वाले सभी प्रतीत होते हैं।

और दीपक-प्रकाश ने उसे स्ट्रीमिंग करते हुए अपनी छाया को फर्श पर फेंक दिया;

और मेरी आत्मा उस छाया से बाहर है जो फर्श पर तैरती हुई है।

उठाया जाएगा - कभी नहीं।

जीत

मैं खुद को मनाता हूं, और खुद गाता हूं,।

और जो मैं मानता हूं कि तुम मान जाओगे,।

मेरे लिए हर परमाणु के रूप में अच्छा आप के अंतर्गत आता है।.

मैं अपनी आत्मा को कमज़ोर और आमंत्रित करता हूँ,।

मैं गर्मियों में घास के भाले को देखते हुए अपनी सहजता से दुबला और ढीला हो जाता हूं।.

मेरी जीभ, मेरे रक्त का हर परमाणु, इस मिट्टी से, इस हवा से,

माता-पिता के यहाँ पैदा हुए माता-पिता, और उनके माता-पिता, जो समान हैं, से पैदा हुए हैं।

मैं, अब सैंतीस साल की उम्र में सही स्वास्थ्य शुरू होता है,।

मौत तक नहीं रुकने की उम्मीद।.

पंथ और स्कूलों में अभयता,।

कुछ समय पहले वे जो कर रहे हैं, उस पर पर्याप्त रूप से सेवानिवृत्त हो गए, लेकिन कभी नहीं भूले।

मैं अच्छे या बुरे के लिए परेशान हूं, मैं हर खतरे पर बोलने की अनुमति देता हूं,।

मूल ऊर्जा के साथ जांच के बिना प्रकृति।.

2।

मकान और कमरे इत्र से भरे हुए हैं, अलमारियों में इत्र की भीड़ है,।

मैं खुद खुशबू को सांस लेता हूं और इसे जानता हूं और इसे पसंद करता हूं,।

आसवन मुझे भी नशा देगा, लेकिन मैं इसे नहीं होने दूंगा।

वातावरण एक इत्र नहीं है, इसमें आसवन का कोई स्वाद नहीं है, यह गंधहीन है,।

यह मेरे मुंह के लिए हमेशा के लिए है, मुझे इससे प्यार है,।

मैं लकड़ी से बैंक जाऊंगा और निर्विवाद और नग्न हो जाऊंगा,।

मैं इसके संपर्क में रहने के लिए पागल हूं।

मेरी अपनी सांस का धुआँ,।

गूँज, लहरें, भनभनाहट, प्रेम-मूल, रेशम-धागा, क्रोकेट और बेल,।

मेरी श्वसन और प्रेरणा, मेरे दिल की धड़कन, मेरे फेफड़ों के माध्यम से रक्त और हवा का गुजरना,।

हरी पत्तियों और सूखी पत्तियों की सूँघ, और किनारे और गहरे रंग की समुद्री चट्टानें, और खलिहान में घास की,।

मेरी आवाज़ के शब्दों की आवाज़ हवा के किनारों पर कम हो जाती है,

कुछ प्रकाश चुंबन, कुछ गले, हथियारों के आसपास एक पहुंच,।

पेड़ों पर चमक और छाया का खेल, जैसे कि खंजर लहराता है,।

अकेले या सड़कों की भीड़ में, या खेतों और पहाड़ी-किनारों पर खुशी।

स्वास्थ्य की भावना, पूर्ण दोपहर की ट्रिल, मुझे बिस्तर से उठने और सूर्य से मिलने का गीत।

क्या आपने एक हजार एकड़ जमीन पर कब्जा कर लिया है।? क्या आपने पृथ्वी को बहुत अधिक माना है?

क्या आपने पढ़ने के लिए सीखने के लिए इतनी देर की है??

क्या आपने कविताओं के अर्थ पर गर्व महसूस किया है।?

मेरे साथ इस दिन और रात को रोकें और आप सभी कविताओं की उत्पत्ति के अधिकारी होंगे।

आपके पास पृथ्वी और सूर्य की भलाई होगी, (लाखों सूर्य बचे हैं)।

अब आप दूसरे या तीसरे हाथ की चीजों को नहीं लेंगे, न ही मृतकों की आंखों से देखेंगे, न ही किताबों में दर्शकों को खिलाएंगे,।

तुम मेरी आँखों से नहीं देखोगे, न ही मुझसे बातें करोगे,।

आप सभी पक्षों को सुनेंगे और उन्हें अपने आप से फ़िल्टर करेंगे।.

3।

मैंने सुना है कि बात करने वाले क्या बात कर रहे थे, शुरुआत और अंत की बात,।

लेकिन मैं शुरुआत या अंत की बात नहीं करता।.

अब पहले की तुलना में कभी कोई अधिक स्थापना नहीं हुई थी।

न ही अब की तुलना में कोई अधिक युवा या उम्र है।

और अब की तुलना में कभी भी अधिक पूर्णता नहीं होगी।

न ही अब इससे ज्यादा स्वर्ग या नरक है।.

आग्रह और आग्रह और आग्रह,।

हमेशा दुनिया का आग्रह।.

मंदता के विपरीत अग्रिम के बराबर, हमेशा पदार्थ और वृद्धि, हमेशा सेक्स,।

हमेशा पहचान का एक बुनना, हमेशा भेद, हमेशा जीवन की एक नस्ल।.

विस्तृत करने के लिए कोई फायदा नहीं है, जानें और ऐसा नहीं लगता कि ऐसा है।.

यकीन है कि सबसे निश्चित यकीन के रूप में, उत्थान में साहुल, अच्छी तरह से प्रवेश किया, मुस्कराते हुए, में लटके हुए।

एक घोड़े के रूप में, स्नेही, घृणा, विद्युत,।

मैं और यह रहस्य यहाँ हम खड़े हैं।.

स्पष्ट और मीठा मेरी आत्मा है, और स्पष्ट और मीठा वह सब है जो मेरी आत्मा नहीं है।.

अभाव में दोनों की कमी होती है, और अनदेखी को देखा जाता है,।

जब तक कि अनदेखी न हो जाए और अपनी बारी में प्रमाण प्राप्त कर ले।.

सबसे अच्छा दिखा रहा है और इसे सबसे खराब उम्र के लोगों की उम्र से विभाजित कर रहा है,।

चीजों की सही फिटनेस और समानता को जानते हुए, जबकि वे चर्चा करते हैं कि मैं चुप हूं, और स्नान करें और खुद की प्रशंसा करें।.

आपका स्वागत है मेरे हर अंग और विशेषता, और किसी भी आदमी को हार्दिक और साफ,।

एक इंच नहीं और न ही एक इंच का एक कण शून्य है, और कोई भी बाकी की तुलना में कम परिचित नहीं होगा।

मैं संतुष्ट हूं - मैं देखता हूं, नृत्य करता हूं, हंसता हूं, गाता हूं;

जैसे-जैसे गले लगना और प्यार करने वाला बिस्तर-साथी रात भर मेरी तरफ सोता है, और चुपके से दिन के झांकता है, पीछे हट जाता है।

मुझे टोकरियों को छोड़कर सफेद तौलिये के साथ घर को बहुत सूजन है,।

क्या मैं अपनी स्वीकृति और प्राप्ति को स्थगित कर दूंगा और अपनी आंखों पर चिल्लाऊंगा,

कि वे सड़क के बाद और नीचे टकटकी लगाकर मुड़ते हैं,।

और आगे सिफर और मुझे एक प्रतिशत दिखाओ,।

वास्तव में एक का मूल्य और दो का मूल्य, और जो आगे है।?

4।

ट्रिपर्स और पूछने वालों ने मुझे घेर लिया,।

मैं जिन लोगों से मिलता हूं, मेरे शुरुआती जीवन या मेरे द्वारा जीते गए वार्ड और शहर पर या राष्ट्र पर प्रभाव पड़ता है।

नवीनतम तिथियां, खोजें, आविष्कार, समाज, लेखक पुराने और नए,।

मेरा डिनर, ड्रेस, एसोसिएट्स, लुक, तारीफ, बकाया,।

मुझे पसंद है किसी पुरुष या महिला की वास्तविक या काल्पनिक उदासीनता।

मेरे लोगों में से किसी एक की बीमारी या खुद की, या बीमार या नुकसान या पैसे की कमी, या अवसाद या अतिशयोक्ति,।

लड़ाई, भयावह युद्ध की भयावहता, संदिग्ध समाचारों का बुखार, फिट होने वाली घटनाएं;

ये मेरे लिए दिन-रात आते हैं और फिर से मुझसे जाते हैं,।

लेकिन वे खुद मैं नहीं हैं।

खींचने और सत्तारूढ़ होने के अलावा मैं क्या हूं, खड़ा है।

स्टेंड्स खुश, शालीन, दयालु, निष्क्रिय, एकात्मक,।

नीचे दिखता है, खड़ा है, या एक निश्चित आराम पर एक हाथ झुकता है,।

बगल में घुमावदार सिर के साथ उत्सुक होकर आगे क्या आएगा,।

खेल के अंदर और बाहर दोनों और इसे देख और सोच रहे थे।.

पिछड़ा मैं अपने दिनों में देखता हूं जहां मैंने भाषाविदों और दावेदारों के साथ कोहरे के माध्यम से पसीना बहाया।

मेरे पास कोई मज़ाक या तर्क नहीं है, मैं गवाह हूं और प्रतीक्षा करता हूं।.

5।

मुझे विश्वास है कि तुम मेरी आत्मा हो, दूसरे मैं तुम्हें अपने आप को नहीं छोड़ना चाहिए,।

और आपको दूसरे का पालन नहीं करना चाहिए।.

घास पर मेरे साथ लोफ, अपने गले से स्टॉप को ढीला करें,।

शब्द नहीं, संगीत या कविता नहीं जो मैं चाहता हूं, कस्टम या व्याख्यान नहीं, यहां तक कि सबसे अच्छा भी नहीं।

केवल मुझे पसंद है, आपकी वाल्व की आवाज।.

मुझे लगता है कि एक बार जब हम इतनी पारदर्शी गर्मी सुबह करते हैं,।

आपने अपने सिर को मेरे कूल्हों को कैसे व्यवस्थित किया और धीरे से मुझ पर पलट दिया।

और मेरी छाती-हड्डी से शर्ट को अलग कर दिया, और अपनी जीभ को मेरे नंगे-पटकने वाले दिल में डुबो दिया,।

और जब तक तुम मेरी दाढ़ी महसूस नहीं करते, तब तक पहुँच जाओ, और जब तक तुम मेरे पैर नहीं पकड़ लेते।.

तेजी से उठी और मेरे चारों ओर फैल गई शांति और ज्ञान जो पृथ्वी के सभी तर्क को पारित करता है,।

और मुझे पता है कि भगवान का हाथ मेरा अपना वादा है,।

और मुझे पता है कि भगवान की आत्मा मेरे अपने भाई है,।

और यह कि कभी पैदा हुए सभी पुरुष मेरे भाई भी हैं, और महिलाएं मेरी बहनें और प्रेमी हैं।

और यह कि सृष्टि का एक केल्सन प्रेम है,।

और असीम खेतों में कठोर या ढलान वाले पत्ते हैं,।

और उनके नीचे छोटे कुओं में भूरे रंग की चींटियाँ,।

और कृमि बाड़ के काई स्कैब, ढेर पत्थर, बड़े, मुल्लिन और पोक-वीड।

6।

एक बच्चे ने कहा कि घास क्या है।? इसे पूरे हाथों से मेरे पास लाना;

मैं बच्चे को कैसे जवाब दे सकता था।? मुझे नहीं पता कि यह उससे ज्यादा क्या है।

मुझे लगता है कि यह मेरे स्वभाव का झंडा होना चाहिए, जो कि हरे रंग की उम्मीद से बुना हुआ है।

या मुझे लगता है कि यह प्रभु का रूमाल है,।

एक सुगंधित उपहार और स्मरण करने वाला, जो कि बहुत ही आकर्षक है।

कोने में किसी तरह मालिक के नाम को सहन करना, जिसे हम देख सकते हैं और टिप्पणी कर सकते हैं, और कह सकते हैं कि किसका है।?

या मुझे लगता है कि घास खुद एक बच्चा है, वनस्पति का उत्पादित बच्चा है।

या मुझे लगता है कि यह एक समान चित्रलिपि है,।

और इसका मतलब है, व्यापक क्षेत्रों और संकीर्ण क्षेत्रों में समान रूप से अंकुरित होना।

सफेद लोगों के बीच काले लोगों के बीच बढ़ रहा है,।

कनक, टकाहो, कांग्रेसी, कफ, मैं उन्हें वही देता हूं, मैं उन्हें वही प्राप्त करता हूं।.

और अब यह मुझे कब्रों के सुंदर अनकहे बाल लगते हैं।.

कोमलता से मैं आपको कर्लिंग घास का उपयोग करूंगा,।

यह आप युवा पुरुषों के स्तनों से ट्रांसपायर हो सकते हैं,।

यह हो सकता है अगर मैं उन्हें जानता था कि मैं उन्हें प्यार करता था,।

हो सकता है कि आप बूढ़े लोगों से हों, या अपनी माताओं की गोद से जल्द ही ली गई संतानों से,।

और यहाँ आप माताओं की गोद हैं।.

यह घास बूढ़ी माताओं के सफेद सिर से बहुत अंधेरा है,।

बूढ़े लोगों की बेरंग दाढ़ी की तुलना में गहरा,।

मुंह की बेहोश लाल छतों के नीचे से आने के लिए अंधेरा।

हे मैं सब के बाद बहुत सारी जीभ का अनुभव करता हूं,।

और मुझे लगता है कि वे कुछ भी नहीं के लिए मुंह की छतों से नहीं आते हैं।.

काश मैं मृत युवा पुरुषों और महिलाओं के बारे में संकेत का अनुवाद कर पाता।

और बूढ़े और माताओं के बारे में संकेत, और संतान जल्द ही उनकी गोद से बाहर ले गए।.

आपको क्या लगता है कि युवा और बूढ़े हो गए हैं।?

और आपको क्या लगता है कि महिलाओं और बच्चों का क्या हो गया है।?

वे जीवित हैं और कहीं अच्छी तरह से,।

सबसे छोटा अंकुर दिखाता है कि वास्तव में कोई मौत नहीं है,।

और अगर कभी ऐसा हुआ तो आगे की जिंदगी जी, और इसे गिरफ्तार करने के लिए अंत में इंतजार नहीं करता,।

और जीवन के पल को प्रकट नहीं किया है।.

सभी आगे और बाहर की ओर जाते हैं, कुछ भी नहीं गिरता है,।

और मरने के लिए किसी भी एक से अलग है, और भाग्यशाली है।.

7।

क्या किसी ने इसे जन्म लेने के लिए भाग्यशाली माना है।?

मैं उसे या उसे सूचित करने की जल्दबाजी करता हूं, यह मरने के लिए उतना ही भाग्यशाली है, और मैं इसे जानता हूं।.

मैं नए-नए बेब के साथ मरने और जन्म के साथ मृत्यु को पारित करता हूं, और मेरी टोपी और जूते के बीच नहीं है।

और कई गुना वस्तुओं, कोई दो समान और हर एक अच्छा,।

पृथ्वी अच्छी है और तारे अच्छे हैं, और उनके सहायक सभी अच्छे हैं।.

मैं न तो पृथ्वी हूं और न ही पृथ्वी का सहायक हूं।

मैं लोगों का साथी और साथी हूं, सभी अपने आप में अमर और थाह रहित हैं।

(वे नहीं जानते कि कैसे अमर है, लेकिन मुझे पता है।.)।

हर तरह का अपने और अपने लिए, मेरे लिए पुरुष और महिला,।

मेरे लिए वे जो लड़के हैं और जो महिलाओं से प्यार करते हैं,।

मेरे लिए वह आदमी जो गर्व करता है और महसूस करता है कि यह कैसे मामूली हो जाता है,।

मेरे लिए प्यारी-सी और बूढ़ी नौकरानी, मेरे लिए माँ और माताओं की माँ,।

मेरे लिए जो होंठ मुस्कुराए हैं, आँखें जो आँसू बहाती हैं,।

मेरे लिए बच्चे और बच्चों की भीख माँगना।.

रेप तुम मेरे लिए दोषी नहीं हो, न बासी और न ही त्याग दिया गया।

मैं ब्रॉडक्लोथ और गिंगम के माध्यम से देखता हूं कि क्या या नहीं।

और चारों ओर, वृद्ध, अधिग्रहण, अथक, और दूर नहीं हिलाया जा सकता है।.

छोटा अपने पालने में सोता है,।

मैं धुंध को उठाता हूं और लंबे समय तक देखता हूं, और चुपचाप अपने हाथ से मक्खियों को दूर करता हूं।.

नौजवान और लाल-चेहरे वाली लड़की झाड़ीदार पहाड़ी से अलग हो जाती है,।

मैं उन्हें ऊपर से देखता हूं।

ख़ुद को ख़ुशहाल बनाओ

जो मिल ना सका उसके लिए आंसू ना बहाओ

जो हासिल हुआ उससे तुम प्यार करते जाओ

ज़हन में पाक अरमानों को ज़िन्दा करते जाओ

अपने सपनों को हकीक़त का जामा पहनाओ

दरारें आने लगे अगर तुम्हारे किसी भी रिश्ते में

प्यार, उल्फ़त और विश्वास से उन्हें भरते जाओ

किसी पर रौब जमाना बहादुरी नहीं कहलाती

बेख़ौफ़ होकर अपने ही गुरूर को तुम गलाओ

तुम्हारी ज़िन्दगी से ग़म मिटाने कोई ना आएगा

सबको सहारा देकर खुद को खुशहाल बनाओ

पावती (स्वीकृति)

छोड़ निराशा की बातें, भर हौसलों की उड़ान
दिखा बनाकर अपनी, जग में अलग पहचान
कर्मशील बनकर अपने, भाग्य को तू निखार
संस्कारों का शोधन कर, रखकर शुद्ध विचार
गिरकर चोटिल होना, फिर से तुम सम्भलना
लक्ष्यपथ पर बिना रुके, सदा निरन्तर चलना
तेरा जीवन मंजिल बिना, व्यर्थ चला जाएगा
गुमनामी के अंधेरों में, तू खुद ही खो जाएगा
हर पल है शुभ मुहूर्त, अभी से कर शुरुआत
जोश जगाकर चलता चल, दिन देख ना रात
कुछ पल मैं विश्राम करूँ, मन में तेरे आएगा
आलस्य की नींद तुझे, यही विचार सुलाएगा
सफलता पाने का समझ ले, एक यही तू राज
चल रे चल चल रे चल, ये खुद को दे आवाज
गिरते उठते हो जाना, चाहे तू पूरा लहूलुहान
अडिग रहा तो कर पाएगा, लक्ष्य का रसपान

चंदन की खुशबू आती है

"गाल शिकायत कर रहे जब से आंखें हुई चार है"
ठंडा मौसम बीत गया अब ये बसंत की बहार है
बसंत का स्वागत करने को जवानी भी तैयार है।
पीली सरसों भी खेतों में अब तो लेने लगी अंगड़ाई है
मस्त हवा मे घुलने लगा मद मस्त देखो खुमार है।
अमराई भी बौरा गई बावरी कोयल सुना रही तान है

टेसू ने रंग बिखेरे मानो उसके सपने पूरे हुए हजार है।
गली गांव और नजर नजर में सपने घुलने लगते है
पांचवा मौसम आने से होने लगा सपनों का व्यापार है।
चंदन से सुंदर बदन में चंदन की खुशबू अब आती है
वो साजन भी करने लगे सजनी से प्यार का इजहार है।
बहका बहका मन होता है महका महका तन होता है।
आईने के सामने अपने अक्स से वो करने लगे सब प्यार है।
हर बाला राधा हुई और बालक कन्हैया दिखाई देता है
गाल शिकायत कर रहे हैं जब से ये आंखें हुई चार है।
प्रेतवाधित ट्विस्ट।

एडमंड फोस्टर नाम का एक बच्चा रहता था।. वह एक भद्दी बिल्ली थी जो अपनी ही छाया से डर गई थी।. उसके माता-पिता उसके कायर होने से बीमार थे।. वे उसे अपनी कायरता से मुक्त करने के लिए कई लोगों के पास ले गए लेकिन इसका कोई परिणाम नहीं निकला।. उन्हें अक्सर यह विश्वास छोड़ने के लिए कहा जाता था कि भूत मौजूद है।. सभ्यता के इस समय में कोई भी भूतों के अस्तित्व में विश्वास नहीं करता था।. उनके दोस्त कभी-कभी उनके विश्वास के लिए उन पर हंसते थे।. एक साल पहले, उन्होंने अपने पिछवाड़े में एक भेड़िया के समान एक अजीब छाया देखी, जिसने भूतों के अस्तित्व में उनके विश्वास को मजबूत किया।. उनके माता-पिता और कई लोगों ने कहा कि उन्होंने जो देखा वह शायद एक कुत्ते की छाया थी, लेकिन वह दृढ़ था कि यह एक दुष्ट वेयरवोल्फ का था।. एक रात जैसे ही वह बिस्तर पर गया, उसने कुछ अजीब आवाज सुनी जो एक भेड़िया की थी जो उसे डराती थी।. उसने कुछ अजीब आवाजें सुनीं और साथ ही एक भेड़िया भी।. किसी तरह, वह खिड़की पर गया, जहां से पिछवाड़े को देखा जा सकता है।. पहुँचने के बाद उन्होंने एक

छाया देखी जो कुछ हद तक समान थी।

जिसे उन्होंने पहली घटना पर देखा था।. उसका शरीर उखड़ने लगा, उसकी आँखें उस दृश्य से खाली रह गईं, जिसे उसने अभी देखा था।. उसे अपने आसपास एक बुरी उपस्थिति महसूस हुई।. उसकी इंद्रियों को कुत्ते से निकाल दिया गया था।. अत्यधिक माल के साथ एडमंड किसी तरह अपने कमरे में चला गया।. उसने तुरंत अपने पूरे शरीर को कंबल से ढक लिया।. फिर उसने अपने कमरे के दरवाजे पर एक धक्का महसूस किया, जिसके कारण दरवाजा खुल गया।. वह इस समय दिल का दौरा पड़ने की कगार पर था।. वह सबसे अधिक ताकत के साथ इस समय वह अपने शरीर से कंबल को हटा सकता था जैसे कि वह कमरे में प्रवेश करने की एक झलक पा सकता है।. वह अभी भी डर से कांप रहा था और एक विचित्र प्राणी को देखा, जिसमें एक भेड़िया की तरह एक शरीर था जो छेद से भरा था।. ऐसा लग रहा था कि इसकी आँखें एडमंड पर सेट हैं।. ऐसा लग रहा था कि एडमंड उच्चतम स्तर तक भयभीत था।. उसका दिल प्रकाश की तरह तेजी से आगे बढ़ रहा था।. तभी कहानी खत्म होनी चाहिए।! लेकिन वह तब था जब उसकी माँ ने उसे जगाने के लिए उसके चेहरे पर पानी छिड़क दिया।.

बेरोजगारी!

हम आजकल की सरकार से क्या उम्मींद करें,

धुआँ-धुआँ-सा है गुलिस्तां,क्या उम्मींद करें।

कितनी शौक और तंगिस से पढ़ाया बच्चों को,

छा गई है बेरोजगारी, क्या उम्मींद करें।

अब घर में जल रहे उन आँसुओं से चराग,

निशिदिन बरस रही गरीबी, क्या उम्मींद करें।

थी तमन्ना कि घर चलेगा बहुत सुकून से,

ठप्प पड़ गई हैं नियुक्तियाँ, क्या उम्मीद करें।
रो-रो के घर कट रही जवानी में जिन्दगी,
सरकारें हुई बे- मुरव्वत, क्या उम्मीद करें।
लाखों हसरतें पाल के रखे थे नौजवान,
कट रही गुरबत में जिन्दगी, क्या उम्मीद करें।
बेरोजगारी की साया से उबरा नहीं मुल्क,
कुछ बन रहे उसमें माफिया, क्या उम्मीद करें।
सब्र की भी होती है आप देखो एक सीमा,
खाक हो रही हैं वो साँसें, क्या उम्मीद करें।
नवयुवक ही तो होते हैं किसी देश की रीढ़,
उनका मर रहा है हौसला, क्या उम्मीद करें।
वादा करके ही आई वजूद में सरकार,
वही रजामंद रही है भविष्य, क्या उम्मीद करें।

वह कौन थी

"न जाने कैसी उलझन है जिसे मैं सुलझा नहीं पाया"
वह कौन थी अब तक भी मै उसे समझ नहीं पाया
क्या तिलस्म था उसका रात भर मै भी सो नहीं पाया।
जब उसे मैं याद करता हूं वो जादू भरा तिलस्मी चेहरा
न जाने कैसी उलझन है जिसे मैं सुलझा नहीं पाया।
आंखों से दिखाई नहीं देती ओर सुनाई भी नहीं देती
तिलस्मी हूर है कोई जिससे मैं कुछ कह नहीं पाया।
पलों में ओर लम्हों में वो आती है आकर चली जाती
सोचता हूं लिखूं गजल मै उस पर मगर लिख नहीं पाया।
वो उलझी अनबुझ पहेली है इसे बूझना भी मुश्किल है
ये तिलस्मी पहेली को अभी तक मै बुझ नहीं पाया।
मैं अनजान हूं उससे वो मुझसे अनजानी नहीं लगती
दिन ढलने पर वो छिप जाती उसको मै ढूंढ नहीं पाया।

मैं इस दुनिया में आया था वह भी मेरे ही साथ ही आई थी
अब तो मेरे साथ ही जाएगी वो तिलस्मी मेरी अपनी छाया।
तेरे हैं, तेरे रहेंगे

तुझसे करके मोहब्बत हमने भी जहां पाया है, ना होने
देंगे बदनाम मोहब्बत, तेरा प्यार ही तो मेरा सरमाया है।
तुने बिठा करके मन-मन्दिर में मेरी पूजा की है, तो मैंने
भी तुम्हारी इबादत की है।

ग़र हूं मैं खुदा तेरा तो तु मेरी खुदाई है, मैं हूं अराध्य
तो अराधना तु है, एक भी तु और दूजा भी तु है, तेरे
सिवा ना इस दिल पर किसी का नाम लिखा है।

ग़र मैं हूं सुर तो तु मेरी शहनाई है, वीणा के तार जैसे तु
मुझ पर छाई है, वादन के सुरों सी तुझमें गहराई है।
मैं हूं ग़र बांस की पोरी, तुम उसकी ध्वनि बन बजती
हो, मैं सुर हूं, तो तुम राग सी लगती हो।

दिल में धड़कती हो धड़कन बन कर, हर सांस में
समाई हो, बेशक तु साथ है ग़ैर के फिर भी किसी तरह
मान लूं कि तु पराई है।

मैं हूं आशिक तेरा तु मेरी आशनाई है, मैं हूं पथिक तु
रहनुगाई है।

मैं हूं ज़िंदा ये तेरे इश्क का सबूत है, तेरे बिना मेरा ना
कोई वजूद है।

नहीं मिलना इस जन्म में हमारा लिखा तो सौ जन्म
लेंगे हम, मगर तेरे थे, तेरे हैं और तेरे रहेंगे हम।

धीरे धीरे नष्ट होना

हमेशा बेहतर होता है

एक ही पल में खत्म होने से

एक पल में जब खत्म होता है

पावती (स्वीकृति)

कोई रिश्ता, कोई वस्तु या कोई व्यक्ति

असहनीय होता है उसका यूं पल में बिछड़ जाना

पर धीरे धीरे से ये सब होना

उतना पीड़ादायक नहीं होता

किसी धीमे जहर सा

धीरे से मौत की तरफ ले जाता जैसे

वक़्त भी दे देता है और

और कहीं ना कहीं उस टूटते रिश्ते की

तोड़ देने वाली पीड़ा को सह लेने का संबल भी...........

नहीं ग़म है होता बिछड़ने का इतना

कि ग़म जितना होता बिछड़ने के डर से।

है कर जाती तय मौत वो फासले भी

नहीं हम जो कर पाएं मरने के डर से.........

वजह मत पूछो मेरे लिखने के पीछे की

अल्फाजों में ढूंढ लेना कहानी मेरे टूटने की

यह चंद्रमा नहीं है, मैं आपको बताता हूं।...

यह ये फूल हैं।

यार्ड प्रकाश।...

मैं उनसे नफरत करता हूं।...

मैं उनसे नफरत करता हूं क्योंकि मैं सेक्स से नफरत करता

हूं,।

आदमी का मुंह।

मेरे मुंह को सील करना, आदमी का।

लकवाग्रस्त शरीर-।

और रोना जो हमेशा बच जाता है,।

कम, अपमानजनक।

संघ का आधार-

आज रात मेरे दिमाग में।

मैं सवाल सुनता हूं और जवाब देता हूं।

एक ध्वनि में जुड़े।

कि mounts और mounts और फिर।

पुराने स्वयं में विभाजित है,।

थके हुए विरोधी।... क्या तुम देखते हो??

हमें मूर्ख बनाया गया।...

और नकली नारंगी की खुशबू।

खिड़की के माध्यम से बहती है।...

मैं कैसे आराम कर सकता हूं।?

मैं कैसे संतुष्ट हो सकता हूं।

जब अभी भी है।

दुनिया में वह गंध।?

हम मास्क पहनते हैं जो पीसता है और झूठ बोलता है,।

यह हमारे गालों को छुपाता है और हमारी आँखों को चमकाता है, -।

यह ऋण हम मानव अपराध को भुगतान करते हैं ;;

फटे और खून बह रहा दिलों के साथ हम मुस्कुराते हैं,।

और असंख्य सूक्ष्मताओं के साथ मुंह।...

दुनिया को क्यों समझदार होना चाहिए,

हमारे सभी आँसू और आहें गिनने में।?

नाय, उन्हें केवल हमें देखने दो, जबकि।

हम मास्क पहनते हैं।...

हम मुस्कुराते हैं, लेकिन, हे महान मसीह, हमारे रोते हैं।

आप से अत्याचार करने वाली आत्माएं उठती हैं।...

हम गाते हैं, लेकिन ओह मिट्टी शून्य है।

हमारे पैरों के नीचे, और लंबे समय तक मील ;;

लेकिन दुनिया को सपने देखने दो अन्यथा,।

हम मास्क पहनते हैं।!

शादियों में उद्धृत।

मैं अपने दिल को अपने साथ ले जाता हूं (मैं इसे अंदर ले जाता हूं।

मेरा दिल) मैं इसके बिना कभी नहीं हूँ (कहीं भी।

मैं जाता हूँ तुम जाओ, मेरे प्रिय, और जो कुछ भी किया जाता है।

केवल मेरे द्वारा तुम्हारा काम है, मेरे प्रिय)।

मुझे डर है।

कोई भाग्य नहीं (तुम मेरे भाग्य हो, मेरी प्यारी) मुझे चाहिए।

कोई दुनिया नहीं (सुंदर के लिए तुम मेरी दुनिया हो, मेरी सच्ची)।

और यह आप हैं जो एक चंद्रमा हमेशा से मतलब है।

और जो भी सूरज हमेशा गाएगा वह तुम हो।

यहाँ सबसे गहरा रहस्य है जिसे कोई नहीं जानता।

(यहाँ जड़ की जड़ और कली की कली है।

और जीवन नामक वृक्ष के आकाश का आकाश; जो बढ़ता है।

आत्मा से अधिक आशा या मन छिपा सकता है)।

और यह आश्चर्य है कि सितारों को अलग रख रहा है।

मैं आपका दिल ले जाता हूं (मैं इसे अपने दिल में ले जाता हूं)।

मैं भी इसे नापसंद करता हूं: ऐसी चीजें हैं जो इस सब से परे महत्वपूर्ण हैं।...

हालांकि, इसे पढ़ना, इसके लिए एक आदर्श अवमानना के साथ, एक को पता चलता है कि इसमें है।

यह सब के बाद, वास्तविक के लिए एक जगह है।...

हाथ जो समझ सकते हैं, आँखें।

यह पतला हो सकता है, बाल जो बढ़ सकते हैं।

यदि यह होना चाहिए, तो ये चीजें महत्वपूर्ण हैं क्योंकि

उच्च-ध्वनि की व्याख्या उन पर डाली जा सकती है लेकिन क्योंकि वे हैं।

उपयोगी; जब वे अनजाने बनने के लिए इतने व्युत्पन्न हो जाते हैं, तो।

हम सभी के लिए एक ही बात कही जा सकती है - कि हम।

प्रशंसा मत करो क्या।

हम समझ नहीं सकते।... बल्ला,।

उल्टा पकड़े रहना या किसी चीज की तलाश में।

खाओ, हाथियों को धक्का, एक जंगली घोड़ा एक रोल ले रहा है, एक अथक भेड़िया।

एक पेड़, अचल आलोचक अपनी त्वचा को घोड़े की तरह घुमाता है जो एक पिस्सू, आधार महसूस करता है-।

गेंद प्रशंसक, सांख्यिकीविद् - मामले के बाद मामला।

उद्धृत किया जा सकता है।

एक इच्छा; न ही यह मान्य है।

"व्यापार दस्तावेजों और के खिलाफ भेदभाव करने के लिए।

स्कूल-किताबें "; ये सभी घटनाए महत्वपूर्ण हैं।... एक भेद करना चाहिए।

हालाँकि: जब आधे कवियों द्वारा प्रमुखता से घसीटा जाता है, तो परिणाम कविता नहीं होता है।

न ही जब तक हमारे बीच निरंकुश हो सकते हैं।

"के साहित्यकार।

कल्पना "- ऊपर।

जिद और तुच्छता और प्रस्तुत कर सकते हैं।

निरीक्षण के लिए, उनमें वास्तविक टॉड के साथ काल्पनिक उद्‌यान, हमारे पास होंगे।

यह।... इस बीच, यदि आप एक ओर, उनकी राय की अवहेलना में मांग करते हैं-।

कविता का कच्चा माल।

इसके सभी कच्चेपन, और।

जो दूसरी ओर है,।

वास्तविक, तो आप कविता में रुचि रखते हैं।...

द पेपर नॉटिलस।

उन अधिकारियों के लिए जिनकी आशा है।

भाड़े के लोगों द्वारा आकार दिया जाता है।?

लेखकों ने प्रवेश किया।

टीटाइम प्रसिद्धि और द्वारा।

यात्रियों की सुख-सुविधा।? इनके लिए नहीं।

कागज नॉटिलस।

उसके पतले कांच के खोल का निर्माण करता है।...

उसे नाशवान दे रहा है।

आशा की स्मारिका, एक सुस्त।

बाहर सफेद और चिकनी-।

आंतरिक सतह को धारित किया।

समुद्र के रूप में चमकदार, चौकस।

इसके निर्माता इसकी रखवाली करते हैं।

दिन रात; वह मुश्किल से।

अंडे सोने तक खाता है।...

उसके आठ में आठ गुना दफन हो गया।

हथियार, क्योंकि वह अंदर है।

एक शैतान -

मछली, उसका गिलास रामशर्न-पालक भाड़ा।

छिपाया जाता है लेकिन कुचला नहीं जाता है;

हरक्यूलिस के रूप में, काट लिया।

हाइड्रा के प्रति वफादार एक केकड़े द्वारा,।

सफल होने के लिए बाधा थी,।

गहनता से।

से आने वाले अंडे देखे।

जब वे मुक्त हो जाते हैं तो खोल इसे मुक्त कर देता है, -।

अपने ततैया-घोंसला दोषों को छोड़कर।

सफेद पर सफेद, और करीब-।

आइओनिक चिटोन-फोल्ड्स।

की अयाल में लाइनों की तरह।

एक पार्थेनन घोड़ा,।

गोल जो हथियारों का था।

खुद को ऐसे जख्मी करें जैसे वे प्यार को जानते हों।

एकमात्र किला है।

काफी मजबूत है।

वह "डिगेस्टेथ हार्ड ग्रॉन"।

हालांकि एपियोरिसिस।

या आरसी जो मेडागास्कर में रहते थे, और।

मो विलुप्त हैं,।

ऊंट-स्पैरो, जुड़ा हुआ।

आकार में उनके साथ - बड़े गौरैया।

ज़ेनोफ़न ने एक धारा से चलते देखा - था और है।

न्याय का प्रतीक।

यह पक्षी अपनी चूज़ों को देखता है।

एक मातृ एकाग्रता-और वह है।

अंडे की माँ बना रहा है।

रात में छह सप्ताह - उसके पैर।

रक्षा का उनका एकमात्र हथियार।...

वह घोड़े की तुलना में बह गया है; उसके पास एक पैर है।

एक खुर के रूप में; तेंदुआ।

अधिक संदिग्ध नहीं है।... कैसे।

वह, प्लम और अंडे और युवा के लिए बेशकीमती हो सकता है।

यहां तक कि एक सवारी-जानवर के रूप में इस्तेमाल किया जाता है, पुरुषों का सम्मान करें।

शुतुरमुर्ग की खाल में अभिनेता की तरह छिपाना, दाहिने हाथ से।

गर्दन को ऐसे हिलाएं जैसे कि जीवित हो।

और एक बैग से बाएं हाथ से अनाज, वह शुतुरमुर्ग।

विघटित और मारा जा सकता है।! हाँ, यह वह है।

जिसका प्लम प्राचीन था।

न्याय की प्रतिज्ञा; वह।

जिसका कॉमिक डकलिंग हेड है।

महान गर्दन कम्पास-सुई घबराहट के साथ घूमती है।

जब वह खड़ा होता है,

एस-जैसे कि वह है।

अपने लीड-स्किन वाले बैक पर डाउन को प्रीजन करना।...

अंडे को आसानी से दिखाया गया है।

लेडा के रूप में बहुत ही।

जिसमें से कैस्टर और पोलक्स ने टोपी लगाई,।

शुतुरमुर्ग अंडा था। और जो अधिक फिट हो सकता था।

चीनी लॉन के लिए।

एक उपहार के रूप में पर चराई।

सम्राट जो अजीब पक्षियों की प्रशंसा करते थे, इससे।

एक, जो अपनी मिट्टी से बना है।

धूल में घोंसला अभी तक मिट जाएगा।

झील या समुद्र में केवल सिर से पता चलता है।...

... ...

छह सौ शुतुरमुर्ग-दिमाग सेवा की।

एक भोज में, शुतुरमुर्ग-प्लम-इत्तला दे दी गई तम्बू।

और रेगिस्तान भाला, गहना-।

भव्य बदसूरत अंडा-शेल।

शुतुरमुर्ग के आठ जोड़े।

दोहन में, एक अर्थ का नाटक करें।

हमेशा बाहरी व्यक्ति से चूक गए।...

दृश्य की शक्ति।

अदृश्य है; जहां भी हो।

स्वतंत्रता का कोई पेड़ नहीं बढ़ता,।

तथाकथित क्रूर साहस जानता है।...

वीरता समाप्त हो रही है, फिर भी।

यह एक लालच का खंडन करता है जो बुद्धिमानी से नहीं बचा था।

हानिरहित त्यागी।

या इसकी भव्यता में महान औक;

अनचाही निगल लिया।

सभी विशाल पक्षी लेकिन एक सतर्क अभिमानी।

छोटे पंखों वाला, शानदार ढंग से चलने वाला पक्षी।...

यह एक शेष विद्रोही है।

गौरैया-ऊंट है।...

बेसबॉल और लेखन।

कट्टरता।? नहीं।... लेखन रोमांचक है।

और बेसबॉल लेखन की तरह है।...

आप कभी भी साथ नहीं बता सकते।

यह कैसे जाएगा

या आप क्या करेंगे ;;

उत्साह पैदा करना-।

पीड़ित में बुखार-।

घड़ा, पकड़ने वाला, क्षेत्ररक्षक, बल्लेबाज।...

किस श्रेणी में पीड़ित।?

प्रेस बॉक्स से देख रहे उल्लू।?

यह किसके लिए लागू होता है।?

कौन उत्साहित है।? हो सकता है कि मैं।?

यह एक घड़े की लड़ाई है जो सभी तरह से है - एक द्वंद्वयुद्ध।

एक पकड़ने वाला, जैसा कि, क्रूर के साथ।

प्यूमा पंजा, एलस्टन हॉवर्ड हल्के से लंबर करते हैं।

वापस थाली में।... (उसका वसंत।

डी-विंग्ड एक बैट स्विंग।...)।

उनके पास वह हत्यारा वृत्ति है;

अभी तक एलस्टन-जिसका कैचिंग।

बांह ने बल्ले से उन सभी को चोट पहुंचाई है-

जब सवाल किया जाता है, तो जाहिर है,।

"मैं बहुत संतुष्ट हूँ।... हम जीत गए।..."।

बल्लेबाजी के मुकुट का शोर, "हम" कहते हैं;

एक तकनीकी द्वारा लूटा गया।...

जब एक तरफ तीन खिलाड़ी तीन स्थान खेलते हैं।

और शर्तों को संशोधित करें,।

बड़े पैमाने पर चलाने की जरूरत नहीं है सब कुछ।...

"जा रहा है, जा रहा है। ... ... "है।

यह।? रोजर मैरिस।

यह है, तेजी से चल रहा है।... आप।

कभी भी महीन पकड़ न देखें।... कुंआ। ... ...

"मिकी, शैतान की तरह छलांग" - क्यों।

यह गिल्ड, हालांकि हिरण बेहतर लगता है-।

घोंघे अपने घोंसले की ओर तेजी से बढ़ रहा था,।

स्मारिका-से-एक हाथ।

तुम्हारे या मेरे द्वारा पकड़े जाने का मतलब है।...

केप कैनवेरल को योगी बेरा को असाइन करें ;;

वह किसी भी मिसाइल को संभाल सकता था।...

वह कोई पंख नहीं है।... "हड़ताल।! ... ... हड़ताल दो।!"।

पीछे मुड़ा।... एक धब्बा।...

वह चला गया।... आप अनुमान लगा लेंगे।

बल्ले की आंखें थीं।...

उसने उस एक को लकड़ी डाल दी।...

प्रशंसा की, स्कोवरॉन कहते हैं, "धन्यवाद, मेल।...

मुझे लगता है कि मैंने थोड़ी मदद की।..."।

सभी व्यवसाय, प्रत्येक, और विनय।...

ब्लैंचर्ड, रिचर्डसन, कुबेक, बोयर।...

नौ की उस आकाशगंगा में, जो कहते हैं।

पेनेंट जीता।? से प्रत्येक।... वह था।...

वे दो शानदार घुटने-फेंकने से बचाते हैं।

बोयर द्वारा, दोहों में चालाकी-।

व्हाइटी की तीन तरह की पिच और प्री-।

निदान।

पिक-ऑफ साइकोसिस के साथ।...

पिचिंग एक बड़ा विषय है।...

आपकी भुजा, पहली बार में बहुत सच्ची है, सीख सकती है।

अपने कोनों को पकड़ें - यहां तक कि परेशानी भी।

मिकी मेंटल।... ("एक यांकी को चराई।!

मेरा बच्चा घड़ा, मोंटेजो।!"।

कुछ शिक्षाशास्त्र के साथ,।

आप कठिन, समय से पहले कौतुक होंगे।...)।

वे उसे भीड़ देते हैं और उसे वक्र करते हैं और घुटनों के लिए निशाना बनाते हैं।... कोशिश कर रहा।

वास्तव में।! गुप्त आसन्न:।

"मैं यहाँ खड़ा हो सकता हूँ, बल्लेबाजी स्थिर।..."।

एक उसे सूट कर सकता है ;;

किसी ने उसे नहीं मारा।...

इम्पोन्डेबल्स उसे मुस्कुराते हैं।...

मांसपेशियों में गांठ, संक्रमण, स्पाइक घाव।

भोजन की आवश्यकता होती है, आराम करें, रफियों से राहत लें।... (इसे दबोच लो।!

सेलिब्रिटी की गोपनीयता खर्च होती है।!)।

गाय का दूध, "बाघ का दूध," सोया दूध, गाजर का रस,।

शराब बनानेवाला खमीर (उच्च क्षमता-)

प्रेजेज जीत पर ध्यान केंद्रित करता है।

लुइस अरोयो, हेक्टर लोपेज द्वारा प्रायोजित।

एक चुटकी में घातक।... और हाँ,।

यह काम है; मैं चाहता हूं कि आप सहन करें,।

लेकिन इसका आनंद लें।

जब आप यह कर रहे हैं।..."।

श्री।... हौक और मि।... सेन,।

यदि आपके पास एक अफवाह बिक्री है,।

रोलाण्ड शेल्डन या टॉम ट्रेश को न बेचें।...

बेल्ट और मुकुट में सितारों के साथ अध्ययन किया गया,।

स्टेडियम एक एडस्ट्रियम है।...

ओ चमकती ओरियन,।

आपके सितारों को शेर की तरह मसल दिया जाता है।...

यहां कुछ भी सुंदर नहीं है।

हालाँकि मैं यह चाह सकता हूँ।... मैं नहीं कर सकता

इस पतली हवा का एक क्रिस्टल महल स्पिन करें,।

मेरी जीभ से तिल के रूप में एक अंधेरे आलीशान बुनें।

हालाँकि मैं चाहता हूँ।... फिर भी मैं अकेला नहीं हूं।

स्वरों के इन गलियों में, जो मुझे सुकून देते हैं।

एक कॉन्वेंट के एकल जीवित नन के रूप में।

उस प्रलय की दीवारों से सुकून मिलता है।

वह रात में चलता है, अपनी चलती मोमबत्ती से जलाया।...

मैं दर्पण या भविष्य से नहीं डरता।

-यहां तक कि आप, प्रेमी, गाय-वसा भटक रहे हैं।

और इस सांसारिक कगार के बगीचों में रगड़।

जहां मैं भी ट्रोड, एक सनस्पॉट, छत्र-छायांकित,।

पेड़ों को परिजनों, मधुमक्खियों, रंग हरा।

कविता है।

कविता है अवतरण।

कविता जीवन वाक्य है, रिलीज।

शब्दों पर, लिबर्टी सुर पैरोल।

कविता एक प्राचीन के लिए एक अंधा मार्गदर्शक है।

पहेली, एक दुर्गम के लिए।
गुप्त।
कविता एक तर्क है।
गतिशील और झंझट
कविता एक चीर टैग है-
हम कर सकते हैं।
उठाना और लहरना,।
यह एक छोटा : अनजान,।
निर्बोध, अस्थिर,।
सांस में,
कविता को भूलना है।
भूलने की बीमारी।
कविता को स्वयं को अलग करना है।
स्वयं।
कविता पूरी तरह से क्या है।
बाहर जाना।
कविता बिना खाली हो रही है।
थकावट।
कविता रिमोट के लिए बाधा है,।
अभी तक नहीं, नहीं।
अब, यहाँ नहीं,।
वहाँ नहीं,
पहले नहीं, न बाद में,।
न अभी।
कविता उबाऊ है।
कविता को जलाना और जन्म देना है।
उसी मुखर इशारे में।

कविता हो रही है-

यदि आप अपने सिर को अपने बारे में सब कुछ रख सकते हैं।

अपना खो रहे हैं और इसे आप पर दोष दे रहे हैं ;;

यदि आप खुद पर भरोसा कर सकते हैं जब सभी पुरुष आप पर संदेह करते हैं,।

लेकिन उनके संदेह के लिए भी भत्ता बनाओ;

यदि आप प्रतीक्षा कर सकते हैं और प्रतीक्षा करके थक नहीं सकते हैं,।

या, झूठ के बारे में झूठ बोला जा रहा है, झूठ में सौदा न करें।

या, नफरत किया जा रहा है, नफरत करने का रास्ता नहीं देते हैं,

और फिर भी बहुत अच्छे नहीं लगते, न ही बहुत बुद्धिमान बात करते हैं;

यदि आप सपने देख सकते हैं - और सपनों को अपना स्वामी नहीं बना सकते हैं;

यदि आप सोच सकते हैं - और विचारों को अपना उद्देश्य नहीं बना सकते हैं ;;

यदि आप विजय और आपदा के साथ मिल सकते हैं।

और उन दो impostors बस एक ही इलाज ;;

यदि आप अपने द्वारा बोली गई सच्चाई को सुनने के लिए सहन कर सकते हैं।

मूर्खों के लिए एक जाल बनाने के लिए चाकू से मुड़कर,।

या उन चीजों को देखें जिन्हें आपने अपना जीवन तोड़ा है,।

और घिसे-पिटे औजारों के साथ उन्हें रोकना और बनाना;

यदि आप अपनी सभी जीत का एक ढेर बना सकते हैं।

और इसे पिच-एंड-टॉस के एक मोड़ पर जोखिम में डालें,।

और हार जाओ, और अपनी शुरुआत में फिर से शुरू करो।

और अपने नुकसान के बारे में एक शब्द भी साँस न लें;

यदि आप अपने दिल और तंत्रिका और पाप को मजबूर कर सकते हैं।

चले जाने के बाद अपनी बारी की सेवा करने के लिए,।

और इसलिए जब आप में कुछ भी नहीं है, तो पकड़ो।

विल को छोड़कर जो उनसे कहता है: "रुको";

यदि आप भीड़ के साथ बात कर सकते हैं और अपना गुण रख सकते हैं,।

या राजाओं के साथ चलना - और न ही आम स्पर्श खोना;

अगर न तो दुश्मनों और न ही प्यार करने वाले दोस्त आपको चोट पहुंचा सकते हैं ;;

यदि सभी पुरुष आपके साथ गिनती करते हैं, लेकिन कोई भी बहुत अधिक नहीं है;

यदि आप अक्षम्य मिनट भर सकते हैं।

साठ सेकंड की दूरी के साथ-

तुम्हारा पृथ्वी है और उसमें जो कुछ भी है, वह सब कुछ है।

और - जो अधिक है - आप एक आदमी होंगे, मेरा बेटा।!

∗∗क़लमकार हूँ मैं∗∗

बड़ा मुश्किल भरा ज़िंदगी का सफ़र रहा मेरा।

पर फ़िर भी न टूटने वाला दीवार हूँ मैं।।

वो गुज़रे हुए लम्हों की यादें नक़श है सीने में।

पी जाऊँ सारी दुनिया के दर्द ऐसा संसार हूँ मैं।।

हर रंग हर ढंग हर तरह से गुलज़ार हूँ मैं।

लिखने को दास्ताँ हर शय "रहमत" तयार हूँ मैं।।

क़लम की सुख़ श्याही से निकलते शब्द के मोती।

ता-उम्र न रुकने वाला "क़लम" की धार हूँ मैं।।

दर्द को पिरो कर एक आकृति देने वाला।

बस्ती के एक छोटे से गाँव का क़लमकार हूँ मैं।।

आत्म हत्या एक अभिशाप

हर मुश्किल में ख़ुदा की पनाह मांगना

ज़िंदगी जीने का नाम है।

जियो जी भर के ज़िंदगी

आत्म हत्या एक अभिशाप है।।

कभी ख़ुशी तो कभी ग़मों का साया होगा

कभी ज़िंदगी अज़ीयत नाक सी लगने लगेगी।

पर फ़िर भी तुम "रहमत" मुस्कुरा देना

करके रौशन-ऐ दिल में दिया जला देना।।

मुश्किलों का दौर सब पर आता है

कोई ऐसा गुनाह मत करना।

अपने अज़ीज़ों अक़ारिब और ख़ुद की

दुनिया तबाह मत करना।।

"बिना फिज़ूल आत्म दाह मत करना"

शान्ति अंतर्मन में वास करती हैं, पहरडियो पर नहीं

शान्ति एक मुक्त उड़ती चिड़िया के सामान हैं

शान्ति एक बीज हैं, जो बढ़ता जाता है

शान्ति एक गुलाम का गुलदस्ता हैं जो सुगंध और मुस्कुराहट
लता हहै

शान्ति परमात्मा की भाषा हैं

शान्ति ही वो हैं जिसकी सकल विश्व को जरुरत हैं

शान्ति भीतर से आती हैं

शान्ति खुशहाली और स्वतंत्रता लती हैं

संबल

स्पर्श, कितना ही स्नेहिल हो पर

रह ही जाता है कुछ ना कुछ अनछुआ,

अच्छे से अच्छा वक्ता भी जब अभिव्यक्त करता है,

कुछ तो है, जो रह जाता अव्यक्त,

नजर कितनी भी पारखी क्यों ना रही हो,

नजरअंदाज हो ही जाता है कोई विशिष्ट गुण फिर भी,

और फिर कसक सी रह जाती है,

उस अनछुए रह गए स्पर्श की,

अव्यक्त रह गए शब्द की,

और एक अदद पारखी नज़र की,

और असल में ये कोई लालच या लालसा नहीं,

ये तो संबल है जीवन का,

जो जीवन को और बेहतर जीने का

जज़्बा देता है............

मै प्रेम में अंधा हूँ मुझें रंगो की परिभाषा नहीं मालूम,

मुझें गुलाबी का मतलब उसका होंठ और कत्थई उसकी आँखें समझती है, उसकी मुस्कान शायद श्री को रंग देती हैं और

उसका चेहरा सूकून का पर्यायवाची हैं मुझें नहीं पता भावनाओं की सीमा, किंतु उसका प्रेम मेरी समस्त भावनाओं का नियंत्रक हैं ! सारी दुनिया एक तरफ और तुम्हारा चेहरे पर बिखरती हुई ज़ुल्फों को कानों के पीछे खोंसते हूए माथे को चूम लेना एक तरफ,

तुम्हारें मिलनें से पहले जादू जैसे शब्दों पर मुझें कतई विश्वास नही था , फिर तुम आयी और मैनें उस दिन समझा दुनिया के तमाम जादुई मंत्र तुम्हारी आंखों की भाषा में ही लिख गए होंगें...........वो कौन ही जादू हैं जो तुम्हारी नज़रों से बचा हैं तुम से मिलनें के बाद मैं पुरानी इमारतों 7 अजूबे ,

दुनियां जिसे बेहतरीन कारीगरी कहती हैं उसे मैं भूल गया , किसी ने तुम्हारी आंखें ओर तुम्हारी नकासी देखी ही नही ।

परंतु मुझें तुम्हारा इतना कम साथ गवारा नहीं था ,फिर तुम्हारी बातें याद आ जाती हैं तुम कहा करती थी की

इतना आसान भी नही रूहों का मिलन जाने कितनी देहरियाँ लांघनी पड़ती हैं देह की,समय की व काल की,,

तब कहीं जाकर ... ...रूबरू होते है कृष्ण से राधा

इश्क़ की राहें बहुत छोटी हैं जबकि दर्द की रातें काफ़ी लंबी होती हैं...

जैसे कोई पानी की लहर किनारे तक आकर फिर वापस चली जाती हैं पर वो जो अपने ऊपर बह रही काई तथा फूल पत्तियों को किनारे पर ही छोड़ जाती हैं , उस काई के बोझ को पलकें महसूस करती हैं आंसूओं के सूख जाने के बाद ,मैं भी महसूस करता हूँ मैं अब सोचने लगा हूँ जैसे तुम्हारें बिना ,

धीरे धीरे पृथ्वी मेरे लिए प्रतिकूल होती जा रही हैं...भगवान को अब दूसरा नाटक रचना चाहियें

तुहें सोते उठते जागते याद करना

ये मरने, जीने, करने, खाने वाला नाटक बड़ा पुराना और रूढ़िवादी हो चला है इससे मैं अब ऊब गया... हूँ......अब उसे एक नयी दुनिया बसा लेनी चाहिए जो इस दुनिया से कही ज्यादा खूबसूरत हो और रहने योग्य भी। जहाँ हर प्यार करने वाला एकदूजे से मिल सकें उसके साथ जी सकें ।

जानें कितनी ही बार प्रेम मेरे दरवाजे तक आया

और बिना कुंडी खटखटाए चला गया तुम्हें मालूम है जीवन से प्रेम का चले जाना किसी चौखट पर कालिख पोत शापित लिख देना है.........फिर वह घर की चौखट हो या देह की आत्मा तुमनें जाते वक्त मेरी

आत्मा पर खरोंच मारी थी देह पर होते घाव तो
मलहम-पट्टी होती भला आत्मा के घाव की क्या मलहम
क्या पट्टी.........

स्मरण है ना तुम्हें तुमने एक बार मुझसे हास्य में कहा था,
कि मैं तुम्हें छोड़कर चली गयी तो क्या करोगे ये सब सुनकर
थोड़ा व्यथित तो हुआ मैं परन्तु मैंनें तुमसे बस इतना कहा कि
तुम मुझे बेशक छोड़ देना परन्तु मैं नही छोड़ पाऊंगा तुम्हें देखो
मुझें तुम आसमान के झरोखे से मेरे पास तुम कितनी रह गयी
हो तुम ख़ुद खुद को नही ले जा पाई ।

प्रेम में सब होते हैं

सब मे प्रेम नहीं होता,

इसलिए हम दोनों

प्रेमी नहीं, पूरक हैं।

नयी आशाएं

जन्म लेते ही पैदा हो जाती है - मानव की आशा।

और इसके साथ ही पैदा हो जाती है अभिलाषा।।

सर्वप्रथम मांबाप की आशा से होता,शिशु का नामकरण।

फिर धीरे-धीरे बचपन और शिक्षा करते हैं ग्रहण।।

अब जन्म लेती हैं युवावस्था की मधुरिमआशाएं।

प्रेमी-प्रेमिका प्रेम के बंधन में निशदिन लहराते जाएँ ।।

वैसे तो हमारे जीवन की अनंत आशाएं हैं आधार।

कभीअच्छी नौकरी तो कभी चाहें प्रगतिशील व्यापार।!

किसानों को हरदम रहती,खेती में बरसात की आशा।

मज़दूरों को काम करने के बाद रहती वेतन की आशा।।

नेताओं को चुनाव में सताती रहती है,जीतने की आशा।

वधुपक्ष को रहती निरंतर,बारात के आगमन की आशा।।

कभी जीवन में आशा बंधती धीरज और संगीत से।

खिलाडियों को आशायुक्त प्रेरणा मिलती है जीत से !।
रोगी को हरदम रहती है , तन्दुरूस्त होने की आशा।
व्यवसायी को रहती सदा,शुभलाभ कमाने कीआशा।।
कभी खत्म नहीं होती ज़िंदगी में ,उम्मीद की घड़ियाँ।
एक मंज़िल पाने के बाद,बढ़ जाती हैं जीने की सीढ़ियां।।
हमेशा उम्मीद करते हैं उसकी,जो न हो सका हमें हासिल।
खुदा का शुक्रिया करना भूल जाते हैं,जब मिल जाता है
साहिल।।

अपरफेक्ट

मैं अपूर्ण पैदा हुआ था,।
क्योंकि मैं दुनिया के तरीके नहीं जानता था,।
इसलिए मैंने कोशिश की, कोशिश की और कोशिश की।...
दिन और दिन बाहर,।
किसी के लिए नहीं बल्कि खुद के लिए।
अन्य।...
उन्होंने अनजाने में मुझे प्रेरित किया,।
क्योंकि मैं देख सकता था।
वे क्या कर सकते थे,
और मैं नहीं कर सका।...
मैं डगमगा गया,।
लेकिन मैं चला गया,।
मैं चला गया तो मैं भाग गया।...
मैं लड़खड़ा गया,।
लेकिन मैंने बात की,।
मैंने बोला तो मैंने गाया।...
मैं बड़ा हुआ,।
मैं बड़ा हुआ,।

जब भी मैं बड़ा हुआ खुशी से चकरा गया।...

अभी।

मैं गैर-मौजूद राय से डरता हूं,।

वह बादल मेरा कारण।...

मैं चल सकता हूं।

लेकिन शायद ही मेरे पास दिनों के लिए है,।

चल रहा है। ! मुझे शायद ही याद हो।

पिछली बार मैं भागा था।...

मैं गिर गया।

चलने से पहले।...

मैं बात कर सकता हूँ,।

लेकिन मैं हकलाना,।

क्योंकि मेरा मन मेरे मुंह से ज्यादा बोलता है।!

मैं शायद ही बोलता हूं जब मुझे चाहिए,।

सबसे अच्छा वक्तृत्व जब।

मैं अपने आप से बात करता हूं।!

दीवार पर दर्पण।

अक्सर मुझे बताओ,।

मैं विलीन हो गया,।

मैं विलीन हो गया हूं।...

उठो, मुझे चाहिए,

और गैर-मौजूद जंजीरों को तोड़ो,।

चल, दौड़ो और बोलो।

का अनजान।

दूसरे क्या सोच सकते हैं,

बढ़ने के लिए मैं कर सकता हूं,।

इसलिए मुझे बढ़ना चाहिए।

उठो मुझे चाहिए...

मैं हूं, मैं हूं।

और मैं ऐसा ही रहूंगा,।

जब तक मैं आराम करता हूं,।

अपूर्णता के लिए।

पूर्णता के लिए मेरी खोज को ईंधन देता है,।

इंच से इंच।

दिन पर दिन,।

प्रत्येक दिन एक नया पत्ता।...

उल्लास मुझे चाहिए,

चकले मुझे चाहिए,।

कोशिश करो मुझे चाहिए,

उठो मुझे चाहिए,

क्योंकि मैं जीवित हूं।

क्लोन।

सबसे पहले।

शब्द उन्हें परेशान करते हैं,।

इसलिए वे शब्दों की हत्या करने के लिए तैयार हैं।

फिर वे चुप्पी से परेशान होते हैं,।

वे बहाना बनाते हैं,।

चुप्पी की सांस लेने के लिए,।

उनका आखिरी और सबसे बुरा डर है।

सोचने से,।

इसलिए वे चाहते हैं कि हर एक दिमाग भरा जाए।

उनकी सोच की प्रतिकृति के साथ ....।

नहीं ग़म है होता बिछड़ने का इतना

कि ग़म जितना होता बिछड़ने के डर से।

है कर जाती तय मौत वो फासले भी
नहीं हम जो कर पाएं मरने के डर से।
सनातन संस्कृति की पुनर्स्थापना
समय अनुरूप, जीवन व्यवस्था बदलते जाओ
दूषित परम्पराओं पर, तुम खुद को ना चलाओ
यदि आपकी बुद्धि, रूढ़ियों में ही जकड़ी रहेगी
जीवन में सुख शान्ति सदा, कायम कैसे रहेगी
स्वतन्त्र करो इन बेड़ियों से, अपना हर संस्कार
सबके लाभार्थ करो, अपने मन में दिव्य विचार
संस्कार संशोधित कर, जीवन को श्रेष्ठ बनाओ
अपने ही अन्तर्मन की, सात्विकता को बढ़ाओ
सामाजिक परम्पराओं का, सुधार करते जाओ
दिव्यता को जन जन में, स्थापित करते जाओ
शुद्ध मनोवृत्ति ही, समाज को स्वच्छ बनाएगी
सनातन संस्कृति विश्व में, स्थापित हो जाएगी।।
∗मौत लगने लगी भली∗
लंबी होती गई, वक्त के साथ ग़मों की ये गली
बचे हैं कुछ लम्हे अब, ज़िन्दगी ख़त्म हो चली
सोचा था कुछ पल तो, खुशी से गुजारेंगे मगर
ख़ुशी भी अपने मिज़ाज से, थी कुछ मनचली
बड़े अरमान थे कि, बांधकर रखूंगा मैं उसको
जाने कब चकमा देकर, दूर कहीं वो उड़ चली
खुशी रहती मेरे पास, तो सब पर उसे लुटाता
मेरी ये पाकीज़ा चाहत भी, ना फूली ना फली
रौंद डाला है किसी दरिन्दे ने, एक मासूम को
नजर आती थी जो, ख़ुशनुमा नन्ही सी कली
किसी से कायम ना होगा, ज़हां में अमन चैन

नफरत की आग में रूहें, नजर आती हैं जली
जिसे भी देखो वही, बड़ा परेशान नजर आता
सबके जहन में मची है, अजीब सी खलबली
ज़िन्दगी से इस तरह, हो गया नाराज हर कोई
मौत भी ज़िन्दगी से, लगने लगी सबको भली

लक्ष्य का रसपान

छोड़ निराशा की बातें, भर हौसलों की उड़ान
दिखा बनाकर अपनी, जग में अलग पहचान
कर्मशील बनकर अपने, भाग्य को तू निखार
संस्कारों का शोधन कर, रखकर शुद्ध विचार
गिरकर चोटिल होना, फिर से तुम सम्भलना
लक्ष्यपथ पर बिना रुके, सदा निरन्तर चलना
तेरा जीवन मंजिल बिना, व्यर्थ चला जाएगा
गुमनामी के अंधेरों में, तू खुद ही खो जाएगा
हर पल है शुभ मुहूर्त, अभी से कर शुरुआत
जोश जगाकर चलता चल, दिन देख ना रात
कुछ पल मैं विश्राम करूँ, मन में तेरे आएगा
आलस्य की नींद तुझे, यही विचार सुलाएगा
सफलता पाने का समझ ले, एक यही तू राज
चल रे चल चल रे चल, ये खुद को दे आवाज
गिरते उठते हो जाना, चाहे तू पूरा लहूलुहान
अडिग रहा तो कर पाएगा, लक्ष्य का रसपान

मेरी कलम तू सच लिखना

मन मेरा कितना भी बहके

मै सुभाष बोल रहा हूं ,
आजादी कि आवाज बोल रहा हूं
कुछ प्रश्न मै उठाता हूं , जिसका जवाब तुम दे देना

कुछ उत्तर मै छोड़ गया हूं , जिसका प्रश्न बना लेना
मै भारत उड़ीसा कटक से एक आवाज बन जाता हूं
देश संपूर्ण स्वराज आजाद चाहिए ये आवाज़ लगाता हूं
मै सुभाष बोल रहा हूं

आजादी की आवाज बोल रहा हूं

किस किस ने मेरी मृत्यु का निज स्वार्थ में दफन किया
किस किस ने मेरी आजद फौज में अपना कफ़न दिया
मै पूछ रहा हूं प्रश्न की किसने मेरे स्वराज को बांट दिया
जैसा स्वराज मै चाहता था , क्यूं वैसा बनने नहीं दिया
मै सुभाष बोल रहा हूं

आजदी की आवाज बोल रहा हूं

मै गांधी के विचारों की , ना मिलती हुई परिभाषा हूं
देश की आजादी , मकशद हम दोनों का एक ही है
बस मै विवेकानंद के विचारों में जन्मी एक आशा हूं
मै भारत की मिट्टी से उठती हुई आजादी कि भाषा हूं
मै सुभाष बोल रहा हूं

आजादी की आवाज बोल रहा हूं

सुनो देश के प्यारे वासी कुछ ने मेरी आवाज दबाना चाहा
बारह बार मुझे जेलों में डाला, अतांकवाद बताना चाहा
सबको मै बतला दूं , दोनों गालों पर थप्पड़ नहीं खाया
मृत्यु मेरी बताया जिसने उसी ने देश का बंटवारा चाहा
मै सुभाष बोल रहा हूं

आजादी की आवाज बोल रहा हूं

किस तरह भारत का परचम विदेशों में लहरावाया था
आजाद हिन्द फौज का पुनर्गठन मैंने ही करवाया था
लाहौर में जा कर भारत का झंडा मैंने ही फहराया था
मैंने ब्रिटिश सरकार को दात तले उंगलियां दबवाया था

पावती (स्वीकृति)

मै सुभाष बोल रहा हूं
आजादी की आवाज बोल रहा हूं.........
" बड़ी अच्छी आदत है उनकी,
तानाकशी की दोस्तों।
इसी बहाने ही सही उन्होंने,
हमें निहारा तो सही। "
पार उतर जाओ
पांच छेद की जीवन नैया, कब तक यूँ बहेगी
बन्द अगर ना किए इन्हें, तो अवश्य ये डूबेगी
अति सूक्ष्म और भयानक, तृष्णाओं का छेद
अधूरी तृष्णाओं से मन को, होता रहता खेद
पूरी हुई तृष्णा ही, नई तृष्णा मन में जगाती
इसी तरह तृष्णाएं, निरन्तर बढ़ती ही जाती
तृष्णाओं का छेद यूँ ही, विशाल होता जाता
नई नई तृष्णाओं के, अनगिनत छेद बनाता
क्रोध का छिद्र विवेक को, खोखला कर देता
सोच समझ और सारा ज्ञान, चोरी कर लेता
क्रोध का स्वरूप जितना, होता जाता विशाल
सम्बन्ध सबसे टूटते, आगे बढ़ना होता मुहाल
जीवन नैया में जब, लोभ का छिद्र बन जाता
विवेक रूपी पैंदे को, दीमक बनकर खा जाता
भ्रष्ट बनाकर हमें यही, पतन की ओर ले जाता
नैतिकता को गलाकर, भँवर में नैया फँसाता
मोह का छेद नैया को, नए बंधनों में उलझाता
अपनों से बिछड़ने की, पीड़ा में बहुत रुलाता
बंधनों के मकड़ जाल में, हम सबको फँसाता
मंजिल से पहले ही, जीवन नैया को अटकाता

नैया डूबनी निश्चित होती, अहंकार जब आता

अहंकार में डूबा मानव, सोच नहीं कुछ पाता

मेरी दौलत मेरी ताक़त, मैं ही सबसे बलवान

घमण्डी मानव समझता, खुद को ही भगवान

कर लो नैया डुबाने वाले, इन छेदों की पहचान

इन्हें बन्द किए बिना, पार जाना नहीं आसान

पवित्र संकल्पों का मसाला, इनमें भरते जाओ

ईश्वरीय मत की लेप से, बन्द इन्हें करते जाओ

जीवन नैया को तुम, भवसागर में आगे बढ़ाओ

लक्ष्य पर रखकर कड़ी नजर, पार उतर जाओ

बस इतनी सी चाहत है साहिब, चांद तारों में नाम हो।

पांव भले ही जमीं पर हो, मगर आसमां में मुकाम हो।

हालातों ने खो दी चेहरे की मुस्कान.........वरना......जहाँ बैठते थे वहाँ रौनक़ ला दिया करते थे।

हमारी ज़िंदादिली ही है हमारी पहचान......... हम अपनी ख़ुशमिज़ाजी से महफ़िलों को महका दिया करते थे।

हालातों के हाथ मज़बूर हैं, ना चाह कर भी यारों से दूर हैं।

सब याद करते हैं, हम से था महफ़िलों में नूर, ख़ैर फिर भी हम करते नहीं गुरूर।

हम से थीं महफ़िलों में सजावटें, हमारी होने पर सब को सुनाई देतीं थीं मन को लुभाने वाली आहटें।

हम ला देते थे चेहरों पर मुस्कुराहटें।

वो दौर कुछ और था , ख़ैर अँधेरे छट जाएँगे, फिर से मस्ती से भरे दौर आएँगे।

फिर से हँसेंगे , हँसाएँगे, महफ़िलों की शान बढ़ाएँगे !

पावन शीतल ये हवा, देती है संदेश ।

वितरण करिए नेह का,सुरभित हो परिवेश ।।

एक मुल्क का बादशाह बीमार हो गया, जब बादशाह ने देखा के उसके बचने की कोई उम्मीद नहीं तो उसने अपने मुल्क में ऐलान करवा दिया कि वो अपनी बादशाहत उस के नाम कर देगा जो उसके मरने के बाद उस की जगह एक रात क़ब्र में गुज़ारेगा

सब लोग बहुत ख़ौफ़ज़दा हुए और कोई भी ये काम करने को तैयार ना था, इसी दौरान एक कुम्हार जिस ने सारी ज़िंदगी कुछ जमा ना किया था । उस के पास सिवाए एक गधे के कुछ ना था उस ने सोचा कि अगर वो ऐसा करले तो वो बादशाह बन सकता है और हिसाब किताब में क्या जवाब देना पड़ेगा उस के पास था ही किया एक गधा और बस! सौ उसने ऐलान कर दिया कि वो एक रात बादशाह की जगह क़ब्र में गुज़ारेगा। बादशाह के मरने के बाद लोगों ने बादशाह की क़ब्र तैयार की और वायदे के मुताबिक़ कुम्हार ख़ुशी ख़ुशी इसमें जाकर लेट गया, और लोगों ने क़ब्र को बंद कर दिया,

कुछ वक़्त गुज़रने के बाद फ़रिश्ते आए और उसको कहा उठो और अपना हिसाब दो। उसने कहा भाई हिसाब किस चीज़ का मेरे पास तो सारी ज़िन्दगी था ही कुछ नहीं सिवाए एक गधे के !!! फ़रिश्ते उसका जवाब सुनकर जाने लगे लेकिन फिर एकदम रुके और बोले ज़रा इसका नाम आमाल खोल कर देखें इस में क्या है, बस फिर क्या था, सबसे पहले उन्होंने पूछा कि हाँ भई! फला फला दिन तुम ने गधे को एक वक़्त भूखा रखा था, इसने जवाब दिया हाँ, फ़ौरी तौर पर हुक्म हुआ कि उसको सौ कोड़े मारे जाएं, उसकी ख़ूब धुनाई शुरू हो गई।

इसके बाद फिर फ़रिश्तों ने सवाल किया अच्छा ये बताओ फला फला दिन तुमने ज़्यादा वज़न लादकर उसको मारा था, उसने कहा कि हाँ फिर हुक्म हुआ कि उस को दो सौ कोड़े मारे जाएं, फिर मार पड़ना शुरू हो गई। ग़रज़ सुबह तक उसको मार

पड़ती रही।

सुबह सब लोग एक हुए और क़ब्र ख़ुदाई की ताकि अपने नए बादशाह का इस्तक़बाल कर सकें। जैसे ही उन्होंने क़ब्र खोली तो उस कुम्हार ने बाहर निकल कर दौड़ लगा दी, लोगों ने पूछा बादशाह सलामत किधर जा रहे हैं, तो उस ने जवाब दिया, ओ भाईयों पूरी रात में एक गधे का हिसाब नहीं दे सका तो पूरी रियासत और मुल्क का हिसाब कौन देता फिरे.........।

कभी सोचा है कि हमें भी हिसाब देना है......... और पता नहीं कि किस किस चीज़ का हिसाब देना पड़ेगा जो शायद हमें याद भी नहीं......!

क्योंकि वो अनपढ़ थी ना............!

एक मध्यम वर्गीय परिवार के एक लड़के ने 10वीं की परीक्षा में 90% अंक प्राप्त किए।

पिता ने मार्कशीट देखकर खुशी-खुशी अपनी बीवी को कहा कि बना लीजिए मीठा दलिया, स्कूल की परीक्षा में आपके लाड़ले को 90% अंक मिले हैं ......!

माँ किचन से दौड़ती हुई आई और बोली, "......मुझे भी बताइये, देखती हूँ.........! इसी बीच लड़का फटाक से बोला.........

"बाबा उसे रिजल्ट कहाँ दिखा रहे हैं ?......... क्या वह पढ़-लिख सकती है ? वह अनपढ़ है ....!"

अश्रुपूर्ण आँखों को पल्लू से पूछती हुई माँ दलिया बनाने चली गई...

ये बात पिता ने देखी.........! फिर तुरंत उन्होंने लड़के के कहे हुए वाक्यों में जोड़ा और कहा......... "हां रे ! वो भी सच है.........!

जब हमारी शादी हुई तो तीन महीने के अंदर ही तुम्हारी माँ गर्भवती हो गई...... मैंने सोचा शादी के बाद कहीं घूमने नहीं गए......... एक दूसरे को ठीक से हम समझे भी नहीं हैं

चलो इस बार अबॉर्शन करवा कर आगे चांस लेते हैं...... लेकिन तुम्हारी माँ ने ज़ोर देकर कहा ∗"नहीं"∗ बाद में चाँस नहीं............ घूमना फिरना और आपस में समझना भी नहीं फिर तेरा जन्म हुआ.............

∗क्योंकि वो अनपढ़ थी ना...........!∗

जब तू गर्भ में था तो उसे दूध बिल्कुल पसंद नहीं था फिर भी उसने तुम्हें स्वस्थ बनाने के लिए नौ महीने तक हर दिन दूध पिया ....

∗क्योंकि वो अनपढ़ थी ना ....∗

तुझे सुबह सात बजे स्कूल जाना रहता था इसलिए उसे सुबह पांच बजे उठकर तुम्हारा मनपसंद नाश्ता और डिब्बा बनाती थी..............

∗क्योंकि वो अनपढ़ थी ना ....∗

जब तुम रात को पढ़ते-पढ़ते सो जाते थे तो वह आकर तुम्हारी कॉपी व किताब बस्ते में भरकर तुम्हारे शरीर को ओढ़ने से ढँक देती थी और उसके बाद ही सोती थी.........

∗क्योंकि वो अनपढ़ थी ना ....∗

बचपन में तुम ज्यादातर समय बीमार रहते थे......... तब वो रात- रात भर जागकर वापस जल्दी उठती थी और सुबह ही काम पर लग जाती थी............

∗क्योंकि वो अनपढ़ थी ना.........∗

तुम्हें, ब्रांडेड कपड़े दिलाने के लिये मेरे पीछे पड़ती थी और खुद सालों तक एक ही साड़ी पर रहती थी ।

∗क्योंकि वो अनपढ़ थी ना............∗

बेटा .... पढ़े-लिखे लोग पहले अपना स्वार्थ और मतलब देखते हैं...... लेकिन तुम्हारी माँ ने आज तक कभी अपना मतलब नहीं देखा।

क्योंकि अनपढ़ थी ना वो.........

वो खाना बनाकर, हमें परोसकर, कभी-कभी खुद खाना भूल जाती थी......... इसीलिए मैं गर्व से कहता हूं कि *'तुम्हारी माँ अनपढ़ है.........'*

यह सब सुनकर लड़का रोते-रोते लिपटकर अपनी माँ से बोलता है......... "माँ! मुझे तो कागज पर ही 90% अंक मिले हैं लेकिन मेरे जीवन को 100% बनाने वाली पहली शिक्षक आप हैं।

माँ! मुझे आज 90% अंक मिले हैं, फिर भी मैं अशिक्षित हूँ और आपके पास पीएचडी के ऊपर भी उच्च डिग्री है क्योंकि आज मैं अपनी माँ के अंदर छुपे डॉक्टर, शिक्षक, वकील, ड्रेस डिजाइनर, बेस्ट कुक इन सभी के दर्शन कर लिये...

ज्ञान बोध प्रत्येक लड़का-लड़की, *जो अपने माता-पिता का अपमान करते हैं, उन्हें अपमानित करते हैं... छोटे-मोटे कारणों के लिए उन पर क्रोधित होते हैं।*उन्हें सोचना चाहिए कि उनके माता-पिता ने उनके लिए क्या-क्या कष्ट सहा है।

जो *पिता* के पैरों को छूता है

वो कभी *गरीब* नहीं होता।

जो *मां* के पैरों को छूता है

वो कभी *बदनसीब* नही होता।

जो *भाई* के पैरों को छूता है

वो कभी *गमगीन* नही होता।

जो *बहन* के पैरों को छूता है

वो कभी *चरित्रहीन* नहीं होता।

जो गुरू के पैरों को छूता है

उस जैसा कोई

खुशनसीब नहीं होता...................

अच्छा *दिखने* के लिये मत जिओ

बल्कि *अच्छा* बनने के लिए जिओ

जो *झुक* सकता है वह सारी

दुनिया को *झुका* सकता है

अगर बुरी आदत *समय पर न बदली* जाये

तो बुरी आदत *समय बदल देती* है

चलते रहने से ही *सफलता* है,

रुका हुआ तो पानी भी *बेकार* हो जाता है

झूठे दिलासे से *स्पष्ट इंकार* बेहतर है

अच्छी *सोच*, अच्छी *भावना*,

अच्छा *विचार* मन को हल्का करता है

मुसीबत सब पर आती है,

कोई *बिखर* जाता है

और कोई *निखर* जाता है

दुनिया की ताकतवर चीज है *"लोहा"*

जो सबको काट डालता है ....

लोहे से ताकतवर है *"आग"*

लोहे को पिघला देती है...........

आग से ताकतवर है *"पानी"*

जो आग को बुझा देता है...........

और पानी से ताकतवर है *"इंसान"*

जो उसे पी जाता है...........

इंसान से भी ताकतवर है *"मौत"*

जो उसे खा जाती है...........

और मौत से भी ताकतवर है *"दुआ"*

जो मौत को भी टाल सकती है........

"तेरा मेरा"करते एक दिन चले जाना है.........

जो भी कमाया यही रह जाना है

कर ले कुछ अच्छे कर्म
साथ यही तेरे आना है
मुझे वो रिश्ते पसंद है,*
जिनमें "मैं" नहीं "हम "हो
पलकों से
पोंछ कर आंसू
चूमती है
दिन में कई बार आईना
खिलखिलाती हुई
लिखती है
तितलियों की पीठ पर
प्रेम की इबारत
मैं इस लड़की से
मिलना चाहता हूं
मर रहे समय में
जीना चाहता हूं......
परम् सफलता का दिव्य प्रसाद
अपने अनमोल जीवन को, इतना श्रेष्ठ बनाओ
दो पंक्तियों के छंद नहीं, महाकाव्य कहलाओ
विध्नों रूपी कंकड़ पत्थर, से तुम ना घबराओ
नरम गलीचे भी मिलेंगे, बस तुम चलते जाओ
चिन्ता की सब रेखाएं, अपने चेहरे से मिटाओ
सौम्य मुस्कान सम्पन्न, अपना व्यक्तित्व बनाओ
त्यागो छोटी छोटी बातों की, घुमावदार गलियां
मन उपवन में उगाओ, सुगन्धित फूल फलियां
लक्ष्य बड़ा ना समझो, भर लो शक्ति चलने की
कहीं बीत न जाये, घड़ियां खुद को बदलने की

मन पतंग बांधे रखना, ईश्वरीय मत की डोर से

उड़ते रहो चाहे चले, विघ्नों की हवायें जोर से

धीरज रखकर, मंजिल की तरफ बढ़ते जाओ

प्रभु से परम् सफलता का, दिव्य प्रसाद पाओ

हम जून से जून तक झूलते हैं।

जब मैं इतना छोटा हूं कि दा की जुराब मेरी बांह को ढँक देती है, हम।

गोधूलि पर क्रूज जब तक हम असली जगह नहीं पाते।

पुरुष शांत, रक्तपात और पारदर्शी के साथ शांत।...

उनकी मुस्कुराहट हमारे जैसा ही सोना चढ़ाया हुआ है।

बार स्टूल पर महिलाओं द्वारा बहाव, कुछ भी नहीं बचा है।

उनमें लेकिन अप्रोचनेस।... यह एक स्कूल है।

मुझे अभी तक पता नहीं है।... लेकिन क्यू स्टिक का मतलब है हम।

लकड़ी के रूप में चिकनी, प्रकाश द्वारा रगड़ रहे हैं।

गाने के लिए धूम्रपान पतला।... हम देर से बाहर नहीं निकले।...

कल रात हम गली के बीच में खड़े थे।

चांदनी लॉन और पड़ोसी हड़ताल को देखा।

चेहरे में उसका बेटा।... एक छाया ने सीधे दस्तक दी।

दा ने मुझे सब कुछ छोड़ने का वादा किया: फावड़ा हम।

कुत्ते को दफनाने के लिए इस्तेमाल किया, वह शब्द जिसे वह गाना पसंद करता था।

उसकी जंग लगी पिस्तौल, उसकी चीख़ी बाइबल, उसका पाप।...

लड़के के स्नीकर्स सड़क पर हल्के थे।... हम।

उसे घायल और पतले दिखने के लिए हमें दौड़ते हुए देखा।...

वह अपने पिता के जिन को झूठ बोलते या पीते हुए पकड़ा गया था।...

वह एक आदमी होने की कोशिश कर रहा था, अपने मा का बचाव कर रहा था।... हम।

सड़क पर खड़ा था, और मेरे पिता ने जैज़ के बारे में बात की,।

कैसे कभी-कभी एक धुन नाराजगी से पैदा होती है।... जून तक।

लड़के को बंद कर दिया जाएगा।... उस रात हम।

मेरे कमरे में हमारे घुटनों पर बैठ गया।... अगर मुझे मरना चाहिए।

इससे पहले कि मैं जागता।... दा ने मुझसे कहा, यह बहुत जल्द होगा।...

हम जिस टेंटेड शहर में जाते हैं, उसमें आग के ईथर से कमजोर हो जाते हैं।

बाद में।... खोया और ठंडा हुआ-।

दिल के दर्द से।... हम क्या।

पता है कि हम क्या जानते हैं।... बायां।

हाथ अलग और स्कूल-।

चतुराई से एड।... सप्ताह के दिनों की एक प्लेट खाना पकाने।... घंटे बाद में दुबका हुआ।... देर से-।

रात का जप।... शहर में हम।

जाओ।... अपनी आँखें बंद करो और हड़ताल करो।

झटका।... इसकी छाया से प्रकाश को सीधा किया जा सकता है।... हम क्या।

ब्रेक वही है जो हम पकड़ते हैं।... एक विलक्षण नीला नोट।... एक आक्रोश ने गले से बाहर निकलकर गाना गाया।... हम।

जब तक हम पतले, पतले- धक्का।

राजा हम फिर से रेंगना नहीं होगा।...

जबकि भगवान अपने परिजनों को चाटता है, हम।

तब तक गाएं जब तक हमारा खून जैज़ न हो जाए।

हम जून से जून तक झूलते हैं।...

हमें रोने से रखने के लिए पसीना आता है।... भूख के आहार पर तैयार, हम बहुत जल्द समाप्त हो जाते हैं।

विषाक्त संस्कृतियों में, वर्कहॉलिक होना सामान्यीकृत है और नींद का त्याग करना महिमामंडित है।... आगे बढ़ने का सबसे अच्छा तरीका है बाहर जला देना।

स्वस्थ संस्कृतियों में, जीवन की गुणवत्ता की उम्मीद की जाती है और जीवन मनाया जाता है।... आपको अपने काम से ऊपर अपनी भलाई के लिए प्रोत्साहित किया जाता है।

ये आज़मान कमाल दी, उसकी दुआ पर मुसीबत भी टाल दी, ऊपर वाले ने माँ के प्यार की

रब ने माँ को कुछ इस तरह मिसाल दी, कि जन्नत उठा के माँ के क़दमों में डाल दी।

अजीब

मैं बहुत ज्यादा नहीं कहना चाहता क्योंकि मैं अजीब हूं, मैं आपको ऐसी बातें नहीं बताना चाहता, जिनसे आप डरेंगे कि मैं कह सकता हूं कि मैं आपका इंतजार करूंगा, लेकिन मैं नहीं रहूंगा कि मैं वादे कर सकूं लेकिन वे टूट जाएंगे

मैं कह सकता हूं कि मैं आपकी देखभाल कर रहा हूं, लेकिन रोऊंगा नहीं, मैं फूलों को चुन सकता हूं, लेकिन वे मर जाएंगे मैं कह सकता हूं कि मैं अपना सर्वश्रेष्ठ करूंगा और बदलाव नहीं कर सकता, मैं वादे कर सकता हूं लेकिन वे टूट जाएंगे (ए, हाँ, ऐ) ।

हवा के साथ चला गया मुझे कुछ मिला जो मैं अब नहीं कह सकता कि मैं रसातल में उड़ रहा हूं मैं बाहर निकलने के रास्ते पर मिचली महसूस कर रहा हूं आप मुझे नीचे रख सकते हैं लेकिन मैं एक अलग (व्यक्तित्व) बहुत समय ऑनलाइन खर्च करता हूं क्योंकि मुझे वास्तविकता पसंद नहीं है ।

हाँ अब मैं चकित और भ्रमित हूँ कि आप यहाँ क्यों हैं।? आपको मेरा कमरा छोड़ देना चाहिए आप बहुत सुंदर और परिपूर्ण हैं मैं अपने उद्देश्य को नहीं समझता।

मैं बहुत ज्यादा नहीं कहना चाहता क्योंकि मैं अजीब हूं। (मैं बहुत ज्यादा नहीं कहना चाहता।) मैं आपको ऐसी बातें नहीं बताना चाहता, जिनसे आप डरेंगे। (आपको ऐसी बातें बताएं जिनसे आप डरेंगे।) मैं कह सकता हूं कि मैं आपका इंतजार करूंगा लेकिन नहीं रहूंगा। (नहीं, मैं नहीं रहूंगा।) मैं वादे कर सकता हूं लेकिन वे टूट जाएंगे। (वादे लेकिन वे तोड़ देंगे।)

मैं कह सकता हूं कि मैं आपकी देखभाल कर रहा हूं, लेकिन रोऊंगा नहीं (मुझे बिल्कुल परवाह नहीं है) मैं फूलों को बाहर निकाल सकता हूं, लेकिन वे मर जाएंगे (कृपया इन्हें न दें मरो) मैं कह सकता हूं कि मैं अपना सर्वश्रेष्ठ प्रदर्शन करूंगा और बदलाव नहीं करूंगा (वादे टूटेंगे)।

मैं वादे कर सकता हूं लेकिन वे टूट जाएंगे (मुझे आपसे प्यार है)।

मुझे आपकी जरूरत पहले से ज्यादा है।

हाँ, मैं ईमानदार रहूँगा।

यह तीन महीने की बात है जैसे कोई बात नहीं कर रहा है, हर समय पीछे मुड़कर देखने के लिए खो जाने के लिए कोई और आँखें नहीं।

मुझे अकेले रहने से नफरत है कम से कम मुझे अपना विवेक मिला।

आपने मुझे यहां छोड़ दिया है।

मेरे कमरे में बंद कर दिया गया, इन सभी गीतों को लिखना हर सुबह उठता है और अपने कंप्यूटर को चालू करता है क्योंकि मैं आपके और मेरे इन विचारों से कैसे निपटता हूं अब मैं बादलों पर था।

मैंने आपके लिए एक संदेश लिखा था लेकिन मैं इसे नहीं भेज सका।

मुझे इसका पछतावा है, हाँ।

मुझे खेद है कि मैं दयनीय हूं यह क्या है।? एक बीमारी पकड़ ली और बेहतर नहीं हो रही होगी सूरज चमक रहा हो सकता है लेकिन यह बारिश के मौसम की तरह लगता है, हाँ।

मैं इसे कम पर रखने की कोशिश करता हूं मैं आपको अपने दिमाग से निकालने की कोशिश करता हूं मैं अपनी भावनाओं को अंदर (अंदर) रखने की कोशिश करता हूं लेकिन यह कभी-कभी कठिन होता है।

प्यार मैं कभी नहीं हो सकता।

मैंने सोचा था कि आपके साथ यह काम कर सकता है लेकिन मुझे लगता है कि मैं फिर से गलत था मुझे यकीन नहीं है कि यह मेरे साथ है मैं दोस्तों के साथ कभी अच्छा नहीं रहा।

प्यार करना जहर है।, मैं फिर से गिरता रहता हूं।, फिर से गिरना।, मुझे नीचे खींच रहा है।, मुझे पता है।, शामिल होने से।, इसका एकमात्र गुनना अंत है।, जमीन पर मेरे साथ केवल गुनना अंत।, भीख मांगना मत।, मैं भीख माँग रहा हूँ न जाओ।, हम में से अच्छे के लिए मत जाओ।, im भीख माँगना मत जाओ।, im भीख माँगना मत जाओ।, हम में से अच्छे के लिए मत जाओ।,

मुझसे रहने के लिए विनती करते थे, लेकिन अब आप जा रहे हैं, हो सकता है कि यह आपका तरीका भी हो, क्योंकि मैं इन उड़ानों पर बैठा हूं, मेरे द्वारा लिखे गए सभी संदेश, कभी-कभी आश्चर्य होता है कि क्या आपने उन्हें पढ़ने के लिए समय लिया है,।

जैसे यह वास्तव में क्या है यह भी आया है।, विशेष रूप से सब कुछ के बाद हम के माध्यम से अटक गया।, शायद तुम सही हो तुम कभी मुझसे प्यार करते हो।, लेकिन आप किसी ऐसे व्यक्ति को खो रहे हैं जो वास्तव में आपसे प्यार करता है।, मुझे लगता है कि दर्द होता है झूठ नहीं बोल सकता।, एक भावना जो केवल कभी-कभी गनना खराब हो जाती है।, मैं मुश्किल से शब्द पा सकता हूं।, मुझे बस यहीं तुम्हारी जरूरत है।, पूरे साल इसे मिटाने में केवल एक सेकंड का समय लगता है।, यह हमेशा मेरा डर था।, मुझे लगता है कि यह सही था।, अब मैं हर रात आपके बारे में सोचता हूं।, मैं नहीं ले सकता।,

प्यार करना जहर है।, मैं फिर से गिरता रहता हूं।, फिर से गिरना।, मुझे नीचे खींच रहा है।, मुझे पता है।, शामिल होने से।, इसका एकमात्र गुनना अंत है।, जमीन पर मेरे साथ केवल गुनना अंत।, im भीख माँगना मत जाओ।, im भीख माँगना मत जाओ।, हम में से अच्छे के लिए मत जाओ।, im भीख माँगना मत जाओ।, im भीख माँगना मत जाओ।, हम में से अच्छे के लिए मत जाओ।

मैंने आपको बताया कि मुझे सबसे ज्यादा दर्द होता है और आपने इसे पूरी तरह से किया है, मैंने आपको बताया कि मुझे सबसे ज्यादा दर्द होता है, और आपने इसे किया।

प्यार करना जहर है।, मैं फिर से गिरता रहता हूं।, फिर से गिरना।, मुझे नीचे खींच रहा है।, मुझे पता है।, शामिल होने

से।, इसका एकमात्र गुनना अंत है।, जमीन पर मेरे साथ केवल गुनना अंत।, im भीख माँगना मत जाओ।, im भीख माँगना मत जाओ।, हम में से अच्छे के लिए मत जाओ।, im भीख माँगना मत जाओ।, im भीख माँगना मत जाओ।, हम में से अच्छे के लिए मत जाओ।

बदनामी की शाम

"जो मेरे साथ किया ऐसा तुम उसके साथ कभी मत करना"

कोशिशें भले ही कामयाब हुई तुम्हारी मुझको मिटाने की

मरते मरते भी अपना बदनसीब तुम्हें नाम दे जाऊंगा।

यह शोहरतें किस काम की जिसमे दोस्त मेरे दुश्मन हो गए

जो कभी पूरे ही नहीं हुए मेरे वो तमाम अरमान तुम्हे दे जाऊंगा।

वैसे तो प्यार के सिवा कुछ नहीं दिया मैंने तुमको जिंदगी मे

जिसने मुझे मिटाया है उसी हस्ती को मै इनाम मे तुम्हें दे जाऊंगा।

मेरे दुनिया में होने से तुम अपने आपको भी मजबूर समझते थे।

जहां हम मिले थे कभी वह घर ही नहीं सारा जहान तुम्हें दे जाऊंगा।

वैसे तो सच्चाई एक न एक दिन तुम्हारे सामने जरूर ही आएगी

उस सच्चाई मे अपने बेमौत मरने का मै पैगाम तुम्हें दे जाऊंगा।

मुझे याद करके कभी अपनी ये हसीन कोहिनूरी आंखें ना भिगोना

फिर भी जज्बात नहीं संभलेंगे सुलगते आंसुओं का तूफान दे जाऊंगा।

जो मेरे साथ किया तुम ऐसा उसके साथ कभी मत करना।

वर्ना जुदाई के ये दिन और बदनामी की शाम तुम्हें दे जाऊंगा।

और बारिश हम सभी को मार डालेगी, हम सभी को दीवार के खिलाफ फेंक देगी, और कोई नहीं देख सकता है,।

मुझमें शहीद का संरक्षण।

अपने रेगिस्तान ड्रिल जाओ।

अपनी कब्र खोदें फिर अपना मुंह सभी से भरें।

पैसा आप करेंगे

में डूबना, फिर से छोटा होना, मैं कर रहा हूँ, यह है।

शुरू किया मैं अकेला नहीं हूं।...

अभी भी मैं सहन करता हूं।

दर्द के फूल।...... अभी भी मैं सहन करता हूं।

एकांत के फूल।

इस शादी की हड़ताल की बात यह है कि मैंने कभी सुना है सबसे मजेदार बकवास है।... मैं।

मतलब, क्या यह एक बुरी बात है।!? क्या हम महिलाओं को दुखी होना चाहिए कि बलात्कारी अब हमसे शादी करने और हमारे जीवन को नष्ट करने के लिए नहीं देख रहे हैं।!?? अगर मेरा इस पर कोई नियंत्रण होता, तो शादी की हड़ताल कभी खत्म नहीं होती।... यह सबसे कट्टरपंथी नारीवादी चीज है जो ये पुरुष कभी भी कर सकते हैं।

इसे देखना अच्छा लगता है।

ओह और यह भी - यदि आप किसी भी व्यक्ति को वैवाहिक बलात्कार कानूनों की वकालत करने की कोशिश करते हुए देखते हैं या जानते हैं, तो यह निश्चित रूप से एक संभावित (या पहले से ही) बलात्कारी है।...

यह सिर्फ एक अनुस्मारक है।

अगर आपने आज गड़बड़ की, तो यह ठीक है।... आप अभी भी स्मार्ट हैं, और अच्छे हैं, और लोग अभी भी आपसे प्यार करते हैं।...

यदि आप आज एक अंधेरी जगह में हैं, तो यह ठीक है।... यहां तक कि अगर आपको लगता है कि आप बिस्तर से बाहर नहीं निकल सकते हैं, और आप जो कर सकते हैं वह सांस है, यह ठीक है।... आप सांस लेते हैं, आपको जिस समय की आवश्यकता होती है, उसे लेते हैं, और जब आप तैयार होंगे तो हम यहां होंगे।...

हर दिन एक लड़ाई है।... कुछ पर, आप जो कुछ भी आगे है उसे ध्वस्त कर देते हैं।... दूसरों पर, आपको बस प्रिय जीवन के लिए लटकना होगा।... किसी भी तरह से, आप एक योद्धा हैं।... इसे मत भूलना।

एक इंसान होने के नाते, यह स्पष्ट है कि कभी-कभी आप एक काल्पनिक दुनिया में रहते हैं, अपने बारे में कल्पनाएँ सोचते रहते हैं।... हालांकि यह गलत नहीं है, लेकिन इसके बराबर भी सही नहीं है।... वैसे आप इससे बच नहीं सकते, लेकिन इससे बचने की भी जरूरत है।... पर कैसे।? कुछ बाहरी बल होना चाहिए जो आपको सही करते रहें और वास्तव में इसके बहुत महत्वपूर्ण होने से यह अराजकता पैदा कर सकता है।... महानता हमेशा सही होने पर नहीं बल्कि गलत होने पर सही होने से प्राप्त की जा सकती है।

शिक्षक और वयस्क क्या समझ नहीं रहे हैं।? हम हैरान हैं।! हम असफल हो रहे हैं।! हम शिक्षकों से मदद मांगते हैं और मदद नहीं पाते हैं और अगर हम अपने आसपास के वयस्कों से पूछते हैं, तो हमारे माता-पिता या अन्य वयस्क भी इसे नहीं समझते हैं।! हम स्कूल आते हैं और यहां तक कि जागते या ध्यान केंद्रित

करने के लिए संघर्ष करते हैं।, हम हर रोज एक ही नाटक और बकवास से निपटने के लिए स्कूल आते हैं।, हम स्कूल में रिप्ड जींस पहनने के लिए ड्रेस कोड करवाने आते हैं लेकिन हम शॉर्ट्स पहन सकते हैं जो हमारे सभी पैरों को दिखाते हैं लेकिन रिप्ड जींस के साथ एक समस्या है।, हम कुछ भी नहीं पहन सकते हैं n आरामदायक या आत्मविश्वास से भरपूर bc इस पीढ़ी में हमारे कपड़े परिभाषित करते हैं कि हम किस तरह के व्यक्ति हैं।, हम स्कूल आते हैं जहाँ कुछ शिक्षक हमारा शिकार करने की कोशिश करते हैं।, हम स्कूल आते हैं और हम जो कुछ भी करते हैं उसके लिए कुतिया बन जाते हैं, यह सामान्य रूप से केवल कुछ बच्चे हैं जो वे आश्चर्यचकित होने की कोशिश करते हैं कि हम बहुत परेशान हैं।... हम में से बहुत से लोग यह समझने के लिए बहुत संघर्ष करते हैं कि हम क्या सीख रहे हैं और भले ही हम अपने काम को पूरा करने की कोशिश करें, हम अपने परीक्षणों / होमवर्क / स्कूल की अवधि में विफल होते हैं।... माता-पिता इस बात पर ध्यान देते हैं कि आपके बच्चों को क्या बकवास चल रहा है।! क्या आपको एहसास नहीं है कि हम में से आधे से अधिक उदास और टूटे हुए हैं।????? आओ।! अपने बच्चे को जीवन में क्या हो रहा है देखें।

तर आज बन जंगल मासिन्दै गए पनि, रूख बिरुवाहरुले सधैं ,बन्चरोलाई नै भोट दिन्थिए, किनकि बन्चरो चतुर थियो, उसले भन्थियो तिमी हामी एउटै जातिको गाँठ, तिमी पनि काठम पनि काठ"

हम जिस स्वतंत्रता की तलाश कर रहे हैं, वह खुद को व्यक्त करने की स्वतंत्रता है।... लेकिन अगर हम अपने जीवन को देखें तो हम देखेंगे कि ज्यादातर समय हम दूसरों को खुश करने के लिए काम करते हैं, बस दूसरों द्वारा स्वीकार किए जाने के बजाय,

खुद को खुश करने के लिए अपना जीवन जीने के बजाय।... यही हमारी आजादी के साथ हुआ है।... और हम अपने समाज और दुनिया भर के सभी समाजों में देखते हैं कि हर हजार लोगों के लिए, नौ सौ निन्यानबे पूरी तरह से पालतू हैं । सबसे बुरी बात यह है कि हम में से अधिकांश नहीं हैं।

यह भी जानते हैं कि हम स्वतंत्र नहीं हैं।... हमारे अंदर कुछ ऐसा है जो हमें फुसफुसाता है कि हम स्वतंत्र नहीं हैं, लेकिन हम यह नहीं समझते कि यह क्या है, और हम स्वतंत्र क्यों नहीं हैं।...

ज्यादातर लोगों के साथ समस्या यह है कि वे अपना जीवन जीते हैं और कभी भी यह पता नहीं लगाते हैं कि न्यायाधीश और विक्टिम उनके दिमाग पर राज करते हैं, और इसलिए उन्हें मुक्त होने का मौका नहीं मिलता है।... व्यक्तिगत स्वंत्रता की दिशा में पहला कदम जागरूकता है।

असली आप अभी भी एक छोटे बच्चे हैं जो कभी बड़े नहीं हुए।... कभी-कभी वह छोटा बच्चा बाहर आता है जब आप मज़े कर रहे होते हैं या खेल रहे होते हैं, जब आप खुश महसूस करते हैं, जब आप पेंटिंग कर रहे होते हैं, या कविता लिख रहे होते हैं, या पियानो बजा रहे होते हैं, या किसी तरह से खुद को व्यक्त करते हैं।... ये आपके जीवन के सबसे सुखद क्षण हैं - जब आप वास्तविक निकलते हैं, जब आप अतीत की परवाह नहीं करते हैं और आप भविष्य के बारे में चिंता नहीं करते हैं।... आप बच्चे की तरह हैं।

दिल और एहसास का किस्सा हो तुम दोस्ती की दुनियां का हिस्सा हो तुम। यूं ही हर पल ये मुस्कान बनाएं रखना मुस्कराहट की दुनियां का फरिश्ता हो तुम। हर खुशी मिले दुनियां की तुम्हे हर मंज़िल तक करे सिजदा तुम्हें दोस्ती और प्रेम की पवित्रता हो तुम। जन्मदिन की ढेर सारी शुभकामनाएं।

पौरुष का आडम्बर ।

नारी तो नीरों से धो लेती है अपने सुख दुःख को, मोती की बूंदों से सज्जित कर लेती है अपने मुख को । बाहर से वो कोमल होकर अंदर दृढ हो जाती है, ऐसा करने पर नारी की छवि नहीं खो जाती है।

लेकिन नर की बात अलग है, वह तो सब सह जाता है, किन्तु कभी जो रोया तो फिर वह नारी कहलाता है। पुरुष हूं मैं , बलवान छवि को मैं यूंही कैसे खो दूं ? पौरुष के आडम्बर को झुठला कर मैं कैसे रो दूं ?

मेरे अपनों को भी किस्मत ने बेवक्त ही छीना है, लोगों की बातें सुन कर छलनी मेरा सीना है। बार - बार विफलता पाकर मैं भी आहत होता हूं, आशाओं पर पानी फिरता है तो मन में रोता हूं।

दुनिया के आगे नर को दुःख कहने का अधिकार नहीं, पत्थर दिल तो स्वीकृत है, पर भावुक नर स्वीकार नहीं। आंसू का आभूषण जग को नारी पर ही भाया है, मेरी भावुकता को आडंबर कह कर ठुकराया है।

ऐसे हालातों में पुरुष का यह स्वांग ही बचता है, सच कोई ना माने तो यह झूठ नए नित रचता है। तुम ही मुझे बताओ भला पुरुषार्थ यह , मैं कैसे खो दूं ? पौरुष के आडम्बर को झुठला कर , मैं कैसे रो दूं ?

भगवान

आप अपनी सुबह की व्हिस्की के साथ एक फेसलेस भगवान को एक कविता लिखते हैं और इसे चिकित्सा नाम देते हैं।... यह वही है जिसे आपका शरीर धर्म कहता है और किसी की शिकायत करने वाले को यह नहीं कहा जाता है कि यादें दो प्रकार की होती हैं और आप दोनों को अपने हाथों में चाकू की तरह जकड़ लेते

हैं।... कभी-कभी आप बाथरूम के दर्पण में अपने प्रतिबिंब की एक झलक पकड़ते हैं और रोते हुए बाहर निकलते हैं।... चर्च भूख से बना है और आप दुःख से बने हैं, इसलिए आप अपने घर पर अनार उठाते हैं ताकि उन्हें अपने बिस्तर पर रख सकें और आप बात करना भूल जाएं लेकिन हर बातचीत का केंद्र यह है: मुझे माफ कर दो क्योंकि मैं आज रात तुमसे प्यार करना मुश्किल हूँ ' फिर से। एक सुंदर लड़के और खिड़कियों के साथ एक कार धूमिल हो रही है और वह जो कुछ भी करता है वह संगीत मंत्र करता है।... आप उसे पकड़ना चाहते हैं, लेकिन आप डर गए हैं कि आपका क्रोध उसे मार देगा जैसे उसने आपको मार दिया।... इसके बजाय आप उसे कार में प्रतीक्षा करते हुए छोड़ देते हैं और अकेले घर जाते हैं और हो सकता है कि आप अपने रास्ते पर एक अनार चुनें।... हो सकता है कि आप इसे दुः ख का नाम दें और हो सकता है कि आप इसे ऐसे खाएं जैसे आपका दिल आपके नंगे हाथों में था और यह केवल आपको जीवित रखने वाली चीज थी।

जितना अधिक मैं प्यार में पड़ता हूं उतना ही आप दूर हो जाते हैं।

ब्रश के हर स्ट्रोक के साथ आप कैनवास में गायब हो जाते हैं।

जैसे मैं एक स्मृति को चित्रित कर रहा हूं, मैं कभी नहीं रहा।

मुझे समय पर वापस ले जाओ।

जब हमारी आँखें उस थानेदार के पास पहली बार मिलीं।...

या जब आपके हाथ मिले।

गलती से मेरा।...

या रात।

जब हम अकेले थे।

उन दोनों के बीच एक मिनट के लिए।

झूलती रोशनी।

या जब हम पार कर रहे थे।

गलियारों पर एक दूसरे को।... या जब मैंने आपको एक शब्द कहे बिना आखिरी बार देखा, तो उस अनसुने अलविदा को।

उन रातों में जब सब कुछ मायने नहीं रखता, संगीत को छोड़कर, डीम लाइट और सिर्फ आपके लाखों विचारों के साथ।

एक दिन, आप उस जोड़ी आत्मा को पाएंगे।... यह आपकी कल्पना से परे एक भावना होगी।... आप बस इसकी मदद नहीं कर सकते, लेकिन उन्हें स्वीकार कर सकते हैं।... आप इस व्यक्ति के लिए अपने पूरे दिल को पिघलाएंगे।... यह खूबसूरत आत्मा खुशी, हँसी, शांति और इतनी प्रेरणा लाएगी, कि आप आखिरकार अपने सामने आशा देखेंगे।... एक बार के लिए, आप वास्तव में कह सकते हैं, मैं प्यार में हूँ।... मैं इस व्यक्ति के साथ भविष्य देख सकता हूं।... मैं इस व्यक्ति के साथ अपना जीवन साझा कर सकता हूं।... शायद यह कोई सबक नहीं है।... हो सकता है कि यह वही हो जिसे वे आत्मा कहते हैं।

मुझे लगता है कि हम अवचेतन रूप से।

हमारे दोस्तों से प्यार और अंतरंगता को कम करना क्योंकि समाज रोमांटिक प्यार को खोजने और होने पर बहुत जोर देता है।... जैसे, मैं आपके बारे में नहीं जानता, लेकिन मैं अपने दोस्तों के प्यार और समर्थन के बिना नहीं रहूंगा।

हर बाइबल की कहानी इस तरह होती है: "यारमेकेथैंद्याह ने 50 दिनों के लिए रेगिस्तान में अपनी 13 कम पत्नियों के साथ 2 स्कोर ऊंटों की यात्रा की, जो कि पोपोसिटाइट्स का खतना करने के लिए गए क्योंकि उन्होंने योहो की आज्ञा का पालन नहीं किया था"।

जब [नए धर्मान्तरित] बपतिस्मा लेते हैं तो मैं उनके झूठे देवताओं के सभी मंदिरों को नष्ट करने और सभी मूर्तियों को टुकड़ों में तोड़ने का आदेश देता हूं।... मैं आपको इस खुशी को देखने का कोई विचार नहीं दे सकता, जो मुझे ऐसा करने में खुशी महसूस होती है, बहुत लोगों द्वारा मूर्तियों के विनाश का गवाह है, लेकिन हाल ही में उन्हें स्वीकार किया गया है।

ठीक है, 10 साल में, शारीरिक रूप से अलग, क्या आपने एक व्यक्ति के रूप में तैयार और बड़ा किया है।? क्या अब आप अधिक दयालु हैं?? क्या अब आपका दिल नरम है?? क्या अब आप अपने माता-पिता के लिए अधिक अच्छे हैं।? क्या अब आप खुद का बेहतर संस्करण हैं।?

यदि नहीं, तो अचार दाल लो अपनी सौंदर्य का।

वह स्पॉटलाइट के तहत था।

मैं छाया में छिप गया वह एक व्यक्ति उसे याद करेगा।

इस बीच मैं जो अस्तित्व में नहीं है, लेकिन वह उस चमक से एक ब्रेक के लिए तरस रही है, जिसे मैं उस चमक में उसके साथ जाने की लालसा कर रहा हूं, जिसे वह दर्शकों द्वारा जोर से तालियों के साथ चलते हुए निहारेंगी, जबकि मैं छाया के भीतर मौन में चला गया था । वह दुनिया जिसमें वह आदरणीय है।

मेरी आत्मा जाती है, बारिश के बीच कहीं भी घूमना बस रविवार की हवा की तरह गूंज रहा है जैसा कि अभी तक सभी भूलभुलैया में सबसे अच्छा है जिसका कोई समाधान नहीं है।

हालांकि मुझे आश्चर्य है कि जो भी मैं चाहता हूं वह उद्देश्य, एकजुटता, पवित्र या सिर्फ एक बार और सभी के लिए शांति है।

लाइट के हर योद्धा ने लड़ाई में जाने का डर महसूस किया है।...

लाइट के हर योद्धा ने अतीत में किसी समय झूठ बोला या किसी के साथ विश्वासघात किया।...

लाइट के हर योद्धा ने एक ऐसा रास्ता अपनाया है जो उसका नहीं था।...

लाइट के हर योद्धा को सबसे तुच्छ कारणों से नुकसान उठाना पड़ा है।...

लाइट के हर योद्धा ने कम से कम एक बार माना है कि वह लाइट का योद्धा नहीं था।...

लाइट का हर योद्धा अपने आध्यात्मिक कर्तव्यों में विफल रहा है।...

लाइट के हर योद्धा ने "हाँ" कहा है जब वह "नहीं" कहना चाहता था।..."।

लाइट के हर योद्धा ने किसी ऐसे व्यक्ति को चोट पहुंचाई है जिसे वह प्यार करता था।...

यही कारण है कि वह लाइट का योद्धा है, क्योंकि वह इस सब के माध्यम से किया गया है और अभी तक वह उससे बेहतर होने की उम्मीद कभी नहीं खोता है।

तुम्हें पता है जैसे मैं कभी-कभी खो जाता हूं ।

नहीं, यह समय और स्थान में नहीं है जिसके बारे में मैं बात कर रहा हूं, यह वह जगह है जहां वे गायब हो जाते हैं।... शायद मैं खो जाना पसंद करता हूं, चीजों को गायब करने के लिए, शायद मैंने उन्हें पर्याप्त रूप से देखा है, शायद निराशा वही है जो मैं चाहता हूं, आखिरकार, यह मेरी नहीं है की लुप्त होती है।...

पीड़ा कभी-कभी सहायक होती है, मुझे लगता है कि मैं बनाता हूं लेकिन यह वहां नहीं है, फिर भी, मैं कम से कम निर्माता हूं।... मुझे लगता है कि यह आसान तरीका है,।

तो मुझे आसान चीजें पसंद हैं,।

मुझे लगता है कि यह मुझसे ज्यादा वास्तविक नहीं है।

मैं कोशिश करूँगा, मैं यह लिखते हुए रोने की कोशिश नहीं करूँगा कि भारी दिल और कुछ बेतरतीब ढंग से चमकदार विचारों के साथ ! जहां हमारे हित संघर्षों में हैं, वहीं मैं डरता हूं।! यह, कई बार, इतना समझ से बाहर हो जाता है कि एक और विरोधाभास पैदा हो जाता है और एक डर सच हो जाता है।... मैं अपनी भावनात्मक बुद्धिमत्ता पर सवाल उठाता हूं।

आज कहीं भी खाता नहीं है और शायद कल नहीं,

लेकिन शायद वे किसी दिन बदल सकते हैं और यही मैं डरता हूं।

यह बहुत विरोधाभासी है,

शायद आपकी रुचि मान ली गई है

और शायद यह सच नहीं हो सकता है

लेकिन मैं अभी भी पूर्व को खिलाता हूं, जब बयानबाजी हास्यपूर्ण व्यंग्यात्मक है।

लेकिन यही मुझे खास लगता है

और इस पर सवाल उठाना निश्चित रूप से होगा

और घंटों बर्बाद करने के बाद,

और सब कुछ स्वीकार करने के बाद,

जो अन्यथा मैं कभी नहीं करता।

भारी दिल और कुछ बेतरतीब ढंग से चमकदार विचारों के साथ मैंने कोशिश की, मैंने यह लिखते हुए रोने की कोशिश नहीं की लेकिन मैं बहुत असफल रहा।।

एक राजा ने एक बार एक बुद्धिमान चरवाहे से पूछा कि अनंत काल कितना लंबा है, और चरवाहे ने उत्तर दिया:

"शुद्ध हीरे का यह पहाड़ है।... इसे चढ़ने में एक घंटा लगता है, और इसके चारों और जाने में एक घंटा लगता है।! हर सौ

साल में, एक छोटा पक्षी आता है और हीरे के पहाड़ पर अपनी चोंच को तेज करता है।और जब पूरा पहाड़ दूर हो जाएगा, तो अनंत काल का पहला सेकंड बीत चुका होगा।!"

अब आप सोच सकते हैं कि यह एक पहाड़ का नरक है, लेकिन व्यक्तिगत रूप से मुझे लगता है कि यह एक पक्षी का नरक है।! और जो कोई भी इसे पढ़ रहा है, वह पक्षी हो और अपने सपनों को कभी न छोड़े।

समयका अंत

मैं समय के अंत तक यहां रुकना चाहता हूं, आप की तरह आप कभी भी मेरे नहीं थे।

आज रात आप शराब की तरह स्वाद लेते हैं, बस इसका एक घूंट पर्याप्त नहीं होगा।

यह आकाश आपको मेरी याद दिलाएगा आपके सपने में मैं हमेशा रहूंगा।

मैंने उन सितारों को हमेशा चमकने के लिए कहा क्योंकि मैं इन दिनों के बाद वहां नहीं रहूंगा।

अब जब से मेरा समय आया है मैं आपको दौड़ने के लिए नहीं कहूंगा।

जैसा कि मैं अपनी अंतिम सांस लेता हूं, आपकी गोद में मैं मृत पाया जाऊंगा।

और इस हवा में मेरी आत्मा फीकी पड़ जाएगी।

"क्या होने का मतलब है"

"नहीं," मैंने जवाब दिया।

'यह वही है जो आपको रात में रखता है, सोने में असमर्थ है, और आपकी छाती तंग है, सांस लेने में असमर्थ है, आपके विचार इच्छा और लालसा के साथ पागल हैं और आपके प्रत्येक और हर जागने वाले क्षण का पीछा करते हुए आप उद्देश्य और

रोष और आकांक्षा के साथ इच्छा करते हैं-आप इंतजार नहीं कर सकते भाग्य पर 'मैंने कहा,।

'यह उपस्थिति की मांग की जानी चाहिए।"

मोहब्बत बुरी है, बुरी है मोहब्बत कहे जा रहे हैं, किए जा रहे हैं ।

गलत समय पर किसी से मिलने के बारे में सच्चाई।

समय एक ऐसी चीज है जिसे हममें से कोई भी रिश्तों के साथ काफी हद तक सही नहीं मान सकता है।... विदेश में अध्ययन करने के लिए निकलने से पहले हम अपने सपनों के व्यक्ति से मिलते हैं।... हम एक आकर्षक व्यक्ति के साथ एक अविश्वसनीय रूप से घनिष्ठ मित्रता बनाते हैं जो पहले से ही लिया गया है।... एक रिश्ता समाप्त हो जाता है क्योंकि हमारा साथी गंभीर होने के लिए तैयार नहीं है और दूसरा समाप्त हो जाता है क्योंकि वे बहुत जल्द गंभीर हो रहे हैं।...

"यह एकदम सही होगा।..."हम अपने दोस्तों से विलाप करते हैं," यदि यह केवल अब से पांच साल / आठ साल पहले / भविष्य में कुछ अविवेकी समय था जहां हमारी सभी समस्याएं खुद का ख्याल रखेंगी।..."टाइमिंग हमारे सभी रिश्तों में अपरिवर्तनीय तीसरी पार्टी लगती है।... और फिर भी हम इस बात पर विचार करने से कभी नहीं रुकते कि हम अपने जीवन में इतनी कठोर भूमिका क्यों निभाते हैं।...

समय एक कुतिया है, हाँ।... लेकिन यह केवल एक कुतिया है अगर हम इसे होने दें।... यहां एक सरल सच्चाई है कि मुझे लगता है कि हम सभी को उन लोगों का सामना करने की आवश्यकता है जो हम गलत समय पर मिलते हैं, वास्तव में सिर्फ गलत लोग हैं।...

आप गलत समय पर सही लोगों से कभी नहीं मिलते क्योंकि सही लोग कालातीत होते हैं।... सही लोग आपको उन योजनाओं को फेंकना चाहते हैं जो मूल रूप से आपके पास थीं और उनका पालन करें।

मुझे आश्चर्य है कि अगर मैं सिर्फ इसलिए जी रहा हूं क्योंकि मैं पैदा हुआ था।... क्या ऐसा कुछ है जो मुझे जीने के लिए प्रेरित करता है, आवाज पूछता है।

यदि नहीं, तो मैं छलांग लेने और गिरने का इंतजार कर रहा हूं,।

और अंत में आनन्दित होने के लिए दुख को समाप्त करें।... आवाज ने कहा कि यहां सब कुछ है।

अस्थायी और नकली इसके हाथ पकड़ने के बाद, सभी खुशी लेने के लिए मेरी है।...

मुझे आश्चर्य है कि उनके लिए मेरे परिवार के बारे में क्या मैं पहले से ही एक त्रासदी नहीं हूं।... शायद यह सबसे अच्छा है कि अब मैं अनसुनी आवाज की कॉल का जवाब देता हूं।

ज्ञान यह जान रहा है कि टमाटर एक फल है।

विज्ञान यह है की इसे फलों के सलाद में नहीं डालना जानता है।

दर्शन सोचना है कि क्या यह केचप को एक स्मूथी बनाता है।

सामान्य ज्ञान यह जान रहा है कि केचप एक स्मूथी नहीं है।

एक नखलिस्तान

एक नखलिस्तान सुदूर मैं अपने पुराने स्व के साथ यात्रा की वह अपने माथे पर निशान था सूर्य पथ पर वध मोड पर था आगे टूटना था।... मैंने एक पल के लिए सोचा कि मैं ऐसा क्यों कर रहा हूं जो पैसे के लिए है जो भौतिक है और समय के लिए वैसे

भी गुजरता है।... मैं अपने आदमी के साथ एक नखलिस्तान की तलाश में था।

प्यार के लिए, यह भी मौजूद नहीं है और रिश्ते के लिए जो अभी भी एक पर अटक गया है।...

सूरज इतना कठोर था कि एक बोतल पानी एक नैक में खत्म हो गया था।...

फिर जो हुआ वह देखने में क्रूर था।,हमें अपना पेशाब पीना पड़ा।, काली टोपी और एक फटी हुई टी।, गुडमैन शाऊल और पुराने ली।,। उस तरह से प्यार करो।,मैं उन चीजों को चोदना पसंद करता हूं जिन्हें मैं अपनी तरह जीना पसंद करता हूं।, यह एक नखलिस्तान की तलाश में मेरा जीवन है जो अंततः मैं हूं।

दो दिलों वाली लड़की।

जब मैंने पहली बार उससे बात की, तो मैं बस मीरा थी और मैंने उसे बुलाया।... वह दुखी थी, वह पूरी तरह से निराशा में थी, मेरा मन उसे वहां नहीं छोड़ सकता था।...

उसने मुझे आशा की एक किरण के साथ देखा, उसके अतीत में, वह स्मार्ट और डोप था।... हमेशा एक सेनानी, हमेशा एक प्रेमी, वह एक आत्मा थी जो फूल की तरह खिलती थी।...

देखभाल और साझा करने से उसका लुक कमजोर हो गया, उसे बताया गय। कि वह गूंगी और धूमिल थी।... उसके आत्मसम्मान ने उसे अपनी आंख में आंसू के साथ छोड़ दिया वह यादों को जाने और अलविदा कहने नहीं दे सकती थी।

अंत में, इस देखभाल करने वाली छोटी लड़की ने साहस जुटाया, अपने जीवन को पकड़ लिया और मैं प्रोत्साहित करने के लिए वहां गया।... वह सिर्फ एक साधारण लड़की नहीं थी जो स्मार्ट थी, वह दो खूबसूरत दिलों वाली लड़की है।!

स्वपन क्या था

यह सुबह 3 बजे है मैं कहीं और हूं लेकिन मुझे लगता है कि यह वास्तविक नहीं है यह विचार मेरे दिमाग को उत्तेजित करता है यदि सोच मुझे वास्तविक बनाती है तो ऐसा क्यों नहीं है।? मैं कहाँ हूँ? नहीं, जहां जाने के लिए मैं इस लूप को पूरा नहीं कर सका, मैंने देखा कि मेरा दिमाग विकृत हो गया है मेरी सोच बेतुकी है, अस्पष्ट है, मुझे आश्चर्य है कि मैं कहां हूं।? मैं उन लपटों को देख सकता था जो मुझे लगता है, जिन्हें वे देर से जला रहे हैं।? और जैसे-जैसे मैं करीब आता हूं मैं भूल जाता हूं।

यह कोई नहीं है, लेकिन मुझे जलाया जा रहा है अब मैं किसी अज्ञात स्थान पर जागता हूं जो दुर्भाग्य से परिचित है।

मेरे आस-पास मेरे शरीर को महसूस कर सकता है कि वह मेरे अस्तित्व को महसूस करने में व्यस्त है।

सपना क्या था और सपने देखने वाला कौन था।

अधिकतम तक पहुंचने के लिए एक ड्राइव है ।

स्वीकार करने के लिए कैलिबर का एक नया क्षितिज, असीम तक एक दौड़, जब तक आप ठीक नहीं हो जाते।! एक शरीर के साथ छोड़ दिया जो अधिकतम तक काम करता है, लगातार मुखौटा, झूठ, नकल की मुस्कुराहट और छल के पर्दे के बीच।!

एक सच्चे सद्भाव में रहना।

सिर्फ पैसे का सपना देख रहे हैं, ऐसा व्यवहार कर रहे हैं जैसे कि हमारे बच्चे पाठ्य पुस्तक प्रतियों का सही संस्करण होंगे।... उन्हें कानों से पकड़ना, उन्हें नए मैक्सएक्स पर ले जाना, उन्हें अथक रूप से प्रताड़ित करना, एक अच्छे मिथक के लिए जो बेजान है।!

मशीनों के छोड़ने तक आगे बढ़ें।

इच्छाओं और दु: ख के बीच, जब तक आप इसके जाल में नहीं पड़ते, तब तक आप अपने काम में लग जाते हैं, जब तक

आप काम करते हैं, तब तक गायब हो जाते हैं, गहरी गुमनामी के बाद गायब हो जाते हैं, एक आत्मा के बिना रहने वाले अधिकतम, दुः ख और खोई हुई आशा के बीच मृत्यु!!

क्रिसमस

पत्तियों की नोक पर विंट्री फ्रॉस्ट और क्रिसमस ट्री द्वारा धधकती आग का स्वागत।

गहने और रोशनी के साथ कपड़े पहने हुए नीचे प्रस्तुत करता है।...

ओह मार्शमॉलो और गर्म कोको कभी भी पुराना नहीं होता है, और चेहरे को नहीं भूलना चाहिए।

दुनिया के सभी धैर्य के साथ उन छोटे मनुष्यों।

उनके स्टॉकिंग्स को भरने के लिए इंतजार कर रहा है।...

प्यार और दया का एक छुट्टी का मौसम।

जहां एक अद्भुत सबक।

वापस देने की शिक्षा दी जाती है, एक समय जब परिवार इकट्ठा होते हैं और दोस्तों को धन्यवाद दिया जाता है।... ...

एक मीरा का मौसम जब सांता क्लॉज़ की कहानियों को गाया जाता है, जहां यह सभी उज्ज्वल और हर्षित है और आत्मा उच्च है, जबकि फाइन वाइन और प्लम पुडिंग दोनों को परोसा जाता है।

"यह मजेदार है कि यह कैसे काम करता है,"।

- "मानव शरीर अरबों कोशिकाओं से बना है, और फिर भी यह बस एक व्यक्ति को लेता है - एक आवाज, एक नज़र, एक पाठ या मुस्कान, आपको पूरी तरह से जानने के लिए।... हमें लगता है कि हम ये अत्यधिक बुद्धिमान, जटिल जीव हैं, लेकिन दिन के अंत में हम सभी सिर्फ कनेक्शन चाहते हैं।...

हम सभी जानना चाहते हैं कि हम अकेले नहीं जा रहे हैं।"

नया साल।

आधी रात को घड़ी की टिक टिक के रूप में, आतिशबाजी आकाश के माध्यम से चमकती थी।

हर जगह सुनाई गई व्याख्याएँ, जागने के लिए नहीं बल्कि लोगों को अंदर लाने के लिए।

नशीले पदार्थों।

ड्रम बहरे कानों पर गिर गए, सबसे अंधेरे घंटे पर नृत्य करने के लिए लंगड़ा।

अंत में, स्वामित्व की भावना के बिना, शुरुआत समाप्त हो गई।

अकेला नव वर्ष का सूरज चुपचाप उग आया, केवल अपनी महिमा और सुंदरता देखने के लिए खाली सड़कें।

एक घातक चुप्पी ने संस्करणों में बात की, उस समय की जब हम अभी हैं।...

पृथ्वी के माध्यम से छेद की गई आशा की एक किरण, गहरे छिपे हुए मूल्यों की तलाश में।

राजसी ईगल सोचता रहा, अगर आदमी कभी उत्सव के नए तरीके सीखेगा।

मैं आपको बनाने के लिए नहीं कह रहा हूं।

दुनिया बेहतर है, क्योंकि मुझे नहीं लगता।

यह प्रगति आवश्यक रूप से हिस्सा है।

पैकेज।... मैं आपको बता रहा हूं

इसमें रहते हैं।... सिर्फ इसे सहन करने के लिए नहीं, नहीं।

सिर्फ इसे भुगतना है, न कि केवल पास करना है।

इसके माध्यम से, लेकिन इसमें रहने के लिए।... देखना।

इस पर।... चित्र प्राप्त करने का प्रयास करने के लिए।... सेवा।

लापरवाही से जियो।... चांस लेने के लिए।... सेवा।

अपना काम खुद करें और लें।

इसमें गर्व है।पल को जब्त करने के लिए।

जब तक आप खुश नहीं होंगे कि आप कौन हैं, तब तक आप कभी भी खुश नहीं होंगे कि आपके पास क्या है।

प्यार

कोमलता, आप एक पसंद विकसित करते हैं, सुंदरता को पसंद करते हैं, लंबी पैदल यात्रा की योजना बनाते हैं, प्राथमिक कर्तव्य पसंद करते हैं, जेसन की मूर्ख ढोंगी, स्कूल यात्राओं का आनंद लें, डायना बनना चाहती है, समाज ब्रूटस है, जो सामान्य इच्छा है, बस हम। हम एक-दूसरे से थक जाते हैं। अन्य, जैसा कि योजना बनाई गई सिबला, गर्मी बर्दाश्त नहीं कर सकती, भोजन डिब्बाबंद खा सकती है,।! शौकीन आप प्रतीक कहते हैं स्कैन किया गया।,सन एडियोस विंटर टैन्ड बनाता है।,वहाँ गंभीर पत्थरों का स्वागत करते हैं।, अलगाव साथ जाता है।, चोर से परे गायब हो जाता है।,घड़ी वह खिलाड़ी है जो दर्द की बारिश करता है।, हर कोशिका मोटे आदमी के रूप में फट जाती है।;हर लाभ खोना।,विलाप और कंपकंपी क्यों यह दृष्टिकोण।,लंबे समय से एक केक देखा।, लेकिन सबसे मजबूत तूफान रेक के बारे में है।...

हम कहां हैं, हे आकाश के साथ विचार किया जाए।।मेरी आँखों को चुभने दो, मैं कोई छड़ी नहीं हूँ तुम क्यों हो।

कंपकंपी क्यों यह दृष्टिकोण, लंबे समय से एक केक देखा, लेकिन सबसे मजबूत तूफान रेक के बारे में है।...

हम कहां हैं, हे आकाश के साथ विचार किया जाए।!मेरी आँखों को चुभने दो, ... मैं कोई फावड़ा नहीं हूँ, तुम इतनी छड़ी क्यों पहने हो, मुझे मेरी स्माइली से प्यार है, जिसके लिए ... इतना बीमार हो गया।! आप अपने स्वयं के गुण के साथ अपना झुकाव अर्जित करेंगे, टेस्ट ऑफ इन्फैटेशन, उच्च यह उड़ गया, इसके माध्यम से पारित किया गया और बिना सुराग के छोड़ दिया गया, यदि आप प्यार करते हैं तो आप वास्तव में सच होने पर धीरज के लिए समर्पित होंगे।... बहुत से लोगों के पास जीवन बेचा जाता है, जैसा कि सुना जाता है और जैसा कि बताया गया है, ठंड के साथ संपन्न होता है, यह समझने के लिए कि प्यार कैसे होता है।

मैं महसूस कर सकता था कि वेस्टरलीज़ उड़ा रहे हैं वे अचानक साठ के दशक में ली गई यादों को वापस लाते हैं। खुद को हंसते हुए देख सकते हैं।

नाव धीरे-धीरे नौकायन करती है गड़गड़ाहट के कोई संकेत नहीं होने के कारण मैंने आपको एक पल के लिए देखा था कि आपके बिना यह कल्पना करना हवा ने पानी को धीरे से छुआ है जिस तरह से आपने मेरे साथ किया था।

और यहाँ मैं फिर से वर्तमान में आपके लिए खोज कर रहा हूँ जैसे रेगिस्तान में वाटर्स।

एक प्यासे यात्री के लिए।

मुझे पता है कि मैं जल्द ही नदी तक पहुँच जाऊँगा क्योंकि निकट के मृगतृष्णा देख सकता था और प्यार से यह खिल जाएगा।

मैं कौन हूं।?

फैगी राबिन द्वारा।

मैं कौन हूं आप अच्छी तरह से पूछ सकते हैं।

मैं वास्तव में चाहता हूं कि मुझे पता था।

अगर मैं खुद बिल्कुल नहीं हूं।

तब शायद मैं तुम हो।

यह जानने के लिए कि मैं वास्तव में कौन हूं।

वास्तव में काफी काम है।

शायद मैं कोई और हूं।

कौन एक अजीब मुखौटा पहनता है।

मैं खुद को जानने के लिए बहुत प्रयास करता हूं।

"असली मुझे" की खोज करने के लिए।

मेरे विचार और भावनाएँ सभी भ्रमित हैं।

फिर भी मैं देख नहीं सकता।

क्या मुझे टिक जाता है?

मुझे क्या महसूस होता है।?

इतना खास और अनोखा।

इस शानदार दुनिया में मेरा उद्देश्य।

क्या मैं वास्तव में चाहता हूं।

काश मैं रचनात्मक, आत्मविश्वासी और स्मार्ट हो सकता।

शांत, शर्मीला और असुरक्षित नहीं।

दिल में भावनात्मक।

काश! मुझे यह कहने का आत्मविश्वास होता कि मैं वास्तव में क्या महसूस करता हूं।

आलोचना से डरने के बजाय।

असत्य प्रतीत होने वाले शब्दों का प्रयोग करना।

कभी-कभी मैं अकेला क्यों महसूस करता हूं।

और सिर्फ एक दोस्ताना चेहरे के लिए तरस रहा है।

जबकि दूसरों पर मैं बस लंबे समय तक रहना है।

कुछ दूर दूर की जगह में।

मुझे परेशान करने वाला कोई और नहीं।

और मेरे जुए के विचारों को परेशान करो,।

जब तक मेरा विवेक मुझे वापस नहीं लाता।

उन चीजों को करने के लिए जो मुझे चाहिए।

और इसलिए मैं अपने रास्ते पर जारी हूं।

इस यात्रा पर वे जीवन कहते हैं।

मैं सबसे अच्छा करने की कोशिश कर सकता हूं।

हालांकि कई बार कठिन होता है।

मैं दुनिया को परिष्कृत करने के लिए अपना हिस्सा करूँगा।

और इसे बेहतर जगह बनाएं।

मेरी क्षमता के अनुसार "मैं"।

प्रत्येक परीक्षण के साथ मुझे सामना करना पड़ता है।

औरो की जिंदगी बनाने मे

"इरादों और हौसलों से अपने आपको भी बुलंद कर तू इतना"

****

मेरा रिश्ता है सागर से गहराई की कोई थाह नहीं

तू कितनी भी बड़ी तोप है इसकी मुझे परवाह नहीं

शोहरतें भी नसीब में होगी तो अपनेआप मिल जाएगी

सभी की तरह मेरा नाम हो मेरी ऐसी भी कोई चाह नहीं।

हम भी अभी तक खुद की तलाश मे ही चल रहे है

अभी मील का पत्थर नहीं देखा आगे भी कोई राह नही।

हर इंसान कुछ ना कुछ पाना चाहता है इस जमाने मे

मैं भी कोशिश कर रहा हूं कोशिश करना गुनाह तो नही।

यह दुनिया मौत का दफ्तर है इसमे यहां छुट्टियां नहीं होती।

इंसान की मौत निश्चत है इससे बचने की पनाह नहीं होती।

यहां कसमें भी केवल तोड़ने के लिए ही खाई जाती है

मैं भी अपनी कसम तोड़ दूं दिल देता है इसका गवाह नही।

इरादों और हौसलों से अपने आपको भी बुलंद कर तू इतना
तेरे मजबूत हूनर को तबाह करे ऐसी भी कोई निगाह नही।
औरों की ज़िंदगी बनाने मे अपनी जिंदगी लगा दी हमने
फिर भी हमारे दिल से अभी तक निकली कोई आह नही।
दुनिया चलती रहेगी!
सूरज की किरणें चमकती रहेंगी,
धरती हमेशा गमकती रहेगी।

फलक पे सितारे रहेंगे मजे में,
चाँद से चाँदनी छलकती रहेगी।

रात और दिन के फेरे चलेंगे,
झरनों से मधुर ध्वनि उठती रहेगी।

कोयल की कूक,दादुर की टर्र-टर्र,
पहाड़ों पर बर्फ गिरती रहेगी।

बुरा वक्त कहाँ कब जहां में टिका,
अदाओं पे जान निकलती रहेगी।

उड़ती थी चिड़िया जैसे कल आज,
नक्शे बिना कल भी उड़ती रहेगी।

मयकशी बदन पे नजरें फिसलती,
हूक सीने से निकलती रहेगी।

हुस्न की दीवानी कब नहीं थी दुनिया,
आशिकों पे तलवार लटकती रहेगी।

जरूरत नहीं है कि तू लू से डरो,
हमेशा ये ऋतुएँ बदलती रहेंगी।

नहीं कोई रौंदो इंसानियत को,
फसल इंसानियत की उगती रहेगी।

न राजा रहेगा , न रानी रहेगी,
सत्ता की दुल्हन ये सजती रहेगी।

बुझा न चराग किसी और का तू,
दीया से दीया सदा जलती रहेगी।
खेत-खलिहान में झूमेंगी फसलें,
बारिश से नदियाँ उफनती रहगी।
मेरे हिस्से के दिन, मिलें न मिलें,
मगर ये दुनिया यूँ चलती रहेगी।
बेटियाँ!

व्यथा और वेदना की
चादर उतार कर,
घर-परिवार अब
चलाने लगीं बेटियाँ।
पुरुषवादी सोच को
आईना दिखाने हेतु,
फाइटर विमान भी
उड़ाने लगीं बेटियाँ।
बढ़ती महंगाई से
कांप गई इतना की,
आजकल तो आटो
चलाने लगीं बेटियाँ।
देने लगी माँ-बाप की
अर्थी को कंधा अब,
श्मशान घाट तक
जाने लगी बेटियाँ।
लाचार,मजबूर और
अबला इन्हें न कहो,
मंगल औ चाँद पे भी
जाने लगी बेटियाँ।

गर्भ में नश्तर चुभोकर

न इनको मारो,

झाँसी की रानी फिर

बनेंगी ये बेटियाँ।

सफर में धूप तो होगी, कदम भी थक जाएंगे।

मगर तेरे प्यार की छांव में, हम राहत पांएगे।

तू जो हमसफ़र है मेरा,तो क्या ग़म है साहिब

कोई भी मुसीबत आए, फिर भी मुस्कुराएंगे।

दोहरी नागरिकता

वो था कागज़ का टुकड़ा, या दिल का टुकड़ा

बहुत परेशान था, जब मांग लिया हमारा मुखड़ा

मेरी पहचान को, कोई कैसे मिटा सकता है

दिल के हिंदुस्तान को, कौन हटा सकता है

पगार की फ़ीस, भी भड़ी थी हमने

कौन से जुर्म का, जुरमाना, भरा था हमने

मां से अलग करने का दस्तावेज़, जमा करवाया

हमने भारी मन से वो, दस्तावेज़ जमा करवाया

सत्यम शिवम् सुंदरम, की पहचान बनाई हमने

हिंदुस्तान का परचम, बुलंद किया है, हमने

अपनी तहज़ीब को हमने, खूब सजोया है यहाँ

एक दरजा, जो अपना, हमने बनाया है, यहाँ

आप्रवासी पहचान से, जब अपने वतन, में लौटे

भारतीय न होने का मलाल, लिए वतन में लौटे

कौनसा जुर्म किया, क़ानून ने, किया था मजबूर

देश से बाहर भी, देश की सेवा, करते हैं, हुज़ूर

आप्रवासी के दिल में हमेशा, रहेगी ये क़लक़

मरते दम तक नहीं जाएगी हमारी, ये कसक

मां से क़ानून, हमें कैसे करसकता है, जुदा

हमें Foster child जैसे लगता है, बाख़ुदा

माँ के क़ब्र पर, शिकायत भी नहीं, करसकता

मानो माँ कहती है, मेरे जीते जी, नहीं होसकता

मां से पूछा की, क्या रिश्ता, न रहा, अपना

जैसे माँ बोली, तू पास वालों से, भी है अपना

दूर रहके भी तू हरसाल, मेरा हाल पूछने आता

कौन है जो तुझे हिंदुस्तानी, कहके न बुलाता

मां की सदा हुक्मरानों तक, जाती है ज़रूर

उनकी हुक्मरानी का तो, उनको रहता है ग़ुरूर

हयूस्टन या न्यू यॉर्क हो, जमा होता है हुजूम

खुली बाँहों से हम, आपका, इस्तक़बाल करते हैं हुज़ूर

आप सुर्खियों में भी आजाते हैं, हमारे ख़ातिर

ज़रा ग़ौर फरमाईये शोहरत हुइ, हमारे ख़ातिर

दोहरी नागरिकता बड़ी आम है, कई देश में जनाब

ऐसा क़ानून भी देश में ले आओ, हम हैं, बेताब

मां की आवाज़ नज़र अंदाज़ न कीजिये हरगिज़

दोहरी नागरिकता का आगाज़ होजाये, हम है बज़िद

छोटे-बड़े सभी हैं शाश्वत ब्रह्म!

कोई कुछ छोटे हैं, कोई कुछ बड़े! कोई शिशु हैं तो कोई बृद्ध! ये दोनों अवस्थाएँ आपेक्षिक हैं!

बहुतों से हम आज बड़े हैं और बहुतों से छोटे! कभी सबसे छोटे थे, कभी बीच में थे! वैसे, हम सब परमात्मा के बच्चे ही हैं और आगे चल कर हमें भी बच्चा बनना पड़ सकता है।

जगत में कोई छोटा किसी बड़े को बड़ा भी कहाँ मानता! छोटा बच्चा भी अपने को किसी से छोटा नहीं समझता!

मेरी आध्यात्मिक समझ में हम सब सफ़र में हैं और अनन्त जीवनों के आवागमन में कौन किस अवस्था में हैं कहना आसान नहीं!

समझदार बुज़ुर्गों को भी सदा सबको राय देना या आशीर्वाद देते रहने का भाव भी द्वैत का परिचायक है। हम बुज़ुर्ग होकर भी स्वयं को न छोटा समझें और न बड़ा, जीवन की सीढ़ी पर चढ़ता या सड़क पर चलता एक यात्री समझें, तो अच्छा!

जब आवश्यक हो व कोई माँगे तभी सलाह या आशीर्वाद दें और स्वयं ईश्वर का शिशु मान किसी भी मानस पुत्र या जीव से सदा सीखने का भाव रखें!

सृष्टि में हर पल हर पग हम समष्टि के शिष्य व शिशु हैं और सीखते समझते चल रहे हैं।

यदि हमारा सीखना समझना बंद हो जाएगा तो आगे जीने या जन्म लेने या मुक्त होने की आकांक्षा या आवश्यकता नहीं रहेगी!

विश्व प्रबंधक भी अनवरत सृष्टि चक्र चला रहे हैं। वे निर्गुण या सगुण, ब्राह्मी मन, पंचभूत, वनस्पति, जंतु, मानव व महा-मानव बन बना सब करते हैं पर प्रकट रूप से हर किसी को नज़र नहीं आते और न हर जीव उनका आत्म साक्षात्कार कर पाता!

सृष्टि को स्वाभाविक रूप से चलाने के लिए अपने मन या बुद्धि के दायरों, भित्तियों, धारणाओं, अहसास और अवस्थाओं से परे रह साक्षी बन द्रष्टा होजाना आवश्यक है।

यदि हम उस भाव में प्रतिष्ठित होजाएँ तो हम न कभी बुज़ुर्ग होंगे और न कभी बच्चे! तब न रहेंगे कोई छोटे और न बड़े!

यदि हम कुछ हैं तो परम पुरुष के शाश्वत युवराज या राजा या परम-जन या आत्म- स्वरूप! हम किसी से न छोटे हैं, न बड़े! हम सृष्टि के हर अणु के सखा संबंधी हैं।

हमारे शरीर का एक-एक कण समष्टि के अनेक ग्रहों व अणु-जीवत से आए तत्वों, रसों, तरंगों, भावों, स्नेह, आदर, आशीष, प्रकाश, ऊर्जा, प्रभाव, गुरुत्व, आकर्षण, भक्ति, कृपा एवं एषणाओं से अवतरित व तरंगित है।

तत्वतः आयु हमारे मन में अंकित अवधारणा की हुई एक संख्या मात्र है! यदि हम अपनी मन तरंग, भाव-धारा व धारणा को ध्यान में सुप्रतिष्ठित कर परम पुरुष के साथ एक हो जाएँ तो हमारी उम्र अनन्त या शून्य हो सकती है!

उस अवस्था में हम व्यक्ति न हो कर, बृद्ध या बाल न होकर, परमात्म हो जाएँगे! तब हम देश काल पात्र की सीमाओं से परे जा, उनके स्वामी या नियंता बन जाएँगे!

तब हम प्रयोजनानुसार अपनी उम्र बढ़ा घटा लेंगे! तब गात या जीवन एक परिधान मात्र होगा।

तब हम सृष्टि के स्वामी हुए सगुण निर्गुण, साकार निराकार, पुरुष प्रकृति, महत अहं चित्त, पंच तत्व या उनकी तन्मात्रा, जीव या ब्रह्म किसी भी अवस्था को ग्रहण या धारण कर विचर सकते हैं!

उस अवस्था में हम चिर नूतन व चिर पुरातन रहते हैं! तब हम न आते हैं, न जाते, बस परम पुरुष की प्रक्रिया में शाश्वत सक्रिय रहते हैं! छोटे हैं या बड़े वे ही जानें! उनके लिए हम सदा उनके नन्हे मुन्ने बच्चे ही हैं!

2022 गणतंत्र - दिवस

प्यारे भारतीयो,अब की बार गणतंत्र-दिवस मनाओकुछ हटके।स्वार्थपूर्ण पुरानी सड़ी हुई गंदगी हटी है,नाचो कूदो डट के ......

याद दिला दो तिरंगे का महत्व और क्या होता है संविधान।

पुन: जागृत करदो अपना वही,"सारे जहां से अच्छा हिंदुस्तान"।...

अंग्रेज़ों के चमचागीर ,स्वार्थी लोगों की कुचल दो कहानी।

स्मरणकराओ राजगुरु,सुखदेव,भगतसिंह,बिस्मिलकी जवानी।।

अनधिकृत रूप से रहने वालों को,देश से निष्कासित कर दो।

हिन्दुस्तान में स्वदेश-प्रेम की अमर-ज्योति प्रकाशित कर दो ...... 2022 गणतंत्र दिवस पर हो रहा है सबको अपार हर्ष।क्योंकि आज दो शुभ कार्य जुड़े हमारी संस्कृति में इस वर्ष।। पहला नेताजी सुभाष चंद्र बोस की भव्य प्रतिमा को मिला समुचित स्थान। दूसरा अमर जवान ज्योति ने पाया, भारतीय शहीद संग्रहालय में विशेष सम्मान।।

समझा दो विस्तार से बी आर अम्बेडकर का संविधान आज। ताकि भारतवर्ष में पनपे सरदार पटेल का , आदर्श समाज।।

विपक्षी दलों को उठाने चाहियें सदा --- सकारात्मक कदम।दासता की परम्परा को त्याग कर,भरो स्वदेश-प्रेम का दम !।

देश-द्रोहियों को करो शीघ्र दंडित ,कभी न करना माफ़।

समय आ गया है,प्रजातंत्र से करदो अपराधियों को साफ़।।

कहे भारत में सच्चा समाजवाद का है सुअवसर।अबकी बार राच्चे दिल से गणतंत्र-दिवस मनाओ कुछ हट कर।।

पुत्री दिवस

तुम अर्धशिव हो "प्रनिका", हो शक्ति का स्रोत,

तुम ही "उदिता", तुम ही "उदिषा", तुम सत्य का उद्घोष,

तुम ही "दमयंती" का "अनुपम" "ज्योति" रुप हो,

तुम ही "मीता", तुम "माधवी" का प्रीत अनुरोध।

तुम ही सुशोभित गर्वित "तविशा" सी "अवनि" हो,

हर सत्य की "साक्षी", सब कुछ सहर्ष वहन करो,

हे "आरोही"! बढ़ती चलो तुम दृढ़ निश्चय के साथ,
"भूमिका" तुम पल पल उन्मुक्त उल्लासित रहो।
सुमधुर "श्रव्या" तुम भरती उर में "शांति"
फैले "गुंजन", "कीर्ति", जब दो तुम प्रेम से "गीतांजलि",
"सौम्या" तुम "हेमलता", तुम पुष्पित "पल्लवी" हो
"छाया" भी प्रस्फुटित करती "ऊर्जा", भर देती हो नई क्रांति!
तुम ही "निधि" हो संपूर्ण जगत की,
तुम "प्रजना", तुम "अन्नदा", थामी तुमने ही "सृष्टि" की डोरी,
"स्मिता" पर आए "मंजु" "मुस्कान" "कोमल",
कर नमन मैं तुमको देती प्रेम भरी "अंजलि"।
"मनीषा" जब बनो तुम "मोनी" तब छाए भय,
"प्रिया" तुम्हारा माधुर्य भाव कभी ना हो क्षय,
"शालिनी" सी तुम, "अमृता" सम रहे व्यवहार,
"बिशाखा" में जैसे रहे हरित "तृप्ति" अतिशय।
तुम "सरिता", तुम "पूर्णिमा", तुम "तेजल" सी प्रकाशित,
तुम "भारती" की "वंदना" सी हो "मधु" भाषित,
तुम ही "मीनल", तुम ही "पारूल" "मीनू",
करती "प्रीती" को अपने ढंग से परिभाषित।
मैं सर्वशक्तिमान के साथ युद्ध पर जाता हूं,।
जो कुछ भी उसके पास हो सकता है, वह खून से लथपथ है,
जो भाग जाता है।
मेरे सपनों को मारते हुए वह एक वानाबे, क्लॉस्ट्रोफोबिक
बदमाश है जो मैं कहता हूं,।
खाड़ी में मूर्ख की दौड़,।
लड़ना और डरना मैं रहूंगा, यहां तक कि आप मुझे एक सन्ने
के साथ जला दें।... मैं। मैं जितना ऊँचा हो सकता हूँ।,जैसा आप
देखेंगे वैसा ही भाईचारा रहेगा।,

या यह डूब जाएगा जैसा कि मैं तुम्हें जानता हूं,।

सरल उम्मीदों सभी को टी की जरूरत है,।

आप पेशाब को नियंत्रित नहीं कर सकते, आप मुझे नियंत्रित नहीं कर सकते।... अपनी ज़िंदगी को अपनी इच्छानुसार लायें,।

आप मुझे मेरी मांग के अनुसार भुगतान नहीं कर सकते, अच्छी तरह से आप एक एड़ी के बिना एड़ी,।

तुम्हारे साथ एक से बेहतर इंसान।... पावर रखने वाला व्यक्ति प्रति व्यक्ति प्रार्थना करता है, उसे गुनगुनाता है;

यहाँ उसे, गंभीर मूर्खतापूर्ण सुखदायक हलचल, उष्णकटिबंधीय उष्णकटिबंधीय दस टेंपर्स,।

पहली फेक फायर,।

हताश मौत का शिकार डायर, ज्योतिष निरपेक्ष स्वीकार्य पोशाक, गोल्डन कचरा अच्छा गैमन गाइरे।... मुझे इस दुनिया में गंदगी की तरह महसूस होता है।,और आप सोने में बेखौफ रहते हैं,।

आप फुसफुसाकर सब कुछ का आनंद लेते हैं; हैरान, लेकिन मैं आपको एक शब्द देता हूं,।

"आप हार जाएंगे, आप निश्चित रूप से ढीले होंगे"।

आमुख

आखिरी खत

आखिती खत में आखिरी बातें।
होती दिल की सच्ची बातें।
मानों नर के मुख से नारायण बोले।
एक एक शब्द मानों नापे-तौले।
संभाल कर रखना आखिरी खत को।
अमल में लाना उनके मत को।
आखिरी शब्द गांधी का बना नारा।
यादगार बना,प्रभाव डाला अपारा।
आखिरी खत में फरेब नहीं।
आखिरी संदेश में ऐब नहीं।
सियासत नहीं करते!

हम केवल हैं वोटर्स, सियासत नहीं करते,
वतन से है मोहब्बत,मलामत नहीं करते।
रहे देश सही सलामत,करते यही कामना,
हम और पार्टियों से बगावत नहीं करते।
दूध की बहें नदियाँ और पर्वत खिलखिलाए,
आज भी हम दुश्मनों से नफरत नहीं करते।
ये वादियाँ, ये हवाएँ, चहुओर गमकते फूल,
हम इनकी आजादी से शरारत नहीं करते।
सब परिन्दे आजाद हैं,वो उड़ते हैं गगन में,
हम उनके ऊपर कोई हुकूमत नहीं करते।
गिला है,शिकवा है,शिकायत और तरस भी,

मगर अपने लोगों से हम अदावत नहीं करते।

महंगाई से देखो तंग आ गई जनता,

फिर भी खड़े हैं साथ,खिलाफत नहीं करते।

चेहरे पे चेहरा लगाकर घूम रहे लोग,

हकीकत जानते, मगर हिमायत नहीं करते।

सांप्रदायिकता है देखो एक मानसिक रोग,

हम सब समझते हैं पर तिजारत नहीं करते।

आग लगाने वाले भी साथ ही रहते हैं,

मगर अंदर से उन्हें मोहब्बत नहीं करते।

वह कौन थी

"न जाने कैसी उलझन है जिसे मैं सुलझा नहीं पाया"

***

वह कौन थी अब तक भी मै उसे समझ नहीं पाया

क्या तिलस्म था उसका रात भर मै भी सो नहीं पाया।

जब उसे मैं याद करता हूं वो जादू भरा तिलस्मी चेहरा

न जाने कैसी उलझन है जिसे मैं सुलझा नहीं पाया।

आंखों से दिखाई नहीं देती और सुनाई भी नहीं देती

तिलस्मी हूर है कोई जिससे मैं कुछ कह नहीं पाया।

पलों में और लम्हों में वो आती है आकर चली जाती

सोचता हूं लिखूं गजल मै उस पर मगर लिख नहीं पाया।

वो उलझी अनबुझ पहेली है इसे बूझना भी मुश्किल है

ये तिलस्मी पहेली को अभी तक मै बुझ नहीं पाया।

मैं अनजान हूं उससे वो मुझसे अनजानी नहीं लगती

दिन ढलने पर वो छिप जाती उसको मै ढूंढ नहीं पाया।

मैं इस दुनिया में आया था वह भी मेरे ही साथ ही आई थी

अब तो मेरे साथ ही जाएगी वो तिलस्मी मेरी अपनी छाया।

मुझे तैरने दे, या फिर बहना सिखा दे।
अपनी रजा में अब तू रहना सिखा दे।
मुझे शिकायत ना हो कभी भी किसी से।
मुझे सुख और दुख के पार जीना सिखा दे ।
मेरी जिंदगी का जो अरमां है, वो हो तुम।
मेरी आंखों का जो सपना है, वो हो तुम।
दिल में जगह ही नहीं अब किसी और के लिए,
मेरे साहिब मेरे दिल का जो मेहमां है वो हो तुम।
अब मौत की भी क्या हिम्मत जो ले जाये मुझे,
मेरी हर सांस का जो पाशवां है, वो हो तुम।
जिंदगी का नाम जब मुझसे पूछते हैं लोग,
इक पल में कह देती जो जुबां है वो हो तुम।
मेरी दृष्टि में यही है जीवन की परिभाषा।
सदा पूर्ण करते रहें सभी की अभिलाषा।।
बीता समय हम सभी को बहुत कुछ सिखाता है।
पर नासमझ को कई बार समझ ही नहीं आता है।।
बेवजह ही इंसान स्वयं पर बहुत अधिक इतराता है।
बस कोई मुझे समझाए यही दिल समझ नहीं पाता है।।
मेरी दृष्टि में..........................
भूतकाल से सीखकर वर्तमान में रख सकते हैं भविष्य का ख्याल।
मन के भीतर बहुत कुछ पाल लेने से कई बार खड़े हो जाते हैं बवाल।।
मुझे ऐसा लगता है कि हम सभी के समक्ष खड़े रहते हैं उलझे हुए सवाल।
सकारात्मक सोच या नेक दिल ही गला सकते हैं कलयुग में अपनी दाल।।

मेरी दृष्टि में........................

चलो फिर से प्राचीन समय को बुलाया जाए।
एक कमाए और सभी को खिलाया जाए।।
नई पीढ़ी को भी रू-ब-रू कराया जाए।
संस्कृति व संस्कारों में सभी को रमाया जाए।।
मेरी दृष्टि में........................

हमारे जीवन की परिभाषा को सार्थक बनाया जाए।
इंसानियत के भीतर ही ईश्वर की कृपा को पाया जाए।।
धरा पर रहते हुए ही स्वर्ग का दर्शन कराया जाए।
कभी न मुरझाने वाला प्रेम रूपी पुष्प खिलाया जाए।।
मेरी दृष्टि में........................

शांति पाते हुए, मैंने एक तूफान पकड़ा;
मैं इतना बुरा हूं कि मैं नीचे हूं।.
आप चिंता न करें, मदद के लिए फोन नहीं करेंगे और इच्छाओं की उम्मीद नहीं करेंगे ;
बस बिना किसी रोने और टूटे हुए एआरएम के साथ डूबना चाहते हैं।
एक परिवर्तन हमेशा आवश्यक होता है। जीवन शैली में,
सीजन या मन की स्थिति।.
वे कहते हैं कि उम्मीदें आपको निराश करती हैं, लेकिन विडंबना यह है कि वे निराश हैं जो डूब गए हैं।!
दिन के उजाले और रात के आकाश को स्वीकार करें, मैं बस बाकी को छोड़ना चाहता हूं, बस प्रकृति को अपने सबसे अच्छे रूप में डूबना और महसूस करना चाहता हूं।.
जब मैं ऊँचा था, तो कोई मुझे अलविदा नहीं कह सकता था।.
जब मैं कम था, मैंने बर्फ से भरे पहाड़ों को छोड़कर किसी को नहीं देखा।

आंतरिक राक्षसों को मार डालो, भले ही जीवन नींबू फेंकता है। क्योंकि आप नहीं जानते, एक दिन यह आपको गोल्ड और डायमंड्स से नहलाएगा।!

अवसाद, तंत्रिका मुद्दों और कई और मानसिक समस्याओं का सामना करना पड़ रहा है।

जीवों ने उसे आधा शरीर कहना शुरू कर दिया,।

लेकिन किसी को भी नहीं पता था कि वह किस गहरे का सामना कर रहा था।

धीरे-धीरे और धीरे-धीरे उसे एंथ्रोफोबिया हो गया।!

कुछ अलौकिक रहस्यों ने उनके जीवन को बदल दिया,।

कुछ निशान उसकी आत्मा को नुकसान पहुंचा रहे थे,।

अंधेरे कमरे के रहस्यों को पीछे छोड़ दिया गया और,।

एक दिन वह अपने प्यार के इंतजार में मर गया।!

मौत क्या है?

यह किसी की जगह नहीं है।

नीदरलैंड मेलानचोली है। जब जेल में बंद व्यक्ति आपका हर खूबसूरत हिस्सा भूल जाता है तो आप उसे छोड़ देते हैं।

टोपेट वेक्सेशन है। जो शाश्वत लावा की तरह जलता है जब विंगमैन कोई दया नहीं दिखाता है और गापी हमेशा के लिए मुस्कुरा जाते हैं।

पाताल लोक प्रतिशोध है। एक हमेशा इन चमकदार मानव पाउंड को लेना चाहता है।

प्रकाश की धारणा का उपभोग आप कर रहे हैं। .

आपकी डार्क टपकने वाली आँखें कुछ भी नहीं बल्कि कुछ बुराई डरावनी वाइब्स से भर जाती हैं।

मैं किनारों पर बैठता हूं।

चाँद में तुम्हारी तलाश है तुम वहाँ धीरे-धीरे आओ;

यह एक दिवास्वप्न की तरह है,।

मेरे माथे को गले लगाओ, जबकि मैं अभी भी एक बार पलक झपकाता हूं और आप पीले चाँदनी में गायब हो जाते हैं।.

शांत हवा अचानक एक धुन बजाती है और मैं खुद को पवित्रता में सीमित कर लेता हूं, मैं अपनी उंगलियों को आकाश की ओर इशारा करते हुए देखता हूं कि सितारों ने कितनी दूर तक गैलेक्सियों को देखा।.

ठंडी सर्द अंधेरी भूतिया रात में एक ऐसी दुनिया खुल जाती है, जहाँ मेरी नश्वर भटक रही है, मेरे चश्मे खुले हैं और मेरे दिल बंद हैं।

जैसे मैं दुनिया के किनारे पर बैठता हूं।. एक क्रॉसिंग बनाने के लिए रात की लालसा दरवाजे पर जो अनलॉक करता है कि आप कहां हैं।

अंधेरी रात।

कुछ से डरावना, किसी से भी निडर नहीं।.

चंद्रमा को दोष मत दो, यह अंधेरा है जो मारता है।. आराम करना, दिन के उजाले के क्रोध को शांत करना। .

भावनाओं, आँसू, लोग अगले दिन के लिए ठंड और अंधेरे प्रार्थना में फंस गए। .

फिर से | बेच तुम अंधेरे को दोष देते हो।... रात बोलती है कि सभी को चोट लगी है, वादा करता है कि प्रकाश आपको सुबह के करीब लाता है।.

एक अंधेरे ब्लैकहोल या चंद्रमाओं और सितारों की परियों के रूप में रात दूरी को करीब लाती है, दूर दिलों को एक साथ लाता है। .

हालांकि काले रंग के गीत सफेद रंग में लिखते हैं कि कैसे रोते

हुए मानव सुबह के प्रकाश में उज्ज्वल उठता है। .

रात को दोष मत दो क्योंकि अंधेरा एक विचार प्रकाश है जिसे कभी नहीं लिया जा सकता है और न ही एक डरावना विचार में खो जाएगा।

निशाचर में किसी भी अन्य घटना से अद्विवतीय सौंदर्य है। जैसा कि मेरे चारों ओर के सिर विलाप करते हैं और भारी पड़ते हैं,। जैसा कि मैंने सोचा था कि दुनिया पूरी तरह से गायब हो गई थी।

रात आकाश में एक विशाल गड्ढे से बहती है, चांदी के क्रिस्टल की तरह समुद्र तट को सजाती है।.

अकल्पनीय अंधकार का यह सागर कितना उत्तम था। ! मैं इस बात से खौफ में था कि मूर्ख को नश्वर को प्रकाश की पूजा करना और अंधेरे को बदनाम करना सिखाना था।. सच साफ था।

'अंधकार पहला, प्राथमिक सत्य था जो अवतार की गर्मी में झूठ बोलता था।"।

यह आपको अपने आप से टकटकी लगाता है जब तक आप मुझे नहीं देखते तब तक आप झांकते रहें।.

मेरी चमकदार त्वचा।.. बिना आंखें।

मुस्कुराते हुए मुस्कुराहट और आकर्षक छाती।.

यह तब तक इंतजार करता है जब तक आप हर उम्मीद को ढीला नहीं करते और मुझे अंदर ले जाते हैं।

क्या एक मछली क्या एक फिन, मैं तुम्हें एक गुंजाइश पाने के लिए हर उम्मीद ढीली,।

फ्लिप फ्लॉप और रस्सी को लंघन के साथ समुद्र तट पर खेलना

जिस तरह से आप प्यार करते हैं, वह एक लड़की नहीं बल्कि एक कबूतर है।

यह मुझे फाड़ने वाले सभी अवरोधों से मुक्त है यह आपके पापी मांस को संलग्न करता है।.. रक्त और हड्डी।.

फर्श पर गड़बड़, मैं उस मासूम लड़की लिविन हूं 'कुछ घातक अभिशाप के साथ।.

काला लिम्बा *

डंक डार्क के आवरण की छतरी में, उल्लू की हूट मौन को ग्रहण करती है।. शाखाओं और भावुकता के प्राकृतिक रिजर्व में महोगनी उपजी है।

कॉर्निया के माध्यम से छेद किया गया और मौन के माध्यम से मोरन उदास और अनियंत्रित स्क्रॉल किया गया।.

जैसा कि कुछ झाड़ी झाड़ी और खो जाने में भरा हुआ है,।

घने में एक अकेला ब्रोकेट बड़बड़ाहट 'ओ अधिक भय लाता है।.

भागने का जंगल | रहस्यमय दुनिया से अलग किए गए रसातल के साथ,।

एक अज्ञात उन्मत्त हमारी नसों को प्राप्त करता है और आतंक को मूर्त रूप देता है।.

अभेद्य अंधेरे जंगल अभी तक प्राचीन शरण में दोलन करते हैं। . सबसे गहरे रहस्यों को ढालते हुए,।

एक परजीवी ज़ेफायर में खोखलापन शामिल है।.

के तहत विकृत और बार्ब तारों द्वारा हत्या कर रहे हैं अपरिहार्य खतरों का कारण बनते हैं।.

अंधेरे जंगल की कहानियों को छापते हैं, अंधेरे में और टुकड़ों में खो जाते हैं।

एक मनमौजी रहस्य।

1978 की गोपनीयता से भरा नूरविले गांव, अच्छा पुराना समय, हाँ, हमें कुछ अच्छे सामान और कोई युद्ध नहीं चाहिए था।

दुनिया में चल रहे इस सभी बकवास के बीच, एक अफवाह थी

कि पास के कुएं का फार्महाउस स्पष्ट रूप से प्रेतवाधित था।. दीपसी एक महान लड़की थी, सभी क्षेत्रों में शीर्ष सबसे अधिक प्राथमिकता रिले, काफी विपरीत, और विरोध आकर्षित करते हैं। दीपसी और रिले चांडलर और जॉय की तरह थे; बस महिला संस्करण, हाँ बहनों के स्त्री पक्ष।. गोली भूतिया था जो भूतों और भूतिया जीवों पर विश्वास करता था, इसलिए जब ये चीजें जंगल की आग की तरह फैल रही थीं, तो वह पैरों से डर गया था, जब उसने सुना तो उसकी गंदगी गिर गई। .... "जो फार्महाउस का दौरा करता है, उसे टुकड़ों में काट दिया जाता है, कत्ल कर दिया जाता है और राक्षस को चूजे के साथ परोसा जाता है।."वह दर्दनाक था और एक सप्ताह तक संगरोध में रहा।. जब आग के लिए पर्याप्त पानी था, तो वह बाहर आया और अभी भी अफवाहें फैला रहा था, इसलिए दीपसी ने कहा कि चलो इसे एक यात्रा दें। सुनने के बाद रिले शकुंतला के मेडेन के रूप में पागल था और गीजर के रूप में अनुकूल था।. राजू, हालांकि overexcited felon, डीप पर क्रश होने के कारण, इससे सहमत हुए।. रिले ने उन्हें जाने के लिए नहीं बल्कि डीप से भरा हुआ है।

गहरा।. इसलिए रिले को सहमत होना पड़ा, खुद के लिए नहीं बल्कि दीपसी, क्या यह प्यार था, डिफ स्टोरी (हा हा), इसलिए वे गए और कोई साझा बात नहीं टूटी, | गंभीरता से कोई बात नहीं।. फिर क्या।, एक बार फिर से।,एक काला शुक्रवार।, दो पर्यटक घर में घुस गए।; बस जिज्ञासु।,तो दरवाजा झूल गया।,टेबल हिलने लगे। लगता है सुना गया।,तूफान बढ़ गया था।, और दानव की आवाजें "हा हा हा मूर्ख आपकी अंतिम सांसों की भूमि पर स्वागत करते हैं" विदेशी दुबके और कांप रहे थे।,उन्होंने कहा कि pls हमें छोड़ दें।.. मसीह की खातिर ! हमारे पास लानत है बच्चे, तुम क्या चाहते हो।? अपने गंदे बदबूदार मुंह में दानव क्यूथ, 'मेरा प्यार,

अपने सभी उपहारों को छोड़ दें, सभी पैसे आत्मसमर्पण करें, और इस देश से चले जाएं और इस महाद्वीप में कभी भी कमबख्त न करें या यदि आप कहते हैं कि | एक बेहतर विकल्प है, एक स्वादिष्ट मांस के रूप में सेवा करें मेरे लिए।. तो आप जानते हैं कि हर कोई पतली हवा में था और कभी वापस नहीं आया, किसी के पास कुतिया के उस जघन्य बेटे का सामना करने के लिए गेंदें नहीं थीं।.(लेकिन उसने ऐसा क्यों किया, क्या वह पागल है, जल्द ही आपके पास वापस आ रहा है)।. दीपसी, इस घटना से नाराज थे, वह देखना चाहते थे कि अफ्रीका के लोग कैसे दिखते हैं।. तो दीपसी ने खुद को और अपने आधे से कहा, इस इनक्यूबस बुलशिट के बारे में पर्याप्त है 'अब चलो और उस कमीने को प्राप्त करें।. इस बार हर एक को कोई एक समस्या नहीं थी।. वे खेत में प्रवेश करते हैं (फिर से कोई एक बात नहीं), दीपसी ने कहा कि लंबे समय तक नरक ने मुझे पीछे की तरफ की जांच करने दिया, 'पवित्र गंदगी' को एक एयर भंवर तोप मिली।

ओलावृष्टि बनाएं ", कम से कम इसे बेवकूफ छिपाएं।. यह एक आदमी था, शायद दो, हर एक के सिर में स्पष्ट।. वे अंदर गए और पाया कि टेपरेकोडर आपको पता है कि यह उपयोग है, तालिकाओं और दरवाजे के चारों ओर अदृश्य तार, वे कमरे के अंदर आगे बढ़ गए, एक जोड़े को बाहर निकलते देखा, जिसे 611 कहा जाता है, पुलिस ने उन्हें गिरफ्तार किया।. बहुत उबाऊ हुह, कोई लड़ाई नहीं, लेकिन यह वही है जो यह है।. हर कोई आसान पैसा चाहता है, उन्होंने हर महीने हजारों पेसो बनाए हैं, लेकिन जहां वे समाप्त हो गए; बार।. दीपसी और रिले को पदक दिए गए और नर्नविले आखिरकार डर से मुक्त हो गए।.

साइबर अपराध आपराधिक गतिविधि है जो कंप्यूटर का उपयोग

अन्य अपराधों को करने के लिए करता है जिसमें मैलवेयर, अवैध जानकारी या अवैध छवियों को फैलाने के लिए कंप्यूटर या नेटवर्क का उपयोग करना शामिल हो सकता है।. साइबर अपराध से किसी व्यक्ति, कंपनी या देश की सुरक्षा और वित्तीय स्वास्थ्य को खतरा हो सकता है।. इंटरनेट और मोबाइल फोन जैसे आधुनिक दूरसंचार नेटवर्क का उपयोग करके जानबूझकर पीड़ित मनोविज्ञान और शारीरिक रूप से नुकसान पहुंचाने के उद्देश्य से महिलाओं के खिलाफ अपराधों के रूप में महिलाओं के खिलाफ साइबर अपराध।. न केवल इंटरनेट लोगों को विभिन्न स्थानों से लक्षित करने की अनुमति देता है, बल्कि किए गए नुकसान के पैमाने को बढ़ाया जा सकता है।. साइबर अपराधी एक समय में एक से अधिक लोगों को निशाना बना सकते हैं।. साइबर अपराध दुनिया भर के लोगों के लिए खतरा बन रहा है।. साइबर आतंकवाद साइबरस्पेस या कंप्यूटर संसाधनों के उपयोग के माध्यम से शुरू किया गया आतंकवाद का एक कार्य है।.

तब होता है जब किसी वेबसाइट, ईमेल, सर्वर या कंप्यूटर सिस्टम को दुर्भावनापूर्ण हैकर्स द्वारा सेवा या अन्य हमलों से बार-बार इनकार करने या धमकी दी जाती है।. साइबरसेक्स ट्रैफिकिंग पीड़ितों का परिवहन और वेबकैम पर ज़बरदस्त यौन कृत्यों या बलात्कार की जीवन स्ट्रीमिंग है।. एक कंप्यूटर सबूत का स्रोत हो सकता है।. यहां तक कि जहां कंप्यूटर का उपयोग सीधे आपराधिक उद्देश्यों के लिए नहीं किया जाता है, इसमें लॉगफाइल के रूप में आपराधिक जांचकर्ताओं के मूल्य के रिकॉर्ड हो सकते हैं।. जो कोई भी किसी भी कारण से इंटरनेट का उपयोग करता है, वह पीड़ित हो सकता है, यही कारण है कि यह जानना महत्वपूर्ण है कि किसी को कैसे संरक्षित किया जा रहा है।.

मौन में गहरा डूबना।

तुम्हारे अस्तित्व में तैरता हुआ।

मेरे दिल के गिलास पर।

मैंने निर्भरता के साथ लिखा कि कितनी गहराई से।

मुझे तुम्हारे लिए लगा तुम्हारी आँखों ने मुझे कुछ दिया है।

यह आपके दिल को कुचल और मैं गूंज गया।

| यह मेरे भीतर गहरा लगा।

मैं तुम्हें रोते हुए सुन सकता था लेकिन तुम्हारी आँखों में आँसू थे।

मेरा आया था मेरा घाव तुम से खून।

'हम एक दूसरे में रहते हैं हालांकि अलग लेकिन हमेशा के लिए एक साथ।

वेस्टरली

मैं महसूस कर सकता था कि वेस्टरली उड़ रही है

वे यादों को लुढ़काते हुए वापस लाते हैं।

अचानक साठ के दशक के अंत में ले लिया गया।

मैं खुद को हंसते हुए देख सकता था।

मेरे साथ आपके बगल में सदियों से नाव धीरे-धीरे नौकायन कर रही है।

गड़गड़ाहट के कोई संकेत के साथ मैंने एक पल के लिए आपकी ओर देखा कि यह आपके बिना कल्पना कर रहा है।

हवा ने पानी को धीरे से छुआ जिस तरह से आपने मेरे साथ किया और यहाँ मैं फिर से वर्तमान में आपके लिए खोज कर रहा हूँ जैसे कि रेगिस्तान में पानी।

एक प्यासे यात्री के लिए मुझे पता है कि मैं जल्द ही नदी तक पहुँचूँगा।

मैं मृगतृष्णा को निकट देख सकता था और प्रेम के साथ यह खिल जाएगा। .

उसकी मुस्कान कभी उसका दुख नहीं दिखाएगी।

उसने अपनी आँखों में चाँद ले लिया।

जिसे आप केवल रात में देख सकते हैं।

उसका टूटा हुआ दिल अंदर ही अंदर रोता है।

और आप सभी सुनते हैं कि उसकी हंसी की आवाज है और जब आप उससे मिलते हैं तो आप उसकी आँखों में देखना बंद नहीं कर सकते।

आप जो ट्विंकल देखते हैं, वह आंसू है जिसे वह पूरी रात बहाती है।

लेकिन उसके प्यार में पड़ना।

वह वह चीज नहीं है जिसके लिए वह है।

वह अपने निशान से बाहर हो गई है इसलिए उसके शरीर को इस तरह मरने दें कि उसकी आत्मा अभी भी याद रहेगी।

अपने अस्तित्व का बहुत अस्तित्व उसकी सुंदरता की सुगंध क्योंकि यह कभी नहीं मिटता है।!

"तूफ़ान" ज्यादा हो तो "कश्तियां" भी "डूब" जाती हैं और "अहम" और "अंहकार" ज्यादा हो तो "हस्तिगां" भी डूब जाती है "जिंदगी" को खुल के "जीने" के लिए एक "छोटा सा" बनाओ "उसूल" और रोज कुछ "अच्छा" याद रखो और "बुरा" जाओ "भूल"

अगर "जिंदगी" इतनी ही "सुख" और "शांति" से ही "भरी" होती तो "आदमी" जन्म लेते समय "रोता" ही "क्यों"

कभी "चुभ" जाऊँ तो "माफ" करना "लफ्ज़" मेरे तो "गुलाब" के "पौधे" जैसे हैं...

लेखक के विचार

संकल्प मिरानी की पुस्तकों को पब्लिशर्स वीकली, लाइब्रेरी जर्नल और बुकलिस्ट में तारांकित समीक्षाएँ मिली हैं। वह WBR ,LBR, CBFC और रीटा® विजेता हैं।

ऐतिहासिक रोमांस लिखना शुरू करने से पहले, उन्होंने हॉरर फिक्शन और कविता- कविताओं में लिखी। वह लेखकों की नई दुनिया में हैं और वह कानून के छात्र हैं। इसमें कोई शक नहीं, वह शब्दों को मिलाना पसंद करते हैं
अपनी कलम के लिए और वह अपनी कलम के लिए खड़ा है ।

प्रिय कवियों/कविता प्रेमियों,

मैं सिर्फ क्रिएटिव पोएट्री बुक में आपका स्वागत करना चाहता हूं। चूंकि यह मेरा अनुभव है, आपको मेरे साथ थोड़ा सा सहन करना होगा। तो मैं एक कविता के माध्यम से अपना परिचय देकर शुरू करता हूं, जो इस पुस्तक से जुड़ी हुई है। अब जबकि आप मुझसे और मेरी कविता से भली-भांति परिचित हो गए हैं, तो चलिए इस पुस्तक के बारे में थोड़ी बात करते हैं। मैं खुद को एक नवोदित कवि मानता हूं और कई अलग-अलग विषयों पर कई तरह की कविताएं लिखी हैं। इनमें से कुछ कविताएँ भावनाओं से, कुछ मित्रों से, कुछ जीवन से, और कुछ किताबों और टीवी शो से प्रभावित होती हैं। मैं अपनी किसी भी कविता पर किसी भी रचनात्मक आलोचना की सराहना करूंगा। कविता के अलावा, मैंने इन कविताओं का क्या अर्थ है, इस पर मैंने कविताएँ अपना काव्य विश्लेषण लिखा है। अंत में, मैं चाहूंगा कि मेरी कविताओं को आधार मिलने के बाद मैं अपनी कविता के लिए समर्थन प्राप्त कर सकूं।

हिंदी पुस्तक के लिए अस्वीकरण

इस पुस्तक में दी गई सभी जानकारी सद्भावपूर्वक और केवल सामान्य जानकारी के उद्देश्य से प्रकाशित की गई है। यह पुस्तक इस जानकारी की पूर्णता, विश्वसनीयता और सटीकता के बारे में वारंटी प्रदान करती है। इस पुस्तक में आपको जो जानकारी मिलती है, उस पर आप जो भी कार्रवाई करते हैं, वह पूरी तरह से आपके अपने जोखिम पर है।

सभी कॉपीराइट संकल्प मिरानी के स्वामित्व में हैं और उनका पालन करते हैं। सभी कविताएँ, कहानियाँ और लेखन संकल्प मिरानी के स्वामित्व में हैं।

संकल्प, एक हर्षित आत्मा है जो सभी को सीमित करने वाले जाले की इस दुनिया से भागना पसंद करती है।. वह कार्यक्षमता हासिल करना चाहता है और वह करेगा।.वह इस बूक के संकलक और लेखक दोनों हैं।. उनके शब्द उनसे अधिक बोलते हैं, और जब वे करते हैं, तो वह पूरे जीवन रहता है। वह एक तेजतर्रार जस्टर है, बहुत मज़ा आता है।

लेखक के विचार